錢穆作品集

［新校本］

四書釋義

九州出版社

出版說明

論、孟、學、庸四書，自南宋朱子特加表彰，爲作論、孟集注，學、庸章句，元、明兩代懸爲功令，遂若成爲儒門之新寶典；家弦戶誦，迄於清末，已歷六百年以上。雖然，自今而言，宋明理學家之所用心，已有不易驟爲現代人所領喻者。學者或上溯四書古義，或另主新解，或別求於名物、訓詁、校勘、考據之詳。錢賓四先生此書，雖以四書爲目，而其作意、作法則已非先儒之舊。論、孟兩書，裁爲要略，分門別類，提綱挈領，其類目如「孔子人格之概觀」、「孟子自道爲學要領」等，實有助學者把握兩書綱領，以爲進窺孔、孟要義精旨之張本。學、庸兩篇，則爲之釋義，備列全文，兼羅漢、宋、明代異義，可使學者由比觀之中體悟兩篇所以得爲中華文化鴻寶之意義所在。其解讀四書不爲程朱所限，而其推重四書之宗趣則固與程朱不異也。

論語要略成書於民國十三年，孟子要略成書於翌年，曾分別在滬上單獨出版。（論語要略由上海商務印書館刊行，孟子要略則由另一書肆刊行。）二書原爲先生在江蘇省立第三師範學校任教之講義，與論語文解、國學概論同爲先生生平著述之始業。大學中庸釋義則撰於一九五三*年，乃應張曉峯先生之邀而作，取與論、孟兩要略合爲四書釋義，作爲「現代國民基本知識叢書」之一種；是年六月在臺北由中華文化事業委員會出版。一九七八年六月，復由臺灣學生書局改版發行。此版曾經先生親自刪訂一過，其中論語要略部分改易稍多。

今全集新版之整理，即以學生書局一九七八年修訂初版爲底本，另加入書名號、私名號以利誦讀。歷次排版偶有誤字，引文亦偶有漏略，皆查對原典，隨文改定。又原書正文、引文、注解、按語層層分立，易生混淆，今則改以較清晰之版式處理，以清眉目。

本書之整理工作，由張蓓蓓女士負責。

錢賓四先生全集編輯委員會　謹識

*新校本編者注：原文為「民國」紀年。下同。

目次

再版序

民國十二年，余初任無錫江蘇省立第三師範學校之國文教席，該校規定每一國文教師隨班提升，經四年，原班畢業後，再週而復始。又規定除國文正課外，分年兼授文字學、論、孟及國學概論，皆撰有講義。惟文字學講義當年未付印，今已散失。或當年受課同學中尚有保留者，當俟他年得歸大陸，再加尋求。論語要略、國學概論皆在上海商務印書館付印，孟子要略則在上海另一書肆印行。政府遷臺後，張曉峯先生任教育部長，約人彙編國民基本知識叢書，邀余撰四書之部。余養病臺中，遂增學、庸兩編，併語、孟兩要略合成一書，取名四書釋義。去春重閱舊稿，略有删訂，較以論語要略一編爲多。交付学生書局重排印行。特誌其緣起於此。

一九七八年六月錢穆識於臺北外雙溪素書樓，時年八十有四。

例言

一、遠自西漢劉向歆父子編七略，論語歸於六藝，當時與孝經、爾雅，同爲初學者必讀之書；而孟子則儕於諸子，與曾子、子思、荀卿之徒同稱儒家。自是厥後，孟子漸見推尊，至宋人十三經注疏，孟子遂與論語、孝經、爾雅並列。大學、中庸本入小戴禮記，中庸頗爲歷代學者所稱重；而北宋二程兄弟，始提倡大學，奉以爲學者入德之門，來學者多先以大學、西銘示之。及南宋朱子，承二程之意，始以大學、中庸與論語、孟子合稱四書；又爲論、孟集注，學、庸章句，闡述義蘊，發揮精微，一時翕服；於時四書之名遂定。元明以來，科舉取士，先四書，後五經，而四書必以朱注爲圭臬。於是朱注四書，家弦戶誦，垂爲人人必讀之書者，迄於清末，亘六百年之久。

二、儒家道統之說，始於唐之韓愈；所謂堯舜禹湯文武周公以是傳之孔子，孔子傳之孟子，孟子之死而不得其傳焉者也。朱子四書，亦具道統之意。朱子以大學爲曾子作，中庸爲子思作。孔子之道傳於曾子，曾子傳之子思，而孟子受學於子思之門人。故後人又稱四書爲四子書，即指孔、曾、思、孟四子言。然子思作中庸，其說雖見於史記，又載於劉向歆之七略（即今傳漢書藝文志），而中庸是否子思所作，實有疑問。據後代考訂，毋寧中庸乃秦時之書。要之其書較孟子爲後出，殆可無疑。而大學非曾子作，尤成爲後代學術界之定論，其成書年代或更晚於中庸。故以四書爲四子書，爲孔、曾、思、孟之道統相傳，實爲無稽之説，殆無再拘守信從之意義矣。

三、四書就年代言，據朱子之意，其次序當爲論語、大學、中庸、孟子；而朱子教人讀四書，則別有先後序次。首大學，因其爲學者入德之門也；次論語，次孟子，最後始及中庸，因篇中所論天人性命之理，幽微淵深，非初學所能驟企也。然坊間傳刻，則以學，庸篇幅少，合成一册。故世俗幼童入塾，先教大學，次中庸，再次論、孟。學、庸、論、孟之次序，其實乃便於坊間刊刻、幼童背誦而然耳。

四、朱子四書，就其認爲乃孔、曾、思、孟道統相傳之著作而言，雖無徵不信，近於臆測。然學、庸兩篇，論其本文，亦自有不磨之價值。且復經兩宋大儒程朱諸人之提倡，明清相沿，此二書不僅爲人人所必讀，實亦成爲學術思想界討論之重點。考據思辨，義理推詳，集中於此兩書者，爲量至夥。居今而言，縱謂不通學、庸，即無以深識自宋以來近世之學術，此語亦不爲過。然則四書一名，自今以後，仍將在學術界有其存在，殆非不合理之推斷矣。

五、本編仍沿襲朱子四書合編之舊，亦仍分論、孟爲一編，而學、庸別爲一編。兩編體例，亦不相同。竊謂此後學者欲上窺中國古先聖哲微言大義，藉以探求中國文化淵旨，自當先論語，次孟子。此兩書，不僅爲儒家之正統，亦中國文化精神結晶所在，斷當奉爲無上之聖典。學、庸自難與媲美。然學、庸兩書，言簡而義豐，指近而寓遠，亦不失爲儒籍之瑰寶，國學之鴻篇。雖當與語、孟分別而觀，正不妨與語、孟連類而及也。

六、朱子集注章句，爲其畢生精神所注。然自今而言，時代不同，朱子當日之所用心，未必盡合於時下之要求；其名物訓詁校勘考據之密，清儒成績，亦有超越。復有在朱子爲一家之言，在程朱爲一代之學，陳義精卓，自有見地；而就語、孟、學、庸之本身求之，則未必相當者。本編爲篇幅所限，對語、孟兩書，僅載要略。雖使讀者有未窺全豹之憾，然提綱挈領，別出機杼，分類相次，自成系統，使讀者由是而進窺全書，易於得冰解融釋之樂。至於學、庸兩篇，則不僅備列全文，抑且兼羅異義。其體裁若與語、孟兩要略不類，其宗旨在求讀者藉此以領會於原書之精旨，以及歷代學者之闡究與傳述，則用心實一也。各編並自具例言，明其宗趣，此不盡著。

論語要略

論語要略　目次

論語要略

第一章　序説

一　論語之編輯者及其年代

考論語之編輯者，凡有數説：

甲、鄭玄云：「論語乃仲弓、子夏等所撰定。」（見陸德明經典釋文敍録引）邢昺疏謂：「仲弓下脱子游二字。」

然其説不足信。何者？

曾子少孔子四十六歲，於高足弟子中最少，而論語載其臨没之言，則非二子所撰定也。（安井息

軒論語集說）

乙、程子云：「論語之書，成於有子、曾子之門人，故其書獨二子以子稱。」（朱子論語集註序說）其說蓋本於柳子厚。

柳子云：或問曰：「儒者稱論語孔子弟子所記，信乎？」曰：「未然也。孔子弟子，曾參最少，少孔子四十六歲；曾子老而死；是書記曾子之死，則去孔子也遠矣。曾子之死，孔子弟子略無存者已。吾意曾子弟子之爲之也。何哉？且是書載弟子必以字，獨曾子、有子不然。由是言之，弟子之號之也。」「然則有子何以稱子？」曰：「孔子之殁也，諸弟子以有子爲似夫子，立而師之；其後不能對諸子之問，乃叱避而退；則固嘗有師之號矣。今所記獨曾子最後死，余是以知之。蓋樂正子春、子思之徒與爲之爾。」或曰：「孔子弟子嘗雜記其言。然而卒成其書者，曾氏之徒也。」（論語辯）

柳氏此說，按之論語首篇學而，信而有證。然其說亦有可疑。何者？

姚鼐曰：「檀弓最推子游，似子游之徒所爲；而於子游稱字，曾子、有子稱子，似聖門相沿稱皆如是，非於稱字、稱子有重輕也。」（古文辭類纂）

丙、或乃謂：上論成於琴張，而下論成於原思，故二子獨稱名，其不成於他人之手者審矣。（徂徠一新論語徵甲）

此說尤無理。

或此二章（子罕「太宰」章書「牢曰」，琴牢去姓而書名；憲問首章書「憲問」，原憲去姓而書名。）乃二子所

記，門人編輯此書，直取其所記而載之耳，未足以爲論語成於二子之證也。（安井息軒論語集說）

蓋論語成於何人之手，今日殊難確定。惟

丁、班固漢書藝文志云：「論語者，孔子應答弟子時人，及弟子相與言而接聞於夫子之語也。當時弟子各有所記，夫子既卒，門人相與輯而論纂，故謂之論語。」皇侃引論語通云：「論語者，是孔子沒後七十弟子之門人共所撰錄也。」

此說最爲無病。大抵論語所記，自應有一部分爲孔子弟子當時親手所記錄；而全書之纂輯增訂，則出於七十子之門人耳。至其書名，直至漢初始見。則論語之編輯，或在周末秦時？今考書中，亦有戰國末年人竄亂之跡，蓋又非盡七十子門人之眞相矣。

二 論語之眞僞

古書每眞僞混淆，不易別擇，論語雖大致可信，而其間亦有竄亂。今略舉前人考訂之說如次：

甲　板本之異同

論語有三種：

一、魯論語二十篇，行於魯。

二、齊論語二十二篇，比魯論多問王、知道兩篇。其他二十篇中，章句亦頗多於魯論語。行於齊。

三、古論語，出孔子壁中。無問王、知道，分堯曰下章「子張問」以爲一篇，有兩子張篇。凡二十一篇，篇次不與齊、魯論同，文異者四百餘字。

西漢末有張禹，本授魯論，晚講齊論，遂合而更定，除去齊論問王、知道二篇，從魯論之二十篇，號張侯論。由是學者多從張氏，餘家寖微。後世所行之論語，殆卽張禹更定之本也。故同一論語，而有齊、魯之異，有多寡之殊；則論語一書，固有後人之所續入，非盡孔門之原本矣。齊論既多問王、知道二篇，而二十篇中章句復多於魯論；則齊論之中，後人所附益者應尤多。張禹本佞臣，學識淺陋，其更定論語，篇目雖從魯論，而文句則兼采於齊論；此論語非孔門眞本，而經後人竄亂之證也。（說本崔述洙泗考信錄論語源流附考）

乙　附記混入正文之誤

古人書籍，皆用竹簡，傳鈔收藏皆不易；又篇皆別行，故篇末空白處，傳之者往往以書外之文綴記塡入。在本人僅爲省事備忘，非必有意作僞；而後人展轉傳鈔，遂以混入正文。先秦古書，似此者甚衆。論語亦有其例。如：

一、季氏篇末「邦君之妻」章。

二、微子篇末「周公謂魯公」章、「周有八士」章等。

皆或與孔門無關，或文義不類，疑皆非原有之正文也。（本崔述洙泗考信錄）

丙　末五篇之可疑

論語可疑之處，猶不盡於上舉篇末之零章已也。據清儒崔述之考證，則全書二十篇中之末五篇即季氏、陽貨、微子、子張、堯曰，皆有可疑之點。今約述其論證如下：

一、論語通例稱孔子皆曰「子」，惟記其與君大夫問答乃稱「孔子」；而季氏篇章首皆稱「孔子」，微子篇亦往往稱「孔子」，子張篇有稱「仲尼」者。

二、論語所記門弟子與孔子對面問答，亦皆呼之爲「子」，對面呼「夫子」，乃戰國時人語，春秋時無之；而陽貨篇「武城」「佛肸」兩章，於孔子前皆稱「夫子」。

三、季氏篇「季氏將伐顓臾，冉有、季路見於孔子」云云，考冉有、季路並無同時仕於季氏之事。

四、季氏篇文多排偶，全與他篇不倫；陽貨篇文亦錯出不均，而「問仁」「六言」「三疾」等章，文體略與季氏篇同。微子篇雜記古今軼事，有與孔門絕無涉者。

五、堯曰篇古論語本兩篇，或一章，或二章，其文尤不類。蓋皆斷簡無所屬，附之於書末者。魯論語以其少，故合之。而不學者遂附會之，以爲終篇歷敍堯、舜、禹、湯、武王之事，而以孔子繼之矣！（按，此指柳宗元論語辯。）

丁　上下論之相異

且論語之可疑，尚不止於末五篇而已也。蓋論語一書，尚有上論、下論之辨焉。伊藤仁齋云：「論語二十篇，相傳分上下，猶後世所謂正續三集之類乎？蓋編論語者先錄前十篇，自相傳習；而又次後十篇，以補前所遺者；故今合爲二十篇云。蓋觀鄉黨一篇，其體制要當編在全書之最後，而今適居第十篇，則知前十篇本已自爲成書矣。」（論語古義敍由）

今考前人論論語前後十篇文體之異者，約有如下之五說：

一、論語前十篇記孔子對定公、哀公之問，皆變文稱「孔子對曰」者，朱子所謂尊君是也。至答康子、懿子、武伯之問，則但稱「子曰」。乃先進篇答康子弟子好學之問，顏淵篇答問政、患盜、殺無道之問，皆稱「孔子對曰」。疑前十篇去聖未遠，禮制方明；後十篇則後人所續記，其時卿位益尊，卿權益重，蓋有習於當世之稱，而未嘗詳考其體例者。

二、論語前十篇記君大夫之問，皆但言問，不言「問於孔子」。後十篇中，先進、子路兩篇亦然；獨顏淵篇三記康子之問，皆稱「問於孔子」，齊景公之問政亦然，衛靈公之問陳亦然。蓋後十篇皆後人所追記，原不出於一人之手，而傳經者輯而合之，是以文體參差互異也。（子路篇義最精密，文體亦與前十篇略同，憲問篇次之，季氏篇文體最異，微子、堯曰亦參差不一；惟子張篇所記皆門弟子之言，無可疑者。）至門人之問，更不煩稱「問於孔子」；乃陽貨篇子張問仁，堯曰篇子張問政，皆稱「問於孔子」。其皆後人采之他書，而非孔氏遺書明甚。（以上據崔述論語餘說）

三、論語前十篇文皆簡，後十篇則文皆長。前論文過百字者僅兩章，他雖長章不滿百字；後論則三百餘字者一章，一二百字者八九章。

四、論語前十篇非孔子及門弟子之言不錄，惟鄉黨一章記孔子行事，故章皆無冒頭突起，其他未有突起及雜記古人之言者。後十篇中如「齊景公有馬千駟」「邦君之妻」「太師摯適齊」「周有八士」等章，皆突起，非孔子言，亦非門弟子之言。又如「柳下惠爲士師」「周公謂魯公」及「堯曰」等章，皆雜記古人之言，與戴記檀弓各篇相似，而與前十篇體例不類。

五、論語前十篇篇目，皆除「子曰」「子謂」等字，惟子罕卽以發首二字爲篇目；後十篇則惟先進除發首「子曰」二字，其餘卽皆以發首二三字爲篇目。前十篇以人名爲目者三，後十篇以人名爲目者九。今製簡表如次：

前十篇	
篇名	首句
學而	子曰學而時習之
爲政	子曰爲政以德
八佾	孔子謂季氏八佾舞於庭
里仁	子曰里仁爲美
公冶長	子謂公冶長可妻也
雍也	子曰雍也可使南面
述而	子曰述而不作
泰伯	子曰泰伯其可謂至德也已矣
子罕	子罕言利與命與仁
鄉黨	孔子於鄉黨恂恂如也

後十篇

篇名	首句
先進	子曰先進於禮樂
顔淵	顔淵問仁
子路	子路問政
憲問	憲問恥
衛靈公	衛靈公問陳於孔子
季氏	季氏將伐顓臾
陽貨	陽貨欲見孔子
微子	微子去之
子張	子張曰士見危致命
堯曰	堯曰咨爾舜

（以上徂徠春臺論語古訓外傳附録論語先後編説）

據上四例，則知論語一書，其中亦自有分别，非全部皆孔門相傳之精語，學者固當分别而觀之矣。善乎趙甌北之言曰：

戰國及漢初人書，所載孔子遺言軼事甚多。論語所記，本亦同此記載之類，齊魯諸儒討論而定，始謂之論語。語者聖人之遺言，論者諸儒之討論也。於雜記聖人言行眞僞錯雜中，取其純粹以成此書，固見其有識；然安必無一二濫收者，固未可以其載在論語，而遂一一信以爲實事也。（見陔餘叢考卷四）

必明乎此，而後始可以讀論語。

三　論語之內容及其價值

論語一書，其編次體例，並無規定；篇章先後，似亦無甚意義。論其內容，則如漢書藝文志所謂「孔子應答弟子時人，及弟子相與言而接聞於夫子之語也」。略舉綱要，可分以下之各類：

一、關於個人人格修養之教訓。

二、關於社會倫理之教訓。

三、政治談。

四、哲理談。

五、對於門弟子及古人時人之批評。

六、孔子之出處及其日常行事。
七、孔子之自述語。
八、弟子之誦美及時人之批評。（孔子人格之反映）
九、孔門弟子之言論行事。

右列第一、二兩項，約占全書之半；其餘七項，則亦占全書之半。論語內容，大略如此。要之，論語者，表見孔子人格思想之良書也。捨論語則孔子爲人之精神，及其思想之大要，亦將無所考見。夫孔子人格之偉大，與其思想行事影響於後世之隆久，宜爲含識之倫所共認，則論語之價值，亦從可想見。蓋孔子爲人有若干之價值者，則論語一書亦附帶而有若干之價值也。

四　論語之讀法及本要略編纂之體例

論語一書，既有若是重大之價值，則吾儕將用何法以善讀之乎？竊謂讀論語者，當分四步下手。

一、論語價值，既在表見孔子之爲人；則讀論語者，其主旨自在研究孔子，可無待言。而凡研究一偉大之人物者，最先首當注意其一生之行實，次及其人之性情，以至於日常之瑣事；凡以考察其爲人眞精神之所在，而使其全人格之眞相，活現於我之腦際，自明晰而感親暱，自親暱而生瞭解，然後乃研究其思想學說之大體，乃爲得之。孟子曰：「頌其言，讀其書，不知其人可乎？是以論其世也，是尙友也。」（萬章下）故讀書者，不貴其聞書中之言，而尤貴於識書中之人。求識孔子之爲人，卽讀論語者第一步主要之工夫也。

二、求識孔子之爲人，不可不知孔子之時代背景。凡孔子當時之政治情勢，社會狀況，以及學術界之風尙，士大夫之生活，人民之心理，及孔子當身所交接之人物，所經過之邦域，均當一一顧及；而後孔子在當時之思想學說行事等等，乃可以考見其來源，審察其成效，而辨別其是非得失之所在。故讀論語者，其眼光尤當旁及於孔子以外之人物，如孔門之諸弟子，孔子所遇列國之君卿大夫及並世賢者，大半載於論語。又當參考左傳、國語諸書，以見其詳，以推而至於孔子時代之全景。是爲讀論語所當注意之第二步。

三、一偉大之人格，高尙之學風，其影響所及，常不止於當其身而已也。若孔子則流風所被，迄今未沫，則歷來學者對於孔子之態度與意見，亦不可不知。顧茲事體大，無已，則卽取歷來學者對於論語一書之注釋發明，擇要瀏覽；不徒可以爲讀論語原文之一助，亦藉此以見各時代學者對於論語一書之意見與態度爲何如，而孔子對於後世之影響亦從可知也。（別詳下節）

四、孔子爲二千五百年以前之人物，孔子學說思想爲二千五百年以前之學說思想，吾儕生二千五百年以後，讀其書，不可以不知時世之差。孰者爲歷久不磨之眞理，可以俟諸百世而不惑，猶可以爲吾儕所取信；孰者僅爲時代之產品，事過境遷，已不復適用於今日，而不足以資崇奉。夫治學本所以致用，此則爲讀論語者一最後之工夫也。

要而言之：則讀書者，

一、當注意於書中之人物、時代、行事，使書本有活氣。

二、當注意於書中之分類、組織、系統，使書本有條理。

三、當注意於本書與同時及前後各時有關係之書籍，使書本有聯絡。

四、當注意於本書於我儕切身切世有關係之事項，使書本有應用。

讀他書如是，讀論語亦莫勿然。至於此册之編輯，則以限於篇幅，未能詳備，注意所及，僅在上列第一步工夫。先敍孔子事略，乃及其學説之大要，次及門弟子言行。編選材料，一本論語本書，而亦時及同時及後世有關係之書籍。於上論四步讀法，蓋亦微引其端。觸類旁通，是在讀者。

五　論語之注釋書關係書及本要略參考之材料

論語之注釋最先有漢鄭康成注，已佚，近人有輯本。其後有：

一、魏何晏集解，梁皇侃義疏。何晏本即現行十三經注疏所載。

二、宋朱熹論語集註，論語或問。集註簡明，爲宋以來至今通行之讀本。

三、清劉寶楠論語正義。

何晏集解，可以代表魏晉及兩漢人對論語之見解；朱熹集註，可以代表宋明人對論語之見解；劉寶楠正義，可以代表清儒對論語之見解。各時代學者治學之目標與方法既有不同，故其對於同一書之見解，亦不能出於一致。學者當平心參觀，乃可以兼其長而略其短。

其他有關於研究論語之書籍，殆不下五六百種，可見論語一書，其取得古今學者之注意者爲甚至矣。本要略先詳事實，次陳義理，並尚簡要，不貴博辯。所引專及原文，或兼附注釋，取易明曉，則以朱集註、劉正義爲主。其他取材，均注出處。（所引日本諸儒說，均見蟹江義丸孔子研究。）或有僅具定論，未能詳陳考訂辨釋之所以然，則以篇幅所限，然亦足爲學者研究論語之一臂助也。

第二章 孔子之事蹟

一 孔子之先世

孔子，其先宋人也。

其祖弗父何①，以有宋而讓厲公。及正考父②，佐戴、武、宣③，三命茲益共④。故其鼎銘曰：「一命而僂，再命而傴，三命而俯⑤，循牆而走⑥；亦莫余敢侮。饘於是⑦，鬻於是，以餬⑧余口。」其共也如是！（左傳昭公七年）

①弗父何，宋閔公之子，厲公之兄，何適嗣當立，以讓厲公。②弗父何之曾孫。③皆宋君。④三命，上卿也。言位高益恭。⑤俯恭於傴，傴恭於僂。⑥不敢當道行也。⑦鼎也。⑧饘、鬻、餬，皆粥糜也。餬作動字用。

正考父之子孔父嘉，爲宋大司馬。宋穆公疾，召大司馬孔父，而屬殤公焉。華督弒殤公，遂殺孔父。

其子奔魯，始爲陬⑨人。

⑨一本作陬，又作鄹，今山東曲阜縣境。

孔子父鄹叔紇多武力，爲鄹邑大夫。

鄹叔紇之名見左傳。鄹，魯邑，叔其字，紇其名。猶云衛叔封、申叔時也。史記作叔梁紇，未知所本，當從左傳爲正。（據崔述洙泗考信錄）

魯人從晉伐偪陽，圍之。偪陽人啓門，諸侯之士門焉。縣門發⑩，陬人紇抉⑪之，以出門者⑫。（左傳襄公十年）

⑩門懸於上，機發而下也。⑪舉也。⑫諸侯之士已入門內者。

高厚⑬圍臧紇⑭於防，師⑮自陽關逆臧孫，至於旅松。鄹叔紇、臧疇、臧賈，帥甲三百，宵犯齊師，送之而復⑯。齊師去之。（左傳襄公十七年）

⑬齊人。⑭魯人，即臧孫。⑮魯師。⑯夜送臧孫於旅松，而還守防。

母顏氏⑰，名徵在⑱。

⑰見史記孔子世家。⑱見小戴禮記檀弓。

史記孔子世家又云：「紇與顏氏女禱於尼丘，野合而生孔子。」此因後人尊孔子爲大聖，故謂其感天而生也。

二　孔子之誕生及幼時

孔子之生，爲周靈王二十一年，即魯襄公之二十二年。（西曆紀元前五五一年）孔子生而叔梁紇死①。

①見史記孔子世家。惟未明記孔子生後何年。家語云：「孔子三歲而叔梁紇卒。」無確據，不可必信。

孔子爲兒嬉戲，常陳俎豆，設禮容。（孔子世家）

三　孔子之少年

子曰：「吾少也賤，故多能鄙事。」（子罕）

孔子嘗爲委吏①矣，曰：「會計當而已矣。」嘗爲乘田②矣，曰：「牛羊茁③壯長而已矣。」（孟子萬章下）

①主委積倉庾之吏也。②苑囿之吏也。③茁，生長貌。

史記世家云：「孔子貧且賤。及長，嘗爲季氏史，料量平。嘗爲司職吏，而畜蕃息。」委季、吏史四字相似，故誤；後人又妄加氏字耳。孔子蓋未爲季氏家臣。畜牧不可以云司職，二字亦誤。（據崔述洙泗考信錄）

子曰：「吾十有五而志於學。」（為政）

衞公孫朝問於子貢曰：「仲尼焉學？」子貢曰：「文、武之道，未墜於地，在人。賢者識其大者，不賢者識其小者，莫不有文、武之道焉。夫子焉不學，而亦何常師之有？」（子張）

傳言孔子問禮老聃，訪樂萇弘，問官郯子，學琴師襄。其人苟有善言善行足取，孔子皆從而師之。

達巷黨④人曰：「大哉孔子！博學而無所成名。」（子罕）

④五百家爲黨。

公至自楚，孟僖子病⑤不能相禮，乃講學之，苟能禮者從之。及其將死也，召其大夫⑥曰：「禮，人之幹也。無禮無以立。吾聞將有達者，曰孔丘，聖人之後也。……臧孫紇有言曰：『聖人有明德者，若不當世，其後必有達人。』今其在孔丘乎？我若獲沒，必屬說⑦與何忌⑧於

夫子，使事之而學禮焉，以定其位！」故孟懿子與南宮敬叔師事仲尼。（左傳昭公七年）

⑤恨也。三月公如楚，鄭伯勞之，僖子爲介，不能相儀。及楚，不能答郊勞。⑥家臣。⑦敬叔。⑧懿子。

左傳此文載於昭公七年，而孟僖子之卒，實在昭公二十四年，時孔子三十四歲。世家云：「孔子年十七，孟釐子（釐卽僖字，古通用。）卒，懿子及南宮敬叔往學禮焉。」是誤以昭公七年爲孟僖子之卒年也，相差遠矣。又有南宮敬叔與孔子適周，問禮見老子云云；所記蓋亦多誤，不足信。

其時孔子蓋已好學知禮，見重於貴族矣。

四　孔子往齊

孔子年三十五，當魯昭公之二十五年，昭公討季氏不克，出奔齊。魯亂，孔子適齊。

史記世家云：「昭公二十年，齊景公與晏嬰來適魯，景公問孔子曰：『昔秦穆公國小處僻，其霸何也？』對曰：『秦國雖小，其志大；處雖僻，行中正。身舉五羖，爵之大夫，起纍紲之中，與語三日，授之以政。以此取之，雖王可也，其霸小矣。』景公說。」今按：以王、霸分言，乃戰國時人語，且春秋經傳均不載齊君如魯事。恐不可信。

齊景公問政於孔子，孔子對曰：「君君，臣臣，父父，子子。」公曰：「善哉！信如君不君，臣不臣，父不父，子不子，雖有粟，吾得而食諸？」（顏淵）

當此時，季氏逐昭公，又陳桓①制齊，君不君，臣不臣，故孔子以此對。然孔子後亦不得志於齊，遂返魯。

①桓子無宇也，陳乞之父，陳恆之祖。舊注作陳恆者誤。

墨子非儒下云：「孔丘之齊，見景公。景公說，欲封之以尼溪，以告晏子。晏子曰：『不可。夫儒，浩倨而自順者也，不可以教下；好樂而淫人，不可使親治；立命而怠事，不可使守職；崇喪遂哀，不可使慈民；危服俛容，不可使導衆。孔子盛容修飾以蠱世，弦歌鼓舞以聚徒，繁登降之禮以示儀，務趨翔之節以勸衆。博學不可使儀世，勞思不可以補民，累壽不能盡其學，當年不能行其禮，積財不能贍其樂。繁飾邪術以惑世君，盛爲聲樂以淫愚民，其道不可以示世，其學不可以導衆。今君封之以移齊俗，非所以導國先衆。』公曰：『善！』於是厚其禮，留其封，敬見而不問其道。孔子乃恚怒於景公與晏子，歸於魯。」（以上墨子文）其語又見晏子春秋。馬驌曰：「此等本墨氏非儒謗聖之言，不宜入晏子書中。」（繹史）然亦足以見儒墨之異同，故特錄於此。

又呂氏春秋云：孔子見齊景公，景公致廩丘以爲養。孔子辭不受，入謂弟子曰：「吾聞君子當功以受祿。今說景公，景公未之行，而賜之廩丘，其不知丘亦甚矣！」令弟子趣駕而行。

論語亦記其事云：齊景公待孔子，曰：「若季氏則吾不能，以季、孟之間待之。」曰：「吾老矣，不能用也。」孔子行。（微子）

考其時勢，殆亦未合。孔子在昭公世，未爲大夫，班尚卑，望尚輕；景公非能深知孔子，何故卽思以上卿待之，而云「以季氏則不能」哉？景公是時年僅四五十歲，其後在位尚二十餘年，歲會諸侯，與晉爭霸，亦不當云「老不能用」也。微子篇本多不可信語，此亦其一也。（據崔述洙泗考信錄）

孔子之去齊，接淅而行。孟子曰：「去齊，接淅而行，去他國之道也。」（盡心下）

五　孔子返魯

孔子不得志於齊而返魯。

魯自大夫以下皆僭，離於正道。桓子嬖臣仲梁懷，與陽虎有隙，陽虎執懷，囚桓子，與盟而醳之。陽虎益輕季氏。季氏亦僭於公室，陪臣執國政。故孔子不仕，退而修詩書禮樂。弟子彌衆，至自遠方，莫不受業焉。（見孔子世家）

陽貨①欲見孔子，孔子不見，歸②孔子豚。孔子時③其亡④也，而往拜之。遇諸塗。謂孔子曰：「來！予與爾言。」曰：「懷其寶⑤而迷其邦，可謂仁乎？」曰：「不可。」「好從事而亟⑥失時，可謂知乎？」曰：「不可。」「日月逝矣！歲不我與。」孔子曰：「諾！吾將仕矣。」（陽貨）

①魯大夫。②饋也。③伺也。④出在外也。⑤道也。⑥屢也。

此事又見於孟子，云：「陽貨欲見孔子，而惡無禮。大夫有賜於士，不得受於其家，則往拜其門。陽貨瞯孔子之亡也，而饋孔子蒸豚；孔子亦瞯其亡也，而往拜之。」（滕文公下）孔安國注：「陽貨，陽虎也，季氏家臣，而專魯國之政。」崔述疑之。云：「虎乃季氏家臣，雖專政，未嘗爲大夫，孟子豈得稱虎曰大夫哉？縱使虎妄自居於大夫，孔子豈得遂以大夫禮尊之哉？」然左昭七年，孟僖子將死，召其大夫曰云云，卽家臣亦得僭稱大夫之證。檀弓記陳子車之死，其妻與其家大夫謀以殉葬，則家臣之得稱大夫固矣。

其後定公以孔子爲司寇，其政治事業可紀者凡二：

一、夾谷之會

（定公十年）夏，公會齊侯於祝其，實夾谷。孔丘相⑦。犁彌言於齊侯曰：「孔丘知禮而無勇，若使萊人⑧以兵劫魯侯，必得志焉。」齊侯從之。孔丘以公退，曰：「士兵之⑨。兩君合好，而裔⑩夷之俘以兵亂之，非齊君所以命諸侯也。裔不謀夏，夷不亂華，俘不干盟，兵不偪好；於神爲不祥，於德爲愆義，於人爲失禮，君必不然。」齊侯聞之，遽辟⑪之。將盟，齊人加於載書曰：「齊師出境，而不以甲車三百乘從我者，有如此盟。」孔丘使茲無還揖對曰：「而不反我汶陽之田，吾以共命者，亦如之。」齊侯將享公，孔丘謂梁丘據曰：「齊、魯之故⑫，吾子何不聞焉？事⑬既成矣，而又享之，是勤執事也。且犧象⑭不出門，嘉樂⑮不野合，饗而既具，是棄禮也；若其不具，用秕稗⑯也。用秕稗，君辱；棄禮，名惡。子盍圖之？夫享，所以昭德也；不昭，不如其已也。」乃不果享。齊人來歸鄆、讙、龜陰之田。（左傳）

⑦相禮也。諸侯盟會，上卿爲相。以孔子知禮，故越次使之，故或謂之攝相。後人誤爲魯相者，非也。⑧齊所滅萊夷也。⑨命士擊萊人也。⑩遠也。⑪辟去萊兵。⑫舊典也。⑬會事。⑭酒器。⑮鐘磬。⑯秕，穀不成者。稗，草似穀者。用秕稗，猶今云不成體統也。

此孔子外交上之勝利，全本於其守禮之精神也。

二、墮三都

孔子曰：「天下有道，則禮樂征伐自天子出；天下無道，則禮樂征伐自諸侯出。自諸侯出，蓋十世希不失矣。自大夫出，五世希不失矣。陪臣⑰執國命，三世希不失矣。天下有道，則政不在大夫；天下有道，則庶人不議。」（季氏）

⑰家臣也。

孔子曰：「祿之去公室，五世矣；政逮於大夫，四世矣。故夫三桓⑱之子孫微矣！」（季氏）

⑱魯仲孫、叔孫、季孫三卿，皆出桓公，故曰三桓。

孔子論政最重禮。禮者，即古代階級制度之一切典制儀文也。孔子以爲貴族專政，階級制度既漸次崩壞，則貴族自身亦將失勢。故爲公謀、爲私謀，莫如復禮，復禮則上下相安而世平治矣。此孔子對於當時政治上之意見也。

孔子行乎季孫，三月不違。曰：「家不藏甲，邑無百雉之城。」於是帥師墮郈⑲，帥師墮費⑳。（公羊傳定公十二年）

⑲叔孫氏邑。⑳季孫氏邑。

孟子曰：「孔子有見行可㉑之仕。於季桓子，見行可之仕也。」（萬章下）

㉑冀可行道。

然孔子「墮三都」之主張，在當時實遇重大之阻力。左傳記其事云：

仲由爲季氏宰，將墮三都，於是叔孫氏墮郈。季氏將墮費，公山不狃、叔孫輒帥費人以襲魯。公與三子入于季氏之宮，登武子之臺，費人攻之，弗克。入及公側，仲尼命申句須、樂頎下伐之。費人北，國人追之，敗諸姑蔑。二子奔齊，遂墮費。將墮成㉒，公斂處父謂孟孫㉓：「墮成，齊人必至於北門。且成，孟氏之保障也，無成，是無孟氏也。子僞不知，我將不墮。」冬十二月，公圍成，弗克。（定公十二年）

㉒仲孫氏邑。㉓仲孫氏後改稱孟氏。

孔子復禮之主張遂沮。

定公問：「君使臣，臣事君，如之何？」孔子對曰：「君使臣以禮，臣事君以忠。」（八佾）

定公問：「一言而可以興邦，有諸？」孔子對曰：「言不可以若是其幾也。人之言曰：『爲君難，爲臣不易。』如知爲君之難也，不幾乎一言而興邦乎？」曰：「一言而喪邦，有諸？」孔子對曰：「言不可以若是其幾也。人之言曰：『予無樂乎爲君，唯其言而莫予違也。』如其善而莫之違也，不亦善乎？如不善而莫之違也，不幾乎一言而喪邦乎？」（子路）

此二條，當亦在孔子爲魯司寇之時。

子路使子羔爲費㉔宰，子曰：「賊夫人之子！」子路曰：「有民人焉，有社稷焉，何必讀書，然後爲學。」子曰：「是故惡夫佞者！」（先進）

㉔或作郈。蓋當時費、郈初墮，不可無良宰，仲由爲季氏宰，故使子羔往也。

公伯寮愬㉕子路於季孫。子服景伯以告，曰：「夫子固有惑志㉖於公伯寮，吾力猶能肆諸市朝㉗。」子曰：「道之將行也與，命也！道之將廢也與，命也！公伯寮其如命何！」（憲問）

㉕譖也。㉖信譖也。㉗陳尸市朝也。

孔子爲魯司寇，子路爲季氏宰，實相表裏。墮都之事，子路主其謀。子路見疑，卽孔子不用之由。此事當在墮都之後，孔子將去魯之前也。

孔子爲魯司寇，不用，從而祭，燔肉㉘不至。不稅冕㉙而行。（孟子告子下）

㉘祭肉也。古者國君祭，以祭肉分賜大夫，禮也。㉙稅冕，脫冕也。禮，大夫冕而祭於公。孔子不脫冕而行，孟子所謂「欲以微罪行」者也。

齊人歸女樂，季桓子受之，三日不朝，孔子行。（微子）

論語、孟子言孔子出行之故不一，要之，孔子以不信用故行也。

史記世家云：「孔子與聞國政三月，齊人聞而懼，曰：『孔子爲政必霸，霸則吾地近焉，我爲之先并矣，盍致地焉？』犂鉏曰：『請先嘗沮之！沮之而不可，則致地，庸遲乎？』於是選齊國中女子好者八十人，皆衣文衣而舞康樂，文馬三十駟，遺魯君。陳女樂文馬於魯城南高門外。季桓子微服往觀，再三，將受；乃語魯君爲周道游，往觀終日，怠於政事。子路曰：『夫子！可以行矣！』孔子曰：『魯今且郊，如致膰乎大夫，則吾猶可以止。』桓子卒受齊女樂，三日不聽政。郊，又不致膰俎於大夫。孔子遂行，宿乎屯。師己送，曰：『夫子則非罪！』孔子曰：『吾歌可乎！』歌曰：『彼婦之口，可以出走；彼婦之謁，可以死敗。優哉游哉！聊以卒歲！』師己反，桓子曰：『孔子亦何言？』師己以實告。桓子喟然歎曰：『夫子罪我以羣婢故也夫！』」史記所載，蓋卽據論語、孟子之言而加詳。崔述疑其事，謂「出戰國策士所僞撰」。

今按：孔子主復古禮，以抑當時貴族階級之奢僭，故內則權家抗其政，外則敵國忌其事，讒間交作，決非一端；史記所載，容有其事，故並附錄於此。

孔子之見信用於魯者，蓋僅三月之久。其去魯，在定公之十三年，時孔子五十五歲。

孔子之去魯，曰：「遲遲吾行也。」去父母國之道也。（孟子盡心下）

六　孔子適衞

孔子去魯，遂適衞，當衞靈公三十八年。

子適衞，冉有僕①。子曰：「庶矣哉！」冉有曰：「既庶矣，又何加焉？」曰：「富之。」曰：「既富矣，又何加焉？」曰：「教之。」（子路）

①御也。

子曰：「魯、衞之政，兄弟也。」（子路）

於衞，主顏讎由②。彌子③之妻與子路之妻，兄弟也。彌子謂子路曰：「孔子主我，衞卿可得也。」子路以告。孔子曰：「有命。」（孟子萬章上）

②衞賢大夫。③彌子瑕，衞君之寵臣也。

王孫賈④問曰：「『與其媚於奧⑤，寧媚於竈⑥。』何謂也？」子曰：「不然。獲罪於天，無所禱也。」（八佾）

④衛大夫執政者。⑤內也，喻近臣。⑥自喻，諷孔子使媚己也。

衛靈公問孔子：「居魯得祿幾何？」對曰：「奉粟六萬。」衛人亦致粟六萬。（孔子世家）

孟子曰：「孔子有際可⑦之仕。於衛靈公，際可之仕也。」（萬章下）

⑦際，接也。接遇有禮亦可仕。

孔子居衛五年，靈公卒，孔子遂去。

按史記世家記孔子於衛靈公時，凡四去衛，最後因靈公問陳而遂行，皆不可信。今不取。

冉有曰：「夫子爲⑧衛君⑨乎？」子貢曰：「諾。吾將問之。」入曰：「伯夷、叔齊，何人也？」曰：「古之賢人也。」曰：「怨乎？」曰：「求仁而得仁，又何怨。」出曰：「夫子不爲⑩也。」（述而）

⑧助。⑨輒也。衛靈公逐太子蒯聵，公薨而立孫輒。晉人納蒯聵於衛，衛人奉輒者拒之。⑩輒之立及拒蒯聵，以王父之命爲辭。然夷齊亦是父命。不拘執父命而讓國，孔子賢之，則知孔子不助衛君矣。

按春秋哀二年：「夏，衛靈公卒。六月乙酉，晉趙鞅納衛太子於戚。」子父相抗之形已成。時孔子猶未去衛，二子之問如此，甚切當時情事。世家於孔子反衛，僅記子路問「衛君待子爲政」一節，亦不謂此章在自陳反衛之後。自蘇子由古史以下，始以此章爲孔子反衛後語。今亦無以確定，姑置於此。

儀封人⑪請見，曰：「君子之至於斯也，吾未嘗不得見也。」從者見之。出曰：「二三子何患於喪⑫乎？天下之無道也久矣！天將以夫子爲木鐸⑬。」（八佾）

⑪儀，衛邑，在西南境。封人，官名。⑫失位也。⑬大鈴，金口木舌。謂天將使孔子發大聲宣揚天道也。

按此蓋孔子去衛適陳時事。閻若璩謂在孔子失魯司寇初至衛時，以地望考之不合，今不取。

七　孔子過宋

孔子既去衛。

過曹，過①宋，又過鄭，遂至陳。（孔子世家）

①過宋、過鄭，世家皆作適，依臧庸說改。

其過宋，遭桓魋之難。

孔子不悅於魯衛，遭宋桓司馬，將要而殺之，微服而過宋。（孟子萬章上）

子曰：「天生德於予，桓魋其如予何？」（述而）

史記世家云：「孔子去衛過曹，去曹適宋，與弟子習禮大樹下。宋司馬桓魋欲殺孔子，拔其樹，孔子去。」藝文類聚引典略云：「孔子過宋，與弟子習禮於樹下，宋司馬桓魋使人拔其樹，去適於野。」莊子言孔子伐檀於宋，即指此事。然則孔子殆亦以講禮見逐耳。蓋孔子主復古禮，於當時奢僭之貴族皆不便。桓魋拔其樹，亦深惡其習禮也。孟子謂「將要而殺之」，其甚言矣乎？

八　孔子南遊陳蔡

孔子在陳。

主司城貞子，爲陳侯周臣。（孟子萬章上）

在陳絕糧，從者病，莫能興。子路慍見，曰：「君子亦有窮乎！」子曰：「君子固窮，小人窮，斯濫矣。」（衛靈公）

孟子曰：「君子之厄於陳蔡之間，無上下之交也。」（盡心下）

今按：荀子亦云：「孔子南適楚，厄於陳蔡之間。七日不火食，藜羹不糂，弟子皆有飢色。」（宥坐篇）則孔子陳蔡之厄，僅乃經濟之困乏耳。而史記世家：「孔子遷於蔡三歲，吳伐陳，楚救陳，軍於城父。聞孔子在陳蔡之間，使人聘孔子，孔子將往拜禮。陳蔡大夫謀曰：『孔子賢者，所刺譏皆中諸侯之疾。孔子用於楚，則陳蔡用事大夫危矣。』乃相與發徒役，圍孔子於野。不得行，絕糧。孔子講誦弦歌不衰。於是使子貢至楚，楚昭王興師迎孔子，然後得免」云云。則孔子之在陳蔡，乃遭兵戈之圍矣。此說不可信，後人辨者甚衆。崔述曰：「楚大國也，陳蔡之畏楚久矣。況是時，吳師在陳城下，陳旦夕不自保，何暇出師以圍布衣之士？陳方引領以待楚救，而乃圍其所聘之人，以攖楚怒，欲何爲者？哀之元年，楚子圍蔡，蔡於是請遷於吳；二年，遷於州來；其畏楚也如此。幸其不伐足矣，安敢自生兵端？由是言之，謂陳蔡之大夫圍孔子者，妄也。蔡方事吳，陳方事楚，楚圍蔡而陳從之，陳圍蔡而吳伐之，陳之與蔡仇讎也。且蔡遷於州來，去陳遠矣，孔子時既在蔡，蔡人欲圍孔子，斯圍之耳，不必遠謀之陳。比陳知孔子之往，則孔子已至楚矣。由是言之，謂陳蔡之大夫相與謀圍孔子者，妄也。陳蔡合兵而來，當不下萬餘人，孔子之從者，不過數十人，圍而殺之，如反掌耳。圍之七日，至於絕糧，而不肯殺，又不肯縶之以歸國。老師費財，意欲何爲？設使楚竟不救，將坐俟其餓死而後去乎？其爲謀亦拙矣！由是言之，謂陳蔡之大夫相與謀圍孔子，使之絕糧，待楚救至而後免者，妄也。此皆時勢之所必無，人情之所斷不然者。」（洙泗考信錄卷三）然則孔子何由見厄？蓋其時吳方伐陳，孔子本仕於陳，至是乃去而之楚，見葉公。以陳被兵亂，故孔子遂困於中途耳。云陳蔡之間者，此乃葉公所居故蔡之地，非遷吳之蔡國也。

葉公問政，子曰：「近者悅，遠者來。」（子路）

今按：葉公楚臣，在蔡。左傳哀公二年，蔡遷於州來；四年，葉公諸梁致蔡於負函。蔡既遷於州來，去陳益遠，論語所云「從我於陳蔡」者，乃負函之蔡，非州來之蔡也。葉公楚卿，楚新得蔡地，故使出鎮。孔子自陳往，中途絕糧。逮至蔡，與相問答。其後葉公請老，乃歸於葉也。

子在陳曰：「歸與！歸與！吾黨之小子狂簡①，斐然成章，不知所以裁之。」（公冶長）

①大也。狂者進取有大志。

孔子在陳曰：「盍歸乎來！吾黨之士狂簡，進取不忘其初。」（孟子盡心下）

此孔子既遊陳蔡，不得意而思歸之言也。此後即復返衛。

其他尚有楚昭王召孔子，及孔子赴晉臨河而返諸說，不見於論語，其事皆不足信。今不載。

九　隱者之譏

孔子周遊在外，時遇隱者，致諷諭規惜之意。

微生畝①謂孔子曰：「丘，何爲是栖栖②者與？無乃爲佞乎？」孔子曰：「非敢爲佞也，疾固③也。」（憲問）

①畝名。呼夫子而辭甚倨，蓋年長而隱者。②不肯安居也。③固，陋也。子欲居九夷，或曰陋，與此同意。

子路宿於石門④。晨門⑤曰：「奚自？」子路曰：「自孔氏。」曰：「是知其不可而爲之者與！」（憲問）

④魯城門也。⑤主晨夜開閉者。

子擊磬於衛。有荷蕢⑥而過孔氏之門者，曰：「有心哉！擊磬乎！」既而曰：「鄙哉！硜硜乎！莫己⑦知也，斯己而已矣。深則厲⑧，淺則揭。」（憲問）

⑥草器所以盛土。⑦音紀，人己也。己而已矣，猶孟子云「獨善其身」。⑧履石渡水。荷蕢者引詩喻當隨時變化。

楚狂接輿⑨歌而過孔子曰：「鳳兮！鳳兮！何德之衰⑩！往者不可諫，來者猶可追。已而！已而！今之從政者殆而！」孔子下⑪，欲與之言。趣而避之，不得與之言。（微子）

⑨楚人佯狂者。⑩比孔子也。⑪下車也。

長沮、桀溺耦⑫而耕，孔子過之，使子路問津⑬焉。長沮曰：「夫執輿⑭者爲誰？」子路曰：「爲孔丘。」曰：「是魯孔丘與？」曰：「是也。」曰：「是知津矣！」問於桀溺。桀溺曰：「子爲誰？」曰：「爲仲由。」曰：「是魯孔丘之徒與？」對曰：「然。」曰：「滔滔者天下皆是也，而誰以⑮易之？且而與其從辟人之士⑯也，豈若從辟世之士⑰哉？」耰⑱而不輟。子路行，以告。夫子憮然⑲曰：「鳥獸不可與同羣，吾非斯人之徒與而誰與⑳！天下有道，丘不與易也。」（微子）

⑫同偶。⑬濟渡處。⑭執轡。⑮同與，言與誰易此滔滔者也。⑯指孔子。⑰自指。⑱覆種也。⑲失意貌。⑳言不當辟世也。

子路從而後，遇丈人㉑，以杖荷蓧㉒。子路問曰：「子見夫子乎？」丈人曰：「四體㉓不勤，五穀不分㉔，孰爲夫子！」植㉕其杖而芸㉖。子路拱而立。止子路宿，殺鷄爲黍而食之，見其二子焉。明日，子路行，以告。子曰：「隱者也！」使子路反見之，至則行矣。子路曰：「不仕無義，長幼之節不可廢也，君臣之義，如之何其廢之？欲潔其身，而亂大倫。君子之仕也，行

其義也。道之不行，已知之矣。」（微子）

㉑老人。㉒竹器。㉓四肢。㉔猶言不辨菽麥。責子路不務農而從師遠遊。㉕立。㉖去草。

子曰：「賢者辟世，其次辟地，其次辟色，其次辟言。」子曰：「作㉗者七人矣！」（憲問）

㉗「見幾而作」之作。

孔子雖有志用世，而亦深有取乎隱者，觀其「七人」之慨可見。

一〇　孔子自衛返魯

（衛出公）八年，孔子自陳入衛。（史記衛世家）

子路曰：「衛君①待子而爲政，子將奚先？」子曰：「必也正名乎！」子路曰：「有是哉！子之迂也！奚其正？」子曰：「野哉由也！君子於其所不知，蓋闕如也。名不正則言不順，言不順則事不成，事不成則禮樂不興，禮樂不興則刑罰不中，刑罰不中則民無所措手足。故君子名之必可言也，言之必可行也。君子於其言，無所苟而已矣。」（子路）

①出公輒也。

②孝公卽出公輒。

孟子曰：「孔子有公養之仕。於衛孝公②，公養之仕也。」（萬章下）

考傳記所載，無孔子與衛孝公問答之語。則是孝公年少，尚未知與孔子相周旋，但致饔餼於孔子耳。是以孟子謂之「公養之仕」。其後魯人以幣召孔子，孔子遂歸魯。見史記世家。

孔子去魯，凡十四歲而返魯。時爲魯哀公之十一年，孔子年六十八歲矣！

季孫欲以田賦，使冉有訪於仲尼，仲尼曰：「丘不識也。」三發，卒曰：「子爲國老，待子而行，若之何子之不言也？」仲尼不對，而私於冉有曰：「君子之行也，度於禮。施取其厚，事舉其中，斂從其薄；如是則以邱③亦足矣。若不度於禮，而貪冒無厭，則雖以田賦，將又不足。且子季孫若欲行而法，則周公之典在；若欲苟而行，又何訪焉？」弗聽。十二年春王正月，用田賦。（左傳哀公十二年）

③邱，十六井。邱賦之法，因其田財通出馬一匹，牛三頭。今欲於邱賦外別計其田增賦。

則孔子以禮治國之主張始終未變，魯人雖召之歸，亦未能眞用孔子也。

陳成子弑簡公④。孔子沐浴而朝，告於哀公曰：「陳恆弑其君，請討之！」公曰：「告夫三子。」孔子曰：「以吾從大夫之後，不敢不告也。君曰告夫三子者！」之三子告，不可，孔子曰：「以吾從大夫之後，不敢不告也！」（憲問）

④齊君。

左傳亦記其事云：

齊陳恒弑其君壬⑤於舒州，孔丘三日齊而請伐齊，三。公曰：「魯爲齊弱久矣，子之伐之，將若之何？」對曰：「陳恒弑其君，民之不與者半。以魯之衆，加齊之半，可克也。」公曰：「子告季孫！」孔子辭，退而告人曰：「吾以從大夫之後也，故不敢不言。」（哀公十四年）

⑤簡公。

蓋孔子君君臣臣之主張，至此已大不行於當世。臣弑其君，子弑其父，莫能救正。魯既不能用孔子，孔子亦老，從此不復有志於用世矣。

一一　孔子之慨歎

孔子皇皇奔走，年老返魯，不得志於天下，故時有慨歎之言。

子曰：「莫我知也夫！」子貢曰：「何爲其莫知子也？」子曰：「不怨天，不尤人，下學而上達，知我者其天乎！」（憲問）

子謂顔淵曰：「用之則行，舍之則藏，惟我與爾有是夫！」（述而）

子曰：「苟有用我者，期月①而已可也。三年有成。」（子路）

①期年也。

子貢曰：「有美玉於斯，韞櫝②而藏諸？求善賈③而沽④諸？」子曰：「沽之哉！沽之哉！我待賈者也。」（子罕）

②韞藏，櫝匱。③價。④賣。

子曰：「道不行，乘桴⑤浮於海，從我者其由與？」子路聞之喜。子曰：「由也，好勇過我，無所取材⑥。」（公冶長）

⑤編竹木，大者曰筏，小者曰桴。今云排。⑥爲桴之材也。孔子微言寄慨，子路信爲實然，故孔子戲之。

子欲居九夷。或曰：「陋，如之何！」子曰：「君子居之，何陋之有⑦？」（子罕）

⑦孔子特託意激世，不必以「化夷爲夏」泥之。

子在川上，曰：「逝者如斯夫！不舍晝夜⑧。」（子罕）

⑧孫綽曰：「川流不舍，年逝不停，時已晏矣！而道不興，所以憂歎也。」

子曰：「鳳鳥不至，河不出圖，吾已矣夫⑨！」（子罕）

⑨鳳鳥河圖，聖人受命之祥。孔子傷時無明君也。

一二　孔子之卒

孔子卒於周敬王四十一年，即魯哀公之十六年。（西曆紀元前四七九年）以周歲增年計之，孔子壽七十有二。（或以生年移前一年，則七十三歲。）檀弓記其事云：

孔子蚤作，負手曳杖，逍遙於門，歌曰：「泰山其頹乎！梁木其壞乎！哲人其萎乎！」既歌而入，當戶而坐。子貢聞之，曰：「泰山其頹，則吾將安仰！梁木其壞，則吾將安放①！夫子殆將病也？」遂趨而入。夫子曰：「賜！爾來何遲也？夏后氏殯②於東階之上，則猶在阼③也。殷人殯於兩楹之間，則與賓主夾之也。周人殯於西階之上，則猶賓之也。而丘也，殷人也。予疇昔之夜，夢坐奠④於兩楹之間。夫明王不興，天下其孰能宗⑤予！予⑥殆將死也！」蓋寢疾七日而歿。

①依也。梁木，衆木所依。今本下有「哲人其萎」四字，據王引之説删。②停柩塗木曰殯。③主人之位。④定也，坐奠猶言安坐。⑤尊。⑥孔子自言夢安坐於兩楹之間，既非南面聽治之象，則必爲殷家喪殯之兆，故自卜其將死也。

崔述云：「按論語所記孔子之言多矣，大抵皆謙遜之辭，而無自聖之意；皆明民義所當爲，而不言禍福之將至。獨此歌以泰山、梁木、哲人自謂，而預決其死於夢兆，殊與孔子平日之言不類。恐出於後人傳聞附會之言。」今按：崔説甚是。然孔子曰：「天生德於予。」則不嫌其稱哲人矣。又曰：「鳳鳥不至，河不出圖。」則不嫌其驗夢兆矣。古人傳説，非有關於是非之大者，置而不辨可也。

左傳亦記其事云：

（哀公十六年）夏四月己丑，孔丘卒。公誄之曰：「旻天不弔，不憖⑦遺一老，俾屏⑧余一人以在位，煢煢余在疚⑨。嗚呼！哀哉！尼父！無自律⑩。」子貢曰：「君其不歿於魯乎？夫子之言曰：『禮失則昏，名失則愆。』失志爲昏，失所爲愆。生不能用，死而誄之，非禮也。稱一人，非名⑪。君兩失之。」

⑦且。⑧蔽。⑨病。⑩喪孔子無以自爲法。⑪非天子不得稱「一人」。

檀弓又記其事云：

孔子之喪，門人疑所服。子貢曰：「昔者夫子之喪顏淵，若喪子而無服。喪子路亦然。請喪夫子，若喪父而無服！」

孟子又記其事云：

昔者孔子歿，三年之外，門人治任⑫將歸，入揖於子貢，相嚮而哭，皆失聲，然後歸。子貢反，築室於場⑬，獨居三年，然後歸。（滕文公上）

⑫擔也，今云行李。⑬祭神道也。冢墓之南，築地使平坦以爲祭祀者。

史記又記其事云：

孔子葬魯城北泗上，……弟子及魯人往從冢而家者，百有餘室，因命曰孔里。魯世世相傳，以歲時奉祠孔子冢，而諸儒亦講禮鄉飲、大射於孔子冢。孔子冢大一頃，故所居堂弟子⑭內，後世因廟藏孔子衣、冠、琴、車、書。至於漢，二百餘年不絕。（孔子世家）

⑭當作「故弟子所居堂內」，傳寫誤倒。

此外孔子事蹟見於論語者，尚有公山不狃之召，佛肸之召，匡人之圍，及在衛見靈公夫人南子諸項。然自來爲諸儒所疑辨，其於孔子一生事業，亦殊無重大關係。故今統爲删去，不復列入。其他傳記載孔子事者尚多，或荒誕不可信，而皆不足以見孔子之眞與其大，故均弗列。凡欲求孔子一生事業之眞與其大者，則此篇所載，亦十得其八九矣。

論曰：孔子，千古之大聖也。然而孔子二千五百年前之人物，不可以不知二千五百年前之社會。當二千五百年前社會之情形，與今日絕相懸殊者，厥有一端，曰「貴族階級之存在」是已。於斯時也，社會有顯相分別之兩階級，一曰「貴族」，一曰「平民」。天子諸侯公卿大夫，凡社會中之握政權者，莫不由貴族世襲；而平民則僅爲貴族之僕役，平居則授田耕牧以奉養其上，有事則賦甲從戎以捍禦其敵。在二千五百年前之人類，蓋有層層固定之階級，其權利義務，卽視其階級之等差而不同。而當時亦咸以此爲當然之現象，莫有悟其非者。及至孔子之時，貴族階級已將次崩壞，諸侯上僭於天子，卿大夫上僭於諸侯，陪臣亦上僭於卿大夫。蓋貴族階級之自身，已不能自守其階級之制限，甚至於臣弑其君，子弑其父，亂臣賊子不絕跡，而貴族階級之自身，從此大亂。因貴族階級之擾亂，而平民受其殃禍。孔子生丁其時，其先世蓋亦貴族之苗裔，早年卽好學不倦，於從來貴族階級一切制度禮樂，均所曉習。慨其時貴族之驕奢淫亂，而憂其不可久；感平民之困苦憔悴，而思有以拯之。於是始倡爲「君君臣臣父父子子」「正名」「復禮」之主張。以爲使貴族階級能一一恢復其從前相傳之制度而恪守之，使諸侯尊其天子，卿大夫尊其諸侯，陪臣尊其卿大夫，則貴族之擾亂可以平息。爲貴族者既可以長享其福利，而爲平民者，亦得脫出於當時之禍殃，而安度其耕牧事上之生活。此孔子之理想，所畢生竭力以趨赴者也。然孔子自身，其在當時，則一貴族階級中墮落之平民也。夫既爲平民，則僅當依奉貴族之意志，而盡力以供役使；此當時人類所認爲天經地義之大道也。而孔子顧不然。孔子以一平民，而出頭批評貴族之生活，而欲加之以矯正。孔子曰：「天下有道，則庶人不議。」明其亦不得已也。然而從此乃招貴族之忌，奔走天下，栖栖皇皇，迄無寧止。削跡於宋，絕食於陳蔡，歷人世之艱辛困阨，而其志不少變。魯之晨門譏之曰：「是知其不可而爲之者。」孔子亦自知之，故曰：「道之不行，已知之矣。」然而終不肯休者，在孔子亦有故。曰：「鳥獸不可與同羣，吾非斯人之徒與而誰與？天下有道，丘不與易也。」孔子以爲我既生斯世而爲斯人矣，固當盡人羣相處之道，豈可以目擊世亂而不之救？而孔子又自負以救世之大任，曰：「天生德於予。」蓋孔子之視世也甚親，而自視也甚高。及其終不得志而歸老於魯，乃與其門弟子講明人羣相處之道，以謂不可行之於當時者，猶望其行之於後世。蓋其意志之博大，其感情之深厚，有如此者。孔子既不得行其志而死，其弟子終亦不能推行孔子之志，而貴族之驕奢淫亂日甚一日，平民之困苦憔悴亦日甚一日，而世亂遂日亟。此當爲孔子所甚悲。然而自孔子以後，爲平民者，乃始知貴族之有是非，而亦爲吾平民所得而與聞之，而譏正之也。而爲貴族者，自孔子以後，亦知平民之有可尊師，可敬信，可引與相共事，而不敢盡以僕役視平民。自此以往，相推相盪，至於戰國之末，去孔子之死，二百五十年之間，而貴族階級終至破滅，而社會人類漸享平等之福利。此實非孔子當時提倡「正名」「復禮」之初心，而實符於孔子愛人救世之本意。且其風氣亦自孔子「正名」「復禮」之主張開其端。孔子之影響於當時之人心世局者如此。故在二千五百年前，而最先以一平民挺身反對貴族之生活，而提出矯正之主張者，孔子也。而孔子在當時，其於貴族、平民兩階級，實一視而同仁。在孔子之意，蓋將躋一世人於和平康樂之境。而其自爲謀也，則曰：「飯疏食，飲水，曲肱而枕之，樂亦在其中矣。」故孔子之學說主張，猶不免二千五百年前人之色彩；而孔子之精神意氣，實足以更歷二千五百年而不朽。其精神意氣之不朽，斯其所以爲千古之大聖也。其學說主張，終不免帶有時代之色彩，斯其所以爲二千五百年前之人物也。然而孔子雖爲二千五百年前之人物，而無害其爲千古之大聖，斯則論孔子者所不可不明辨也。

一三　孔子年表

周靈王二一年 魯襄公二二年 （西元前五五一年）	孔子生。	
周景王元年 魯襄公二九年 （西元前五四四年）	孔子八歲。 爲兒嬉戲，常陳俎豆，設禮容。	吳季札使諸侯，歷交魯叔孫穆子，齊晏平仲，鄭子產，衛蘧瑗、史狗、史鰌、公子荊、公叔發、公子朝，晉趙文子、韓宣子、魏獻子、叔向諸人。明年，鄭使子產爲政，國大治。

周景王八年 魯昭公五年（西元前五三七年）	孔子一五歲。有志於學。	
周景王二〇年 魯昭公一七年（西元前五二五年）	孔子二七歲。郯子至魯，孔子見之，學古官制焉。其爲委吏、乘田，皆在前。	後三年，子產卒。
周敬王二年 魯昭公二四年（西元前五一八年）	孔子三四歲。魯孟僖子卒，囑其二子學禮於孔子。	
周敬王三年 魯昭公二五年 齊景公三一年（西元前五一七年）	孔子三五歲。適齊，後返魯。不仕而教授，弟子益進。	魯昭公欲誅季氏，三桓攻公，公出居鄆。魯亂，孔子適齊。魯昭公在外七年，季氏爲政。孔子於何年去齊歸魯，不可考。惟孔子曾觀吳季札葬子嬴博間，事在魯昭公二十七年。似其時孔子已反魯。則在齊僅一年。

周敬王一五年 魯定公五年 （西元前五〇五年）	孔子四七歲。	魯陽虎囚季桓子，與盟醳之。
周敬王一八年 魯定公八年 （西元前五〇二年）	孔子五〇歲。	魯陽虎欲伐三桓，三桓攻陽虎，虎奔陽關。明年，陽虎去魯奔齊，孔子乃見用。
周敬王二〇年 魯定公一〇年 齊景公四八年 （西元前五〇〇年）	孔子五二歲。 其時爲魯司寇。魯定公與齊會夾谷，孔子相，齊人來歸汶陽田。	齊晏平仲卒。
周敬王二二年 魯定公一二年 （西元前四九八年）	孔子五四歲。 見信於季孫，三月不違。墮郈，墮費。將墮成，弗克。	

周敬王二三年 魯定公一三年 衛靈公三八年 （西元前四九七年）	孔子五五歲。 孔子不得志於魯。春郊，膰肉不至，孔子去魯，適衛。	
周敬王二七年 魯哀公二年 衛靈公四二年卒 （西元前四九三年）	孔子五九歲。 去衛。	世家：孔子以魯定公卒之歲去衛，尚前二年。不可據。
周敬王二八年 魯哀公三年 宋景公二五年 陳湣公一〇年 （西元前四九二年）	孔子六〇歲。 過宋，至陳。	年表、世家均謂孔子以今年過宋，則去衛定在前歲。否則在途不應若是之久。 左傳：哀公三年，孔子在陳，聞魯火災。知孔子卽以是年至陳。

周敬王三一年 魯哀公六年 陳湣公一三年 楚昭王二七年卒 衛出公四年 （西元前四八九年）	孔子六三歲。 自陳如蔡，被兵絕糧。在蔡，見葉公，遂返衛。	吳伐陳，楚救陳，孔子絕糧在其時。不久即去。據世家：孔子即以是年返衛。年表：孔子返衛在哀公一〇年。不足據。
周敬王三六年 魯哀公一一年 （西元前四八四年）	孔子六八歲。 魯人以幣召孔子，孔子返魯。孔子之去魯，至是十四年矣。	
周敬王三九年 魯哀公一四年 （西元前四八一年）	孔子七一歲。 齊陳恆弒其君簡公，孔子請魯君討之，弗聽。	是年，顏回卒，齊亂，宰予死之。明年，衛亂，仲由死之。

周敬王四一年 魯哀公一六年 （西元前四七九年）	孔子七三歲。 夏四月己丑，孔子卒。	

第三章　孔子之日常生活

孔子，偉人也，既詳其生平出處之大節，又當考其日常生活之情形，以見其人格之全部。茲據論語所載孔子日常生活諸端，略加纂輯如次：

一　平居之氣象

子之燕①居，申申②如也，夭夭③如也。（述而）

①安也。退朝而居曰燕居。②整飭之貌，言其敬。③和舒之貌，言其和。

子溫而厲④，威而不猛，恭而安。（述而）

④嚴肅也。

此記孔子平居之態度氣象，而孔子之性情卽可於此想見。蓋所謂聖人中和之氣。孔子於德性之修養，既臻圓滿，故其平常之蘊於中而發於外者，有如此也。

居不容。（鄉黨）

陸德明曰：「居不客，本或作容。」是唐時論語一本作客，一本作容也。臧琳之解曰：「居不客，言居家不以客禮自居。」是孔子之燕居，其優遊自適，從容不迫之象可知也。孔子性嗜音樂，時與門人弟子，共相唱合，弦歌之聲不絕。亦復散策舞雩，歌詠爲娛。時或莞爾微笑，戲謔間作。則其態度之閑雅，襟懷之恬暢，絕無拘束危苦之狀，而有從容中道之樂。其日常之生活，宜乎爲門人弟子之目擊而親炙者所低徊嚮往而歎末由也。

子禽問於子貢曰：「夫子至於是邦也，必聞其政。求之與？抑與之與？」子貢曰：「夫子溫⑤、良⑥、恭、儉、讓以得之。夫子之求之也，其諸異乎人之求之與？」（學而）

⑤和柔也。⑥心之善。

子貢之言，足以想見孔子粹然中和之氣象。蓋孔子一言一行，皆平實圓滿，絕無奇異偏僻；雖若人人常識中所能有，而自爲人人日常踐行所不及。其平實處卽其偉大處，其圓滿處卽其卓絕處，宜其爲千古人格之模範也。

二　哀樂之情感

子食於有喪者之側，未嘗飽⑦也。子於是日哭，則不歌⑧。（述而）

⑦哀不甘食也。⑧餘哀未忘，自不能歌。

見齊衰⑨者，雖狎⑩必變⑪。（鄉黨）

⑨喪服。⑩習見。⑪變容。

凶服⑫者式⑬之。（鄉黨）

⑫送死之衣物。⑬又作軾，車前橫木。以手伏軾示敬也。

此孔子對於死亡者之哀情，所謂惻隱之心，流露於不自禁也。

朋友死，無所歸，曰：「於我殯⑭。」（鄉黨）

⑭檀弓：賓客至，無所館。子曰：「生於我乎館，死於我乎殯。」措辭不如論語，豈有賓客至而預言及其死者？

此孔子對於友誼之至情也。故伯牛有疾，孔子執其手而歎；顏淵之死，子哭之慟；子路之死，哭於中庭，而遂覆醢。蓋孔子對於門弟子之情有如此也。

子釣⑮而不綱⑯，弋⑰不射宿⑱。（述而）

⑮一竿釣。⑯爲大索橫流，繫多鉤也。⑰繳射。⑱宿鳥。

孔子雖不廢弋釣，然惻隱之心及於禽獸，亦僅求娛樂不務貪得也。

子在齊，聞韶，三月不知肉味，曰：「不圖爲樂之至於斯也！」（述而）

子與人歌而善，必使反⑲之，而後和之。（述而）

⑲反復也。

此可見孔子對於音樂趣味之深摯矣。要之，孔子蓋爲一感情懇至而醲郁之人，故其哀樂之情，皆沈著而深厚。而孔子一生之事業，亦胥由其懇至而醲郁之感情成之也。

三　日常之談論

子所雅①言，詩、書、執禮②，皆雅言也。（述而）

①正言其音，如今之國音。②謂執行禮事。

劉台拱論語駢枝云：「孔子生長於魯，不能不魯語。惟誦詩、讀書、執禮，必正言其音，所以重先王之訓典，謹末學之流失。」今按：凡此等處，孔子制行之謹，皆足以見孔子秉性之厚。在他人疑若規矩之束縛，在孔子則爲性情之流露也。

子不語怪、力、亂、神。（述而）

子罕③言利，與④命，與仁。（子罕）

③少也。④贊許也。

此記孔子日常所言論也。今按：利、命、仁三者，孔子言仁最多，言命次之，言利最少。孔子遇難有不避，則曰有命；如遭桓魋之難，則曰「天生德於予」是也。孔子見利有不趨，則曰有命；如彌子招孔子主其家，孔子拒之，曰「有命」是也。孔子當敵仇有不報，則曰有命；如公伯寮愬子路，孔子不引以爲怨，曰「有命」是也。凡孔子言命，皆有甚深意味，急切難以喻人者，而諉之曰命。故曰「不知命無以爲君子」，是孔子深許命也。而論語載孔子言仁最多。蓋孔子視仁極重，故羣弟子凡孔子言仁，皆詳記焉。至於利，則孔子雖畢生孜孜，志在利濟，然利爲人所樂趨，恐言之而多誤會賴藉，故孔子罕言也。

四　應事之態度

子絕四：毋意①，毋必②，毋固③，毋我④。（子罕）

①臆度。②期必。③執滯。④私己。

此寫孔子性格之流行而圓通也。故孟子曰：「孔子，聖之時者也。」正指其性格之流行圓通而言。然自與鄉愿之同流俗合汙世者不同，復與長沮、桀溺輩知其不可則已者有辨。此孔子性格之所以爲大，而有「莫我知」之歎也。

子之所愼：齋、戰、疾。（述而）

祭如在。祭神，如神在。子曰：「吾不與祭，如不祭。」（八佾）

凡此皆記孔子臨事篤愼之處，皆孔子性情之深厚處也。

孔子日常生活，具如上述。此外尚有記孔子居鄉黨朝廷，及其衣食瑣節，載於論語，亦可以見孔子日常精神之一斑。然以時代關係，在今日視之，已無詳考深論之必要，此不更舉。卽據上述，而知孔子日常之生活，蓋爲一極富情感而又極守規範之生活也。凡人富於情感者，每每一往直前，有踰越規範之慮；而其謹守規轍者，則又摹擬依倣，轉失眞情；惟孔子爲得內外之調和焉。

第四章　孔子人格之概觀

一　弟子之誦贊

孔子生平行事，及其日常瑣節，凡屬德性之發露，志業之成就，既於前兩章述其梗概。顧孔子究爲何如人乎？此吾儕所急欲得一明晰之概念，以資論定者也。惟以孔子人格之偉大，德性之豐宏，孔子爲何如人一問題，一時實難遽答。無已，試先舉當時門弟子推崇其夫子之語，類而列之，以備參考焉。

宰我曰：「以予觀於夫子，賢於堯舜遠矣。」子貢曰：「見其禮而知其政，聞其樂而知其德，由百世之後，等百世之王，莫之能違也。自生民以來，未有夫子也。」有若曰：「豈惟民哉！麒麟之於走獸，鳳凰之於飛鳥，泰山之於丘垤，河海之於行潦，類也。聖人之於民，亦類也。出於其類，拔乎其萃，自生民以來，未有盛於孔子也。」（孟子公孫丑上）

孟子稱此三子，謂「智足以知聖人，而又不至阿其所好」，顧其崇尊孔子者如此。想其當時，身親教誨，受師門之感化者既深，故其崇拜之情有若是之摯也。

曾子曰：「江漢以濯之，秋陽以暴之，皜皜①乎不可尚已。」（孟子滕文公上）

①皜皜，天之元氣。

焦循曰：「江漢以濯之，以江漢比夫子也。秋陽以暴之，以秋陽比夫子也。皜皜乎不可尚，以天比夫子也。同一水，池沼可濯也，不能及江漢之濯也。同一火，爝燎可暴也，不能及秋陽之暴也。乃以江漢擬之，猶未足也；以秋陽擬之，猶未盡也；其如天之皜皜，不可尚矣。此曾子之推崇比擬，尤踰於宰我、子貢也。」今按：焦說是也。則七十子之學於孔子，猶如濯江漢而暴秋陽矣。非身親教誨者，不能言之若是其有味也。

顏淵喟然歎曰：「仰之彌高，鑽之彌堅，瞻之在前，忽焉在後。夫子循循然善誘人，博我以文，約我以禮。欲罷不能，既竭吾才，如有所立卓爾；雖欲從之，末由也已！」（子罕）

顏、曾皆孔門高第弟子。曾子之讚其師，專就師之人格言，專言孔子人格之精神與境界。以此較之宰我、子貢、有若之推崇孔子之功業者，彌見爲親切而入裏。然顏淵則僅就師之教誨誘掖言，僅就己之對於其師之教誨誘掖之可望而不可卽言，僅就己之「欲罷不能」與「欲從無由」言。此乃更見爲眞切而有味。而孔子之人格與其功業之高不可及，皆於此而可見。則至矣顏子之善述其師也！吾儕觀於顏、曾之如何欽仰其師，不得不驚歎孔子感化力之偉大，與其人格之崇高矣。顧當時自孔子之門弟子以外，乃多不識孔子之人格，而或加譏毀，且有疑孔子爲不如其門弟子者。

叔孫武叔語大夫於朝曰：「子貢賢於仲尼。」子服景伯以告子貢。子貢曰：「譬之宮牆，賜之牆也及肩，窺見室家之好。夫子之牆數仞，不得其門而入，不見宗廟之美，百官之富，得其門者或寡矣。夫子之云，不亦宜乎！」（子張）

叔孫武叔毀仲尼。子貢曰：「無以爲也，仲尼不可毀也。他人之賢者，丘陵也，猶可踰也；仲尼，日月也，無得而踰焉。人雖欲自絕，其何傷於日月乎？多見其不知量也！」（子張）

陳子禽謂子貢曰：「子爲恭也？仲尼豈賢於子乎？」子貢曰：「君子一言以爲知，一言以爲不知，言不可不慎也。夫子之不可及也，猶天之不可階而升也。夫子之得邦家者，所謂立之斯立，道之斯行，綏之斯來，動之斯和；其生也榮，其死也哀。如之何其可及也？」（子張）

吾人觀於時人之推崇子貢，益可以想見孔子人格之崇高矣。抑凡此所舉，可以見孔子人格之偉大與崇高，固也。顧孔子之所以爲孔子，其人格之所以成其爲偉大與崇高之實者，則猶未見也。且人之識孔子，終不若孔子之自知。今重舉孔子之自道其爲人者如下。凡欲識孔子之眞相者，其於此尋之可也。

二　孔子之自述

論語載孔子自道之語亦甚多。茲撮要分類，略得四端：（一）自述性情，（二）自述能事，（三）自述行誼，（四）自述志願。

葉公問孔子於子路，子路不對。子曰：「女奚不曰：『其爲人也，發憤忘食，樂以忘憂，不知老之將至』云爾？」（述而）

子曰：「我非生而知之者，好古，敏以求之者也。」（述而）

子曰：「十室之邑，必有忠信如丘者焉，不如丘之好學也。」（公冶長）

子曰：「富而可求也，雖執鞭之士，吾亦爲之。如不可求，從吾所好。」（述而）

子曰：「飯疏食，飲水，曲肱而枕之，樂亦在其中矣。不義而富且貴，於我如浮雲。」（述而）

此孔子自述其性情也。

子貢問於孔子曰：「夫子聖矣乎？」孔子曰：「聖則我不能，我學不厭而教不倦也。」子貢曰：「學不厭，智也；教不倦，仁也。仁且智，夫子既聖矣。」（孟子公孫丑上）

子曰：「若聖與仁，則吾豈敢？抑爲之不厭，誨人不倦，則可謂云爾已矣。」公西華曰：「正唯

弟子不能學也。」（述而）

子曰：「默而識之，學而不厭，誨人不倦，何有於我哉？」（述而）

此孔子自述其能事也。

子曰：「不得中行而與之，必也狂狷乎！狂者進取，狷者有所不爲也。」（子路）

子曰：「鄉原，德之賊也。」（陽貨）

此孔子自述行誼也。孔子進狂狷而斥鄉愿，其意孟子曾論之，今附錄以備參考。

萬章問曰：「孔子在陳曰：『盍歸乎來！吾黨之士狂簡，進取不忘其初。』孔子在陳，何思魯之狂士？」孟子曰：「孔子不得中道而與之，必也狂狷乎！狂者進取，狷者有所不爲也。孔子豈不欲中道哉！不可必得，故思其次也。」「敢問何如斯可謂狂矣？」曰：「如琴張、曾皙、牧皮者，孔子之所謂狂矣。」「何以謂之狂也？」曰：「其志嘐嘐然。曰：『古之人，古之人。』夷考其行，而不掩焉者也。狂者又不可得，欲得不屑不潔之士而與之，是狷也，是又其次也。孔子曰：『過我門而不入我室，我不憾焉者，其惟鄉原乎！鄉原，德之賊也。』」曰：「何如斯可謂之鄉原矣？」曰：「何以是嘐嘐也？言不顧行，行不顧言，則曰：『古之人，古之人。』行何爲踽踽涼涼？生斯世也，爲斯世也善，斯可矣。閹然媚於世也者，是鄉原也。」萬子曰：「一鄉皆稱原人焉，無所往而不爲原人，孔子以爲德之賊，何哉？」曰：「非之，無舉也；刺之，無刺也。同乎流俗，合乎汙世。居之似忠信，行之似廉潔，衆皆悅之，自以爲是，而不可與入堯舜之道。故曰德之賊也。孔子曰：『惡似而非者。惡莠，恐其亂苗也。惡佞，恐其亂義也。惡利口，恐其亂信也。惡鄭聲，恐其亂樂也。惡紫，恐其亂朱也。惡鄉原，恐其亂德也。』君子反經而已矣。經正則庶民興；庶民興，斯無邪慝矣。」（盡心下）

孟子發明孔子進狂狷而斥鄉愿之義如此。又進而論孔子之爲人，曰：

非其君不事，非其民不使，治則進，亂則退，伯夷也。何事非君？何使非民？治亦進，亂亦進，伊尹也。可以仕則仕，可以止則止，可以久則久，可以速則速，孔子也。（公孫丑上）

孟子曰：「伯夷目不視惡色，耳不聽惡聲。非其君不事，非其民不使。治則進，亂則退。橫政之所出，橫民之所止，不忍居也。思與鄉人處，如以朝衣朝冠坐於塗炭也。當紂之時，居北海之濱，以待天下之清也。故聞伯夷之風者，頑夫廉，懦夫有立志。伊尹曰：『何事非君？何使非民？』治亦進，亂亦進。曰：『天之生斯民也，使先知覺後知，使先覺覺後覺。予，天民之先覺者也，予將以此道覺此民也。』思天下之民，匹夫匹婦，有不與被堯舜之澤者，如己推而內之溝中，其自任以天下之重也。柳下惠不羞汙君，不辭小官，進不隱賢，必以其道；遺佚而不怨，阨窮而不憫。與鄉人處，由由然不忍去也。『爾爲爾，我爲我，雖袒裼裸裎於我側，爾焉能浼我哉？』故聞柳下惠之風者，鄙夫寬，薄夫敦。孔子之去齊，接淅而行；去魯，曰：『遲遲吾行也。』去父母國之道也。可以速而速，可以久而久，可以處而處，可以仕而仕，孔子也。」孟子曰：「伯夷，聖之清者也。伊尹，聖之任者也。柳下惠，聖之和者也。孔子，聖之

時者也。孔子之謂集大成。」（萬章下）

孟子之推崇孔子，亦已至矣。以其言足以發明孔子狂、狷、中行、鄉愿之辨，而得孔子立身處世之精義，故詳引焉。

顏淵季路侍。子曰：「盍各言爾志？」子路曰：「願車馬衣裘①與朋友共，敝之而無憾。」顏淵曰：「願無伐善，無施勞②。」子路曰：「願聞子之志！」子曰：「老者安之，朋友信之，少者懷之③。」（公冶長）

①今本作「衣輕裘」，誤。②不稱伐己善，不張大己勞。③之，孔子自指。

此孔子自述其志願也。可見孔門志業，全在人事，全在人事中所表現之心境，而尤貴於在自己心地上用力；此則季路、顏淵與孔子之所同。惟季路於此，似不如顏淵用力之深；而孔子之所志，則更見爲深獲人心之同然。故能使老者安於我，朋友信於我，少者懷於我。此非我之有以妙合於一切人之心之所向，又何以得此？此義卽孔子之所謂「仁」，亦卽孔子之所以爲「聖」也。人第知孔子爲聖人，顧不知其所謂聖者何若？其所以爲聖者又何在？雖其弟子推尊之甚至，然亦未道出其爲人之眞處。今鈔列孔子自述之言，略分四項：（一）性情，（二）能事，（三）行誼，（四）志願。而孔子之爲人，大略可見也。

孔子自敍性能，曰「好學」，曰「樂學」，曰「學不厭」，曰「教不倦」。孔子之所以再三自道者在此。

其對於學問行事一段好學不倦之精神，誠足爲百世所慕仰也。

孔子自述行誼，則曰「中道」。中道之反面爲「鄉愿」。鄉愿者，以他人之是非好惡爲是非好惡，而不敢自有其是非好惡者也。中道者，不肯以他人之是非好惡爲是非好惡，而能自有其是非好惡者也。狂也者，己之所是，己之所好，則起而行之者也。狷也者，己之所非，己之所惡，則去而不顧者也。能起而行矣，不能去而不顧，是狂也。能去而不顧，不能起而行，是狷也。中道者，當行則起而行，當不顧則去而不顧。蓋背乎狂狷者，鄉愿也。兼乎狂狷者，則中道也。中道者，時狂則狂，時狷則狷者也。故曰：「用之則行，捨之則藏。」孔子之外，惟顏淵爲有之。後世不解此意，以謂中道者，乃得乎狂狷之中，不過偏狂，不過偏狷；於是模稜進退，兩無所據，相率而爲鄉愿之實，又自欺以中道之名。吁！可歎也。今欲重明孔子中道之誼，當提出兩字，曰「時」，曰「直」。時以破頑固，直以破虛文。然後當狂則狂，當狷則狷，內直吾心，外識時務，庶幾不失於中道之行也。

孔子自道志願，則曰「老者安之，朋友信之，少者懷之」。蓋以人類全體爲其嚮往之標的，其精神之偉大可見。

要而論之，則歸二點。曰「仁」，曰「智」。聖者，通也。仁也，智也，皆所以爲通也。子貢曰：「仁且智，夫子既聖矣。」此之謂「智足以知聖人」也。

第五章　孔子之學說

孔子之爲人及其行事，既已考列如上述。今當進而研求孔子之學說。惟孔子既爲二千五百年前之人物，則其學說思想，不免爲二千五百年前人設想；其不能一一通用於今日，自無待論。又其與門弟子講誦，因材施教，變化無方，今亦不能一體信奉以爲科律也明矣。若孔子之論政治，其大意已見第二章，今不詳述，而特詳其關於個人人格修養及社會倫理之兩點。蓋惟此尤爲孔子學說精神之所在，其間有傳諸百世而無疑，放諸四海而皆準者，固非時代地域之所能限。此吾人所當考究者也。今分端提要論述之如次：

一　論仁

孔子與弟子論行己處世之道，最重「仁」字。仁者，從二人，猶言人與人相處，多人相處也。人生不能不多人相處。自其內部言之，則人與人相處所共有之同情曰「仁心」。自其外部言之，則人與人相處所公行之大道曰「仁道」。凡能具仁心而行仁道者曰「仁人」。今歷引孔子之說而逐條證明之如下：

子曰：「巧言令色①，鮮矣仁。」（學而）

①好其言，善其色，務以悅人。

人之相處，首貴直心由中，以眞情相感通。致飾於外以求悅人，非仁道也。

子曰：「惟仁者能好人，能惡人。」（里仁）

仁者直心由中，以眞情示人，故能自有好惡。不仁者以有自私自利之心，故求悅人，則同流俗，合汙世，而不能自有好惡。

按：從來解此章者，皆謂惟仁者「可以」好人惡人，都不識得「能」字。

子曰：「我未見好仁者，惡不仁者。好仁者，無以尚之。惡不仁者，其爲仁矣，不使不仁者加乎其身。有能一日用其力於仁矣乎？我未見力不足者。蓋有之②矣，我未之見也！」（里仁）

②有用力於仁者。

仁者之好惡，即是好仁而惡不仁。仁者直心由中，以眞情相見。故見仁人則好之，見不仁人則惡之。遇仁道即好之，遇不仁之道即惡之。好惡發於至誠，絕無掩飾顧忌。故曰仁者能有好惡，異乎巧言令色之徒也。然人之相處，貴能有互相好樂之心，而不貴其有互相厭惡之心。使人人均厭惡不仁，固亦可使人不敢爲不仁；然不如人人好樂仁者，而使人皆願欲爲仁之爲愈。故曰「好仁者無以尚之」，言其行誼最勝，無以加踰其上也。好仁略近狂者，惡不仁略近狷者。

子貢曰：「如有博施於民，而能濟衆，何如？可謂仁乎？」子曰：「何事於仁？必也聖乎！堯舜其猶病諸！夫仁者，己欲立而立人，己欲達而達人。能近取譬，可謂仁之方③也已。」（雍也）

③道也。

此章論仁字最明白。人心不能無好惡，而人心之好惡又皆不甚相遠。徒知己之好惡，不知人之亦同有好惡者，是自私自利之徒，不仁之人也。以我之有好惡，而推知他人之亦同我有好惡者，是仁人也。嘗試論之。不仁之人，徒求滿足其一己之好惡，而他人之好惡非所知。然將求滿足其一己之好惡者，其勢不能不有求於他人。於是以其有求於他人之故，而不敢自以其好惡示人，而務外爲虚詐以求媚於人。究其極，人受其害，己無其利。故不仁者，人己之好惡兩失之者也。仁者推己之好惡，而知他人之同有此好惡。以不背於他人之好惡者，而盡力以求滿足其一己之好惡焉。以不背於其一己之好惡者，而盡力以求滿足他人之好惡焉。究其極，人己兩蒙其利。故仁者，人己之好惡兩得之者也。故仁者，人我之見不敵其好惡之情者也。不仁者，好惡之情不敵其人我之見者也。後世之言仁者，不敢言好惡；不知無好惡，則其心麻痺而不仁矣。仁道之不明於世，亦宜也。阮元之言曰：「爲之不厭，己立己達也；誨人不倦，立人達人也。」而其爲孔子好惡之心之流露發皇而暢遂則一也。

子曰：「仁遠乎哉？我欲仁，斯仁至矣。」（述而）

仁卽是我心之好惡，何遠之有？

顏淵問仁。子曰：「克己④復禮爲仁。一日克己復禮，天下歸仁⑤焉。爲仁由己，而由人乎哉？」顏淵曰：「請問其目⑥。」子曰：「非禮勿視，非禮勿聽，非禮勿言，非禮勿動。」顏淵曰：「回雖不敏，請事斯語矣。」（顏淵）

④克去己私。⑤天下盡歸其一心之仁之內也。⑥條目。

此章論爲仁之方。克己者，克，勝也；克勝其一己之私欲。克己始能由己，謂由己任其事也。禮者，「因人之情，而爲之節文，以爲民坊」者也。（禮記坊記）人皆有好惡之情，而好惡不能無節。荀子曰：「人生而有欲，欲而不得則不能無求，求而無度量分界則不能不爭，爭則亂，亂則窮。先王惡其亂也，故制禮義以分之，以養人之欲，給人之求，使欲必不窮乎物，物不必屈於欲；兩者相持而長，是禮之所起也。」故吾之好惡而無害於人之好惡者，是卽吾好惡之節，是卽所謂禮也。不窺人秘密，不聽人私語，不議論人長短，不侵犯人自由，此義人皆知之。然人徒以此相責難，相怨恨，不能反己自責自任，此不仁之類也。當知人類相處，雖其間息息相關涉，相交通，然必有一彼我所均當遵守，而不可踰越之界限焉。是謂禮節。禮節貴能彼我兩方各自遵守，仁者則遵守我一方之界限而不踰越者也。

仲弓問仁。子曰：「出門如見大賓，使民如承⑦大祭。己所不欲，勿施於人。在邦⑧無怨，在家⑨無怨。」仲弓曰：「雍雖不敏，請事斯語矣。」（顏淵）

⑦當。⑧大至於邦國。⑨小至於家庭。

此章亦論爲仁之方，並及行仁之驗。大抵仁者貫通人我，故如見大賓，如承大祭，到處敬畏，不敢稍自恣肆，便是仁者心地。韓詩外傳：「己惡饑寒焉，則知天下之欲衣食也。己惡勞苦焉，則知天下之欲安佚也。己惡衰乏焉，則知天下之欲富足也。故君子之道，忠恕而已矣。」則己之所欲，又當施諸人。故孟子言：「仁者得民之心有道，所欲與之聚之，所惡勿施爾也。」仁者如是，自無可怨。己不怨人，人亦無怨於己也。

司馬牛問仁。子曰：「仁者其言也訒⑩。」曰：「其言也訒，斯謂之仁矣乎？」子曰：「爲之⑪難，言之得無訒乎？」（顏淵）

⑩不忍言也。⑪處之也。

天下有難處之事，仁者當之，情重心長，心有所不忍而不能逕遂其情，故言之亦多重難。司馬牛兄桓魋行惡，牛憂之，故夫子勉之以此。

樊遲問仁。子曰：「居處恭，執事敬，與人忠。雖之夷狄，不可棄⑫也。」（子路）

⑫不可棄去上述之三項。

此章與答顏淵、仲弓兩章同意。

子曰：「剛、毅、木、訥，近仁。」（子路）

剛者無欲，毅者果敢，木者質樸，訥者遲鈍。四者皆能直心由中，不失其眞情，故曰近仁。

憲問：「克⑬、伐⑭、怨、欲不行焉，可以爲仁矣？」子曰：「可以爲難矣。仁，則吾不知也。」（憲問）

⑬好勝。⑭自伐其功。

「剛毅木訥」近仁者，爲不失其眞情也。「克伐怨欲不行焉」而不得爲仁者，爲其失人之眞情也。焦循曰：「董子論仁曰：『其事易。』此孔子之指也。『我欲仁，斯仁至矣。』『有能一日用其力於仁矣乎？我未見力不足者。』皆以仁爲易也。故易傳云：『易則易知，簡則易從。』呂覽察微云：『子貢贖人於諸侯，來而讓不取其金。孔子曰：賜失之矣。自今以往，魯人不贖人矣。取其金，則無損於行。子路拯溺者，其人拜之以牛，子路受之。孔子曰：魯人必拯溺者矣。』讓不取金，不伐不欲也，而贖人之路遂窒。孟子稱公劉好貨，太王好色，與百姓同之，使有積倉而無怨曠。孟子之學，全得諸孔子。此卽己達達人，己立立人之義。必屏妃妾，減服食，而於百姓之饑寒仳離漠不關心，則堅瓠也。故克伐怨欲不行，苦心絜身之士，孔子所不取。不如因己之欲，推以知人之欲。卽因己之不欲，推以

知人之不欲。絜矩取譬，事不難，而仁已至矣。絕己之欲，而不能通天下之志，非所以爲仁也。」（論語補疏）

子路曰：「桓公殺公子糾，召忽死之，管仲不死。未仁乎？」子曰：「桓公九合諸侯，不以兵車，管仲之力也。如⑮其仁！如其仁！」（憲問）

⑮如，猶乃也。

仁者，自內言之，則爲人我相通之心地；自外言之，則爲人我兼得之功業。故管仲之功業，卽管仲之仁也。

子貢曰：「管仲非仁者與？桓公殺公子糾，不能死，又相之。」子曰：「管仲相桓公，霸諸侯，一匡天下，民到於今受其賜⑯。微⑰管仲，吾其被髮左衽⑱矣。豈若匹夫匹婦之爲諒⑲也⑳？自經㉑於溝瀆而莫之知也。」（憲問）

⑯不致被髮左衽也。⑰無也。⑱衽，衣襟。當時夷狄之俗如此。⑲諒，信也。⑳同耶。㉑縊。

匹夫匹婦以言許人，必踐其言，是之謂「諒」，是猶有在我之私心存其間也。故雖區區小節，惟恐不踐則不見諒於人。是其計畫謀慮之私於一己可知。故孔子既深歎管仲之功業，而又致譏於匹夫匹婦之諒，深恐其亂仁也。

子曰：「志士仁人，無求生以害仁，有殺身以成仁。」（衛靈公）

小己處大羣之中，有舍己爲羣之義務焉。求生害仁者，貪小己之生命而害大羣者也。殺身成仁者，犧牲小己之生命以利大羣者也。此章與前兩章比看，知仁者有時殺身而不必定殺身。吾人之死不死，當審其有利於羣與否。非謂仁必死，非謂死則仁也。

宰我問曰：「仁者雖告之曰：『井有人㉒焉。』其從之也？」子曰：「何爲其然也？君子可逝㉓也，不可陷㉔也；可欺也，不可罔也。」（雍也）

㉒人本作仁，朱子集註：「劉聘君曰：有仁之仁當作人。今從之。」按：朱改仁作人，是也。㉓使之往。㉔陷之於井。

據此則仁者之不棄功業明矣。劉氏正義曰：「孟子亦云：『君子可欺以其方，難罔以非其道。』蓋可欺者仁也，不可罔者知也。」故自經溝瀆，謂之匹夫；從人陷井，謂之愚者。仁雖本諸心，猶必見之事焉。凡捨事而言心者，則終亦不得爲仁也。

子曰：「人之過也，各於其黨。觀過，斯知仁矣。」（里仁）

程子曰：「人之過也，各於其類。君子常失於厚，小人常失於薄；君子過於愛，小人過於忍。」故樊遲問仁，子曰：「愛人。」則過於愛者，終不失其爲仁者之黨也。

子貢問爲仁。子曰：「工欲善其事，必先利其器。居是邦也，事其大夫之賢者，友其士之仁者。」（衛靈公）

人常能與仁者相處，則己之仁心油然而起，以眞情之相感通也。

上引各章，於孔子論仁之義，大概可見。人羣當以眞心眞情相處，是仁也。人羣相處，當求各得其心之所安，亦仁也。仁字之義，不出此二者。

孔子言仁，又常兼言知、勇。蓋知、勇皆所以行其仁而完成之者也。今略舉其說如下：

子曰：「知者不惑，仁者不憂，勇者不懼。」（子罕）

以今日心理三分法言之，則知當知識，仁當情感，勇當意志。而知、情、意三者之間，實以情爲主。情感者，心理活動之中樞也。眞情暢遂，一片天機，故曰「仁者不憂」矣。

子曰：「不仁者不可以久處約㉕，不可以長處樂㉖。仁者安仁，知者利仁。」（里仁）

㉕久困則爲非。㉖必驕佚。

不仁之人，失其眞情，宜乎無往而可安，無往而可樂。仁者體之自然，故謂「安仁」。知者知仁爲美，故利而行之也。此孔子言知與仁之辨也。

子曰：「有德者必有言，有言者不必有德。仁者必有勇，勇者不必有仁。」（憲問）

仁者出乎眞情，遇事勇爲。勇者或逞血氣，未必出其內心之眞誠也。此孔子言勇與仁之辨也。故孔子言仁，蓋已包有知、勇二德，爲心理活動最高美而最圓滿之一境。宜乎孔子常謙遜不敢以仁自居，亦不欲輕以許人矣。

二　論直

孔子論仁，首貴直心由中，故孔子又屢言直道。

子曰：「人之生也直，罔之生也幸而免。」（雍也）

「直」者誠也。內不以自欺，外不以欺人，心有所好惡而如實以出之者也。人類之生存於世，端賴其能以直心直道相處。至於欺詐虛僞之風既盛，則其羣必衰亂，必敗亡；其得免焉者，幸也。罔卽專務自欺以欺人者也，故曰「罔之生也幸而免」。

樊遲問仁，子曰：「愛人。」問智，子曰：「知人。」樊遲未達①。子曰：「舉②直錯③諸枉④，能使枉者直。」樊遲退，見子夏，曰：「嚮也，吾見於夫子而問智，子曰：『舉直錯諸枉，能使枉者直。』何謂也⑤？」子夏曰：「富哉言乎！舜有天下，選於衆，舉臯陶，不仁者遠矣。湯有天下，選於衆，舉伊尹，不仁者遠矣。」（顏淵）

①曉也。②任用也。③廢棄也。④邪曲也。⑤也同耶。

此章孔子言「舉直錯諸枉」，而子夏卻以舉臯陶、伊尹而不仁者遠釋之。可見枉卽是不仁者，而直卽是仁者也。舉直錯諸枉，能使枉者直，即孟子所謂「經正則庶民興」也。

或曰：「以德報怨，何如？」子曰：「何以報德？以直報怨，以德報德。」（憲問）

朱子曰：「或人之言，可謂厚矣。然以聖人之言觀之，則見其出於有意之私。」又曰：「於其所怨者，愛憎取舍，一以至公而無私，所謂直也。於其所德者，則必以德報之，不可忘也。」今按：以直道報怨者，其實則猶以仁道報怨也，以人與人相處之公道報怨也。此人雖於我有私怨，我未嘗以我之私怨而報之，直以人與人相處之公道處之而已。公道即直道也。若人有怨於我，而我故報之以德，是未免流於邪枉虛僞，於仁爲遠，故孔子不取。或曰：「直道非一，視吾心何如耳。吾心有怨，報之，直也。苟能忘怨而不報，亦直也。惟含忍匿怨，雖終至不報，然其于世，必以浮道相與，一無所用其情者。亦何取哉？」

葉公語孔子曰：「吾黨有直躬⑥者，其父攘⑦羊，而子證之。」孔子曰：「吾黨之直者異於是。父爲子隱⑧，子爲父隱，直在其中矣。」（子路）

⑥言行直之人也。⑦盜竊。⑧諱匿。

直者，由中之謂，稱心之謂。其父攘人之羊，在常情，其子決不願其事之外揚，是謂人情。如我中心之情而出之，即直也。今乃至證明吾父之攘人羊，是其人非沽名買直，即無情不仁。父子之情，不敵其個我之私，故至出此。彼不知子爲父隱，即是其子由中之眞情，即是直也。葉公蓋以此誇炫於孔子，而未必眞有其人。而孔子論直字之眞義，乃從此而益明。

子曰：「孰謂微生高直？或乞醯⑨焉，乞諸其鄰而與之。」（公冶長）

⑨音希，醋也。

直者，内忖諸己者也。曲者，外揣於人者也。家自無醯，則謝之可矣。今惟恐人之不樂於我之謝，而必欲給其求；是不能内忖諸己，而已不免揣人意向爲轉移。究其極，將流爲巧言令色，烏得爲直徒哉？

子曰：「巧言令色，足恭，左丘明恥之，丘亦恥之。」（公冶長）

足恭謂過於恭，此與巧言令色皆非直道，孔子恥爲不直也。

子貢問曰：「鄉人皆好之，何如？」子曰：「未可也。」「鄉人皆惡之，何如？」子曰：「未可也。不如鄉人之善者好之，其不善者惡之。」（子路）

夫至鄉人皆惡之，是必不近人情之人也。然至鄉人皆好之，此難免專務每人而悦之，爲鄉愿之徒。惟善者好之，不善者惡之，則其爲直道之人可知。大抵直道者不以人之好惡爲轉移，故常不能每人而悦焉。

子曰：「吾之於人也，誰毁誰譽？如有所譽者，其有所試矣。斯民也，三代之所以直道而行也。」（衞靈公）

斯民卽三代之民。三代可以行直道，烏見今之不可以行直道？苟其有所試而確有善效，則從而譽之，則見譽者既知奮勵，而旁人亦藉資激勸。自直道不明，於是毀譽無準。當面則譽之，背身則毀之。不足以奮勵，亦不足以激勸。惟直者不求每人而悅，而後乃有毀譽之眞。誰毀誰譽，猶其曰「仁者能好人能惡人」也。好惡不分，毀譽不眞，而後是非壞，風俗隳矣。

子張問：「士何如斯可謂之達矣？」子曰：「何哉？爾所謂達者？」子張對曰：「在邦必聞，在家⑩必聞。」子曰：「是聞也，非達也。夫達也者，質直而好義，察言而觀色⑪，慮⑫以下人，在邦必達，在家必達。夫聞也者，色取仁而行違，居之不疑，在邦必聞，在家必聞。」（顏淵）

⑩古代貴族家庭，組織大，僅次於邦。⑪心存敬畏，不敢忤慢人也。⑫慮，每也。猶無慮大凡也。

此又孔子尚質直而疾虛僞之證也。衛靈公篇亦云：「君子義以爲質，禮以行之，孫以出之，信以成之。」與本章同意。質直而好義，卽「義以爲質」也。察言觀色，慮以下人者，卽「禮以行之，孫以出之」也。如是而吾之內心眞情，可以取信於人，而成吾之志。成卽達也。達者達其內心之實，聞者成於外譽之虛。故達者重眞情，而聞者牽私欲。此聞、達之辨也。夫察言觀色，慮以下人，不害其爲直；而巧言令色，則鮮矣仁；亦在乎其情之眞僞耳。孔子尚直而重禮，後世則以禮飾虛文，禮遂爲「忠信之薄而亂之首」。於是孔子禮行孫出之論，反爲鄉愿媚世之資。直道之不明，良可慨也。

子曰：「恭而無禮則勞，愼而無禮則葸⑬，勇而無禮則亂，直而無禮則絞⑭。」（泰伯）

⑬畏懼之貌。⑭兩繩相交，急也。

此孔子言直而不可無禮也。又曰：「好直不好學，其蔽也絞。」學卽學禮矣。禮者，人羣相處之節度分限也。人之相處，其存於內者，不可無情誼，故孔子言忠言直。其發於外者，不可無分限，故孔子言禮言恕。約而言之，則皆仁道也。故言禮者，不可忘內部之眞情。言直者，不可忽外界之際限。此孔子論羣道之精義也。

子曰：「色厲⑮而內荏⑯，譬諸小人，其猶穿窬⑰之盜也與？」（陽貨）

⑮嚴也。⑯柔也。⑰竇也，壁空也。

凡內心與外色不相稱者，皆邪枉之徒，不直之人，穿窬之盜類也。子貢惡「訐以爲直者」，（見陽貨）說文：「訐，面相斥也。」是訐亦絞急之類。借訐以爲直，本無好善惡惡之眞情，是亦穿窬之盜也。孔子亦曰：「狂而不直，吾不知之矣！」（見泰伯）自直道之不明，乃有僞直者出，則甚矣其不仁也。孔子重「仁」，人皆知之，顧其重「直」，則知者鮮矣！惟不直故終不仁。求仁者莫善於先直中。故余以直次仁焉，其庶有免於孔子所惡之鄉愿！

三　論忠恕

孔子固重「直」矣。然孔子所謂直者，謂其有眞心眞意，而不以欺詐邪曲待人也。若夫肆情恣志，一意孤行，而不顧人我相與之關係者，此非孔子之所謂直也。故欲求孔子之所謂直道，必自講「忠」「恕」始。

子曰：「參乎！吾道一以貫之。」曾子曰：「唯。」子出，門人問曰：「何謂也？」曾子曰：「夫子之道，『忠』『恕』而已矣。」（里仁）

一貫之義，釋之者多矣。焦循之言曰：「孔子言：『吾道一以貫之。』曾子曰：『忠恕而已矣。』然則一貫者，忠恕也。忠恕者何？成己以及物也。孔子曰：『舜其大知也與！舜好問而好察邇言，隱惡而揚善，執其兩端，用其中於民。』孟子曰：『大舜有大焉。善與人同，舍己從人，樂取於人以爲善。』舜於天下之善，無不從之，是眞一以貫之。以一心而容萬善，此所以大也。孟子曰：『物之不齊，物之情也。』惟其不齊，則不得以己之性情，例諸天下之性情。即不得執己之所習所學所知所能，例諸天下之所習所學所知所能。故有聖人所不知而人知之，聖人所不能而人能之。知己有所欲，人亦各有所欲；己有所能，人亦各有所能。聖人盡其性以盡人物之性，因材而教育之，因能而器使之，因天下之人，共包涵於化育之中。『致中和，天地位焉，萬物育焉』。是故『人之有技，若己有之』，保邦之本也。『己所不知，人其舍諸』，舉賢之要也。『知之爲知之，不知爲不知』，力學之基也。克己則無我，無我則有容天下之量。有容天下之量，以善濟善，而天下之善揚；以善化惡，而天下之惡亦隱。貫者，通也。所謂『通神明之德，類萬物之情』也。惟事事欲出乎己，則嫉忌之心生。嫉忌之心生，則不與人同而與人異。不與人同而與人異，執一也，非一以貫之。孔子又謂子貢曰：『汝以予爲多學而識之者與？』對曰：『然。非與？』曰：『非也。予一以貫之。』聖人惡夫不知而作者，曰：『多聞，擇其善者而從之，多見而識之，知之次也。』次者，次乎一以貫之者也。多學而後多聞多見。多聞多見，則不至守一先生之言，執一而不博。然多仍在己，未嘗通於人。未通於人，僅爲知之次，而不可爲大知。必如舜之捨己從人，而知乃大。不多學則蔽於一曲，雖兼陳萬物，而縣衡無其具。乃博學則不能皆精。吾學焉而人精焉，舍己以從人，於是集千萬人之知，以成吾一人之知。此『一以貫之』所以視『多學而識』者爲大也。孔子非不多學而識，多學而識不足以盡，若曰：我非多學而識者也，是一以貫之者也。多學而識，成己也。一以貫之，成己以及物也。僅多學而未一貫，得其半，未得其全，故非之。」

焦氏之言，可謂明通之論。仁者首貴能通人我。通人我，故能直。忠恕者，即通人我之要道也。忠之爲言中也。在外之所表見，即其在中之所存藏，此之謂忠。故忠即誠也，即實也，即直也。惟忠者爲能盡己之性。何也？虛僞欺詐之人，掩飾藏匿，彼自不敢有己，何論於成己，何論於盡己哉？仁者，己欲立而立人，己欲達而達人。欲立欲達，忠也。立人達人，恕也。恕者，卽本於其內在之忠。如是而可以言一貫，如是而可以言仁，如是而可以言直。「而已矣」者，言舍此以外無他道也。惠棟曰：「一貫之道，三尺童子皆知之，百歲老人行不得。宋儒謂惟顏子、曾子、子貢得聞一貫，非也。」又曰：「吾道一以貫之，自本達末，原始及終，老子所謂甚易知甚易行，天下莫能知莫能行也。忠卽一也，恕而行之，卽一以貫之也。韋昭注周語『帥意能忠』曰：『循己之意，恕而行之爲忠。』」（周易述易微言上）今按：惠說亦爲顯白切至矣。故忠恕非有二事，只是一道。此道也，孔子時言之，卽所謂仁是也。後人多爲分別，轉失之矣。

子貢問曰：「有一言①而可以終身行之者乎？」子曰：「其恕乎！己所不欲，勿施於人。」（衞靈公）

①一字也。

恕者，行仁之要道也。中庸云：

子曰：「道不遠人。人之爲道而遠人，不可以爲道。詩云：『伐柯伐柯，其則不遠。』執柯以伐柯，睨而視之，猶以爲遠。故君子以人治人，改而止。忠恕違道不遠，施諸己而不願，亦勿施於人。君子之道四，丘未能一焉。所求乎子以事父，未能也。所求乎臣以事君，未能也。所求乎弟以事兄，未能也。所求乎朋友先施之，未能也。庸德之行，庸言之謹。有所不足，不敢不勉。有餘，不敢盡。言顧行，行顧言，君子胡不慥慥爾！」

大學亦云：

所惡於上，毋以使下。所惡於下，毋以事上。所惡於前，毋以先後。所惡於後，毋以從前。所惡於右，毋以交於左。所惡於左，毋以交於右。此之謂絜矩之道。

此皆言恕道也。

曾子曰：「士不可以不弘毅，任重而道遠。仁以爲己任，不亦重乎？死而後已，不亦遠乎？」（泰伯）

此章雖不言忠恕，而實與忠恕之道相關。弘，恕道也；毅則忠道也。人生之責任，不徒成己而已，尤貴其成己而成物焉。而物又至不齊也。我有所欲，人亦各有所欲焉。我有所能，人亦各有其所能焉。將以我之所欲，我之所能，強天下使齊於我，其害可以賊物，不足以成物也。故仁者必弘必恕。然而「生斯世也，爲斯世也善，斯可矣」，此又鄉愿也。故仁者必忠必毅。惟忠與毅，故在己者，雖絲毫而必盡。惟弘與恕，故在人者，雖分寸而勿犯也。此後闡發忠恕之道最透闢者莫如孟子。今鈔其一節如下：

孟子曰：「君子所以異於人者，以其存心也。君子以仁存心，以禮存心。仁者愛人，有禮者敬人。愛人者人恆愛之，敬人者人恆敬之。有人於此，其待我以橫逆，則君子必自反也；我必不仁也，必無禮也。此物奚宜至哉？其自反而仁矣，自反而有禮矣，其橫逆猶是也，君子必自反也；我必不忠。其自反而忠矣，其橫逆猶是也，君子曰：『此亦妄人也已矣！如此則與禽獸奚擇[2]哉？於禽獸，又何難[3]焉？』是故君子有終身之憂，無一朝之患也。乃若所憂，則有之。

舜人也，我亦人也。舜爲法於天下，可傳於後世，我由④未免爲鄉人也，是則可憂也。憂之如何？如舜而已矣。若夫君子所患則亡矣。非仁，無爲也；非禮，無行也。如有一朝之患，則君子不患矣。」（離婁下）

②異也。③校也。④同猶。

自反者，卽忠恕之道，卽弘毅之道，卽仁道也。

四　論忠信

孔子言一貫之道，曾子以「忠」「恕」申說之。然自曾子此言以外，論語實罕以忠恕並擧者。而以「忠」「信」並擧之文，則屢見於論語。今更備引其辭，而推論其與忠恕之異同焉。

子曰：「十室之邑，必有忠信如丘者焉，不如丘之好學也。」（公冶長）

則忠信，人之美質也。

子以四教：文、行、忠、信。（述而）

文者文學，博學於文也；行者躬行，約之以禮也；而要歸於忠信。劉氏正義曰：「中以盡心曰忠，恆有諸己曰信。」則忠信者，人之美質，亦孔門之學的也。故曰：「忠信之人，可以學禮。」朱子曰：「禮必以忠信爲質。」是忠信爲學之始事也。而四教以忠信居後，是忠信又學之終事也。故非忠信不足以爲學，惟學以成其忠信。忠信者，成始成終，本末一貫之道也。

子曰：「主忠信，無友不如己者，過則勿憚改。」（學而）

子張問崇德、辨惑。子曰：「主忠信，徙義，崇德也。愛之欲其生，惡之欲其死，既欲其生，又欲其死，是惑也。」（顏淵）

此孔子以忠信爲德，常以忠信教人也。

子張問行。子曰：「言忠信，行篤敬，雖蠻貊之邦行矣。言不忠信，行不篤敬，雖州里行乎哉？」（衛靈公）

說苑敬慎篇：「顏回將西遊，問於孔子，曰：『何以爲身？』孔子曰：『恭敬忠信，可以爲身。恭則免於眾，敬則人愛之，忠則人與之，信則人恃之。人所愛，人所恃，必免於患矣。』」與此文義同。則信者蓋有二義：我之可以取信於人者一也。人之見吾之可信，遂從而信我者又其一也。凡蘊之於內者，必見之於外；凡根之於心者，必達之於事；忠之與信皆是也。

曾子曰：「吾日三省吾身：爲人謀而不忠乎？與朋友交而不信乎？傳不習乎？」（學而）

傳者，孔子之所傳也。孔子以忠信傳，故曾子日習忠信以自反省也。

子曰：「人而無信，不知其可也。大車無輗，小車無軏，其何以行之哉？」（為政）

輗軏者，車之轅端持衡者也。轅端與衡木之中，俱鑿圓孔相對，以輗軏交貫而縛之，爲衡上之鍵也。舊注或即以爲横木者誤。蘇子由曰：「我與物爲二。君子之欲交於物也，非信無自入矣。譬如車，輪輿既具，牛馬既設，而判然二物也，將何以行之？惟爲輗軏以交之，而後輪輿得藉於牛馬而載道也。」今按：蘇氏論物必相交以信而後行，甚得其理。惟於輗軏字義，解釋似尚欠晰。凌焕之言曰：「大車鬲以駕牛，小車衡以駕馬，其關鍵則名輗軏。轅所以引車，必施輗軏而後行。信之在人，亦交接相持之關鍵，故以輗軏喻信。」則爲義密而理暢矣。然則信者，所以行其忠也。我雖甚忠於人，而人不我信，則我忠不達。人之忠於我也，而我不之信，則人之忠亦不達。故人之交相忠者，又貴其能交相信。則孔子之言忠信，猶其言忠恕也。我不恕人，則不足以竭吾之忠；恕者，自我而言之也。人不信我，亦不足以竭我之忠；信者，自人而言之也。恕之與信，凡所以推行吾之忠也，皆人與人相處之所不可缺者也。故君子之忠於人者，在我惟恐其不恕，在人惟恐其不信焉。

子夏曰：「君子信而後勞其民，未信則以爲厲①己也。信而後諫，未信則以爲謗己也。」（子張）

①病也。

子夏此言，可以發明無信不行之意。君子之勞其民，亦以忠於民也；君子之諫，亦以忠於君也；然而無信則我之忠不達。莊子曰：「夫愛馬者，以筐盛矢，以蜃盛溺，適有蚊虻僕緣，而拊之不時，則缺銜，毀首碎胸。意有所至而愛有所亡，可不慎邪？」則君子之忠於人者，可弗以愛有所亡自戒慎耶？

子貢問友。子曰：「忠告而善道②之，不可則止，毋自辱焉！」（顏淵）

②道，開導。盡我心以勸告之，善我說以開導之。

此亦不信則不得以竭吾之忠也。劉氏正義曰：「責善，朋友之道也。然不可則宜止不復言，所以全交，亦所以養其羞惡之心，使之自悟也。」今按：正義之說，見恕道焉。我之恕，足以召人之信，而達我之忠矣。故忠信也，忠恕也，皆一貫之道也，皆始終一貫、物我一貫之仁道也。

子貢問政。子曰：「足食，足兵，民信之矣。」子貢曰：「必不得已而去，於斯三者何先？」曰：「去兵。」子貢曰：「必不得已而去，於斯二者何先？」曰：「去食。自古皆有死，民無信不立。」（顏淵）

程子曰：「孔門弟子善問，直窮到底。如此章者，非子貢不能問，非聖人不能答也。」今按：爲政者足食足兵，以養以護，亦一片仁心，其意則忠於民也。今不得已而去兵，已不免強敵之侵凌；又不得已而去食，使吾民爲餓殍。忍視其死，曰「自古皆有之」，非聖人之不仁也。蓋人羣之相處，萬不可以無信。使吾人不相愛不相忠者，皆人我之不相信階之厲也。使人羣能相信，則講信修睦，勝殘去殺，兵固可以去。不幸而天災流行，饑饉荐至，將見救災恤鄰，輸粟開糴，而食亦可以去。不然則爭城以戰，殺人盈城，爭地以戰，殺人盈野；雖有兵，終不足以爲護；雖有食，終不足以爲養。夫既爲人與人相食之世矣，則人類滅亡之危機亦兆矣，而何以常立於斯世哉？此孔子所以有不得已則去食存信之說也。忠信之不行也，於今爲甚。人方爭利其兵以奪食而相殺，則足食足兵以自保，教忠教信以救世，固可並行而不悖之道也。

五　論禮

觀於以上各節之所稱論，曰仁，曰直，曰忠，曰恕，曰信，皆指人類之内心而言，又皆指人類内心之情感而言。孔子既爲一慈祥愷悌、感情醲郁之仁人，其論人羣相處之道，亦若專重於内心之情感者，而實非也。蓋孔子一面既重視内心之情感，而一面又重視外部之規範。孔子每每卽事以論心，卽心以推事，本末内外，一以貫之，並無畸輕畸重之見。此於上之各節，已闡發其意。至於孔子專論外部之規範者，則曰「禮」。故曰：深明孔子論人羣相處之道者，不可不究孔子之論禮。孔子自爲兒童時，卽已「陳俎豆，設禮容」爲嬉戲，其好禮之天性可見。及長而以知禮見稱，故八佾篇載：

子入太廟，每事問。或曰：「孰謂鄹人之子知禮乎？入太廟，每事問。」子聞之，曰：「是禮也？」

孔安國曰：「時人多言孔子知禮。」故孟僖子將死，囑其二子從孔子以學禮。夾谷之會，犁彌言於齊侯曰：「孔丘知禮。」孔子奔走在外，其至宋也，猶與弟子習禮大樹下。孔子死，而諸儒仍世世講習鄉飲、大射諸禮於孔子冢。則欲求孔子畢生精神所寄，其生活之詳，學說之實，尤不可以不究孔子所講習之禮。惟孔子生二千五百年前，當時社會之組織，人羣生活之狀況，已與今大相懸殊。而孔子之所謂禮者，不出當時社會組織之制度及人羣生活之方式之二者。大則爲國家維繫之法制，小則爲人民交接之儀文。今已時移勢易，重究二千五百年前人之禮法制度儀文細節，此乃史家考古之所有事，非此所當詳論。孔子對於政治上復禮之主張，已於第二章敍其大要，今亦弗復及。此外論語中載孔子論禮之語尚多，茲擇其發明禮意者，摘鈔一二，以見梗概。

子曰：「禮云禮云，玉帛云乎哉？樂云樂云，鐘鼓云乎哉？」（陽貨）

漢書禮樂志云：「樂以治內而爲同，禮以修外而爲異。同則和親，異則畏敬。畏敬之意難見，則著之於享獻辭受登降跪拜。和親之說難形，則發之於詩歌詠言鐘石筦弦。蓋嘉其敬意，不及其財賄。美其歡心，而不流其聲音。故孔子曰：『禮云禮云，玉帛云乎哉？樂云樂云，鐘鼓云乎哉？』此禮樂之本也。」此論發明孔子之意，極爲明盡。蓋人之精神，雖若存於內部，而必發露爲形式，舒散於外表。故外部物質之形式，卽爲內部精神之表象。禮樂之起源在此，禮樂之可貴亦在此。禮樂者，本爲人類和與敬之感情之表現。玉帛鐘鼓，卽以導達人心之和與敬者。捨人心之和與敬，則禮樂僅爲虛僞驕誇，非徒不足重，抑且至可鄙矣。則孔子雖重禮，而孔子重禮之精神，豈不大可見耶！

子曰：「人而不仁如禮何？人而不仁如樂何？」（八佾）

儒行云：「禮樂所以飾仁。」飾者，修飾義，即今人所謂象徵也。人有醲郁懇摯之感情，乃以禮樂爲象徵，以導達而發舒之，使其感情暢遂，得有相當之滿足也。包咸曰：「人而不仁，必不能行禮樂。」游酢曰：「人而不仁，則人心亡矣。其如禮樂何哉？言雖欲用之，而禮樂不爲之用也。」二說皆精，而游氏之說尤好。夫禮樂本自吾人内部情感之要求而起。今世無情不仁之徒，乃束縛於禮樂而以爲苦，或則借禮樂爲詐僞驕奢，益以斲喪其良心，是皆所謂「無如禮樂何」者也。

林放①問禮之本。子曰：「大哉問！禮與其奢也寧儉，喪與其易也寧戚。」（八佾）

①魯人。

包咸曰：「易，和易也。言禮之本意，失於奢，不如儉。喪，失於和易，不如哀戚。」蓋禮之本意，所以導達人情者也。及其失也，則轉而汩没人情焉。今儉之與戚，雖未能導達人情至於恰好之境，猶不至如奢與易之汩没人情也，故孔子寧捨彼而取此。

子夏問曰：「『巧笑倩②兮，美目盼③兮，素④以爲絢⑤兮。』何謂也？」「子曰：「繪事後素。」曰：「禮後乎？」子曰：「起予者，商也。始可與言詩已矣。」（八佾）

②笑貌。③動目貌。④白采，如今素粉。⑤文貌。

鄭康成云：「凡繪畫先布衆色，然後以素分布其間，以成其文。喻美女雖有倩盼美質，亦須禮以成之。」龜田鵬齋曰：「古人作畫，畫山先以青綠，畫火先以丹朱，如後世之没骨畫。各色布施，形象既成，乃用粉筆，爲之分界，是謂後素。於是山皴之重疊，火燄之炎上，瞭然分明，而絢爛可觀焉。猶人有忠信之美質，而加之禮文之飾，則文質彬彬之君子也。猶婦人有生來倩盼之美，而加之素粉，以有靚妝之可觀也。」戴震曰：「凡美質皆宜進之以禮。論語曰：『十室之邑，必有忠信如丘者焉，不如丘之好學也。』其人情漸漓而徒以飾貌爲禮也，非徒惡其飾貌，惡其情漓耳。林放問禮之本，子夏言禮後，皆重禮而非輕禮也。」

二氏之說，實得孔子之意。蓋孔子謂質美者須終之以禮文，本爲內外交養本末一貫之論；而後人以謂非質美者不足以事禮文，則爲偏枯之見，半截之言也。

子曰：「恭而無禮則勞，愼而無禮則葸，勇而無禮則亂，直而無禮則絞。」（泰伯）

恭、愼、勇、直皆內心之美德，及其發露於外而不得其正，則失其美而適以成其醜焉。故君子不惟其內心之爲貴，尤在其內心之發而中節之爲貴也。此孔子重禮之意也。內心之情感，外部之禮文，在孔子實認其爲一事，而無所軒輊。故孔子之言禮，猶其言仁也。夫禮因乎人情，可以義起；必拘拘於二千五百年前人之揖讓進退拜跪登降，以尋孔子之所謂「禮」，則失之遠矣。故今之所論，僅止於此，其他則不詳焉。

六　論道

孔子論學，皆切近篤實，不尚高妙之論，而尤注重於現實之人事。

季路問事鬼神。子曰：「未能事人，焉能事鬼？」曰：「敢問死。」曰：「未知生，焉知死？」（先進）

故孔子僅言人生，季路問事鬼神及人死以後事，孔子以「未能」「未知」答之。此孔子警醒其弟子著緊人生之意也。

子貢曰：「夫子之文章，可得而聞也。夫子之言性與天道，不可得而聞也！」（公冶長）

「文章」者，詩書禮樂，切近人生者也。「性與天道」，則爲宗教與哲學上之問題。今不曉孔子自身對於宗教哲學上之意見何若；惟其教弟子，則惟著緊人生一面，而宗教與哲學皆所不談。今論語中記孔子論及「道」字者甚多。然僅說「道」字，本與「天道」有辨。朱子釋之曰：

道者，事物當然之理。

又曰：

道則人倫日用之間所當行者是也。

則孔子之所謂道，其含義亦在於人生可知。今略引其說如次。

子曰：「富與貴，是人之所欲也；不以其道，得之不處也。貧與賤，是人之所惡也；不以其道，得之不去也。君子去仁，惡乎成名？君子無終食之間違仁，造次必於是，顚沛必於是。」（里仁）

據此，則孔子之所謂道，卽仁也。

孔子曰：「天下有道，則禮樂征伐自天子出；天下無道，則禮樂征伐自諸侯出。」

又曰：「天下有道，則政不在大夫；天下有道，則庶人不議。」（季氏）

據此，則孔子所謂道，卽禮也。自其表於外者而言曰禮，自其蘊於內者而言曰仁。此二者，皆孔子之所謂道，特所從言之異辭耳。

子曰：「誰能出不由戶？何莫由斯道也！」（雍也）

此章可作兩解：一說謂人之日用行習，無非是道，特人或終身由之而不知。一說則謂人知由戶，不知由道，故孔子嘅歎之。今按文義，若以後說爲順。衛靈公篇記：

子曰：「民之於仁也，甚於水火。水火，吾見蹈而死者矣，未見蹈仁而死者也。」

語意正同。孔子以爲人羣生活之互相維繫，端賴人類情感之相通；故仁爲人生之命脈，其需要有甚於水火。然天下自有不仁之人。彼之所以猶得食息生活於斯世者，則以彼自托庇於他人之仁也。故曰：「人之生也直，罔之生也幸而免。」果使天下盡爲不仁不直之徒，則淪胥以盡，誰復爲幸免者？然則人生固自有道，亦有背道而幸生者，正以道不盡泯之故耳。上章前一説亦自可通。

子曰：「朝聞道，夕死可矣。」（里仁）

甚言人之不可以不聞道而死，以終爲幸生之徒也。

子曰：「士志於道，而恥惡衣惡食者，未足與議也。」（里仁）

人之恥惡衣惡食者，以有彼我之見，驕吝之私故也。人必通彼我，絕驕吝，乃可以入於人與人相處之仁道。彼既恥惡衣惡食，豈足與議於道哉？則雖有其志，不足取矣。

子曰：「可與共學，未可與適道。可與適道，未可與立。可與立，未可與權。」（子罕）

戴震曰：「同一所學之事，試問何爲而學？其志有去道甚遠者矣，求利祿聲名者是也。道責於身不使差謬，而觀其守道，能不見奪者寡矣，故未可與立。守道卓然，知常而不知變，由精義未深，所以增益其心志之明使全乎聖智者，未之盡也，故未可與權。」然則孔子之論道，固貴乎人之能立而有守，又貴乎人之知權而能變。然要之，其所謂道，不過人生中之一事，固非高出於人生之上也。故

子曰：「人能弘道，非道弘人。」（衛靈公）

朱子曰：「人心有覺，而道體無爲，故人能大其道，道不能大其人也。」孔子以道爲人生中運用之一事，猶其以禮樂爲人生中運用之一事也。人之所以運用此禮樂與道者，則人類之情感，吾心之仁是也。故曰「人能弘道」。使其人無情不仁，則道亦無存，烏能弘人乎？

子曰：「道不同，不相爲謀。」（衛靈公）

吴嘉賓云：「孟子曰：『伯夷、伊尹、柳下惠三子者不同道。』道者，志之所趨舍，如出處語默之類。雖同於爲善，而有不同。其是非得失，皆自知之，不能相爲謀也。」今按：吴說是矣而未盡。道既爲人生運用之一事，則道固隨人生之不同而變。夫人有性情之不同，有地位之不同，有時代之不同，則道亦宜有不同，固莫能相爲謀也。孔子生二千五百年前，彼自爲二千五百年前人謀。我儕生二千五百年後，我儕之人生，我儕當自謀之，孔子不能强爲我儕預謀也。或者乃欲以孔子在二千五百年前之所謂道、所謂禮者，求其一一强行於二千五百年後之今日；是不徒不當於孔子之所謂「權」，抑其人既愚且懶，亦不足以當孔子之所謂「立」。彼惟依賴於孔子之預爲之謀，亦未嘗能「適道」。彼特求道之弘人者耳。彼求道之弘人，遂尊其道曰天道，而曰：「天不變，道亦不變。」則固孔子所難言也。然則吾儕今日，惟當各本吾儕當身之眞情，各本吾儕内心之仁，以自謀吾儕今日當行之道，以自務吾儕今日當興之禮；固不必屑屑以求合於孔子當日之所謂道與禮者，始有合於孔子「不相爲謀」之説也。故孔子又曰：「爲仁由己，而由人乎哉！」由己不由人，即不相爲謀也。後人都以君子小人善惡邪正說道之不同，是猶淺之乎言之也。

七　論君子

孔子論行己處羣人生之大道，其義已盡於上述。孔子又時言「君子」。君子者，蓋孔子理想中一圓滿人格之表現也。今重爲摘鈔數則，以見指歸。

子曰：「君子食無求飽，居無求安，敏於事而愼於言，就有道而正焉，可謂好學也已。」（學而）

子曰：「君子謀道不謀食。耕也，餒在其中矣；學也，祿在其中矣。君子憂道不憂貧。」（衞靈公）

劉氏正義云：「古者四民各習其業，自非有秀異者，不升於學。春秋時，士之爲學者多不得祿，故趨於異業而習耕者衆。觀於樊遲以學稼學圃爲請，而長沮、桀溺、荷篠丈人之類，雖隱於耕，皆不免謀食之意；則知當時學者以謀食爲亟，而謀道之心或不專矣。」今按：孔子以耕、學分言，自是針對當時社會之生活狀況而言。然要之求衣與食，爲人類比較低級之衝動；求道與學，爲人類比較高級之衝動。吾人惟能以高級衝動支配其低級衝動者，乃得爲君子。此孔子之意，仍得適用於今日，時雖變而理不易也。讀古書，論古人者，當知此意。

子曰：「君子不重則不威，學則不固。主①忠信，無友不如己者，過則勿憚改。」（學而）

①親也，如於衞主顏讎由之「主」。

說文：「重，厚也。」惟有敦厚之性情者，其言行有威儀，其學問能堅固，輕惰則失之矣。則孔子論君子，亦首重性情也。

子曰：「君子博學於文，約之以禮，亦可以弗畔矣夫。」（雍也）

劉氏正義曰：「博學於文，則多聞多見，可以畜德，而於行禮驗之。禮也者，履也。言人所可履行之也。」今按：正義之解甚是。孔子之意，謂學者當博求成文，而反之於當身當世所能實行者而履踐之；則所學所行，可以弗違於道也。此皆論君子之學。

子曰：「君子欲訥於言而敏於行。」（里仁）

子曰：「君子恥其言而過其行。」（憲問）

皇侃本「而」作「之」，當從之。里仁篇云：「古者言之不出，恥躬之不逮也。」語意正同。蓋道之所重，能行尤勝於能言也。

子貢問君子。子曰：「先行其言，而後從之。」（為政）

子曰：「君子之於天下也，無適②也，無莫③也，義之與比。」（里仁）

②敵也，爲所惡。③慕也，爲所好。

子曰：「君子矜④而不爭，羣而不黨。」（衞靈公）

④莊也，今云自重。

子曰：「君子貞⑤而不諒⑥。」（衛靈公）

⑤守正。⑥不可通之小信。

子曰：「君子義以爲質⑦，禮以行之，孫⑧以出之，信以成之。君子哉！」（衛靈公）

⑦體也。⑧遜讓。

此皆論君子之行。

子曰：「君子病無能焉，不病人之不己知也。」（衛靈公）

憲問篇曰：「不患人之不己知，患其不能也。」義同。

子曰：「君子疾沒世而名不稱焉。」（衛靈公）

里仁篇又云：「君子去仁，惡乎成名？」然則君子之惡沒身而無名者，其實則惡其生而無益於人羣也。故「君子病無能焉」。此論君子之志。

司馬牛問君子。子曰：「君子不憂不懼。」曰：「不憂不懼，斯謂之君子矣乎？」子曰：「內省不疚⑨，夫何憂何懼？」（顏淵）

⑨病也，喻罪惡。

子曰：「君子道者三，我無能焉。仁者不憂，知者不惑，勇者不懼。」子貢曰：「夫子自道也。」（憲問）

此論君子之德性。今約而言之，則君子當有高尚優美之情操與德性，一也。君子貴實行不尚空言，二也。君子重禮義尚羣德，三也。君子有自得之樂，四也。孔子之言君子，大略如是。古人本以「君子」爲貴族有位者之稱，「小人」爲平民在野者之稱。論語中亦有言及君子、小人之辨者，則有指其德性品格而言，有指其地位階級而言。此讀者所當明辨也。今略引數條，闡明之如次：

子曰：「君子周⑩而不比⑪，小人比而不周。」（為政）

⑩普遍爲公。⑪阿黨爲私。

子曰：「君子和而不同，小人同而不和。」（子路）

何晏云：「君子心和，然則所見各異，故曰不同。小人所嗜好者同，然各爭其利，故曰不和也。」

子曰：「君子泰而不驕，小人驕而不泰。」（子路）

何晏云：「君子自縱泰，似驕而不驕。小人拘忌，而實自驕矜。」焦循曰：「泰者，通也。君子所知所能，放而達之於世，故云縱泰似驕，然實非驕也。小人所知所能，匿而不露，似乎不驕，不知其拘忌正其驕矜也。君子不自矜而通之於世，小人自以爲是而不通之於人，此驕、泰之分也。」今按：驕、泰之辨，亦在仁、不仁之間耳。

子曰：「君子上達，小人下達。」（憲問）

皇侃曰：「上達達於仁義，下達達於財利。」朱子曰：「君子循天理，故日進乎高明。小人徇人欲，故日究乎汙下。」

子曰：「君子求諸己，小人求諸人。」（衛靈公）

子曰：「君子不可小知而可大受也，小人不可大受而可小知也。」（衛靈公）王肅曰：「君子之道深遠，小人之道淺近。」朱子曰：「大受足以任重，小知未必無長可取。」

子曰：「君子坦蕩蕩⑫，小人長戚戚⑬。」（述而）

⑫寬廣貌。⑬多憂懼。

子曰：「君子成人之美，不成人之惡。小人反是。」（顏淵）大戴禮曾子立事篇：「君子己善，亦樂人之善也；己能，亦樂人之能也。君子不說人之過，成人之美。存往者，在來者。朝有過，夕改則與之；夕有過，朝改則與之。」孔廣森云：「彼有過者，方畏人非議，我從而爲之辭說，則彼將無意於改，是成人之惡矣。故君子不爲也。」今按：君子成人之美者，仁也。不成人之惡者，直也。小人不仁不直，故不足以成人之美，而反成人之惡焉。此所論君子、小人，皆指德性品格而言也。

子曰：「君子，易事而難說也。說之不以其道，不說也。及其使人也，器之。小人，難事而易說也。說之雖不以道，說也。及其使人也，求備焉。」（子路）

此條君子、小人，皆指在位者而言，亦以德性分說也。

子曰：「君子喻⑭於義，小人喻於利。」（里仁）

⑭曉也。

董仲舒云：「公儀子相魯，見其家織帛，怒而出其妻；食於舍而茹葵，慍而拔其葵；曰：『吾已食祿，又奪園夫女紅利乎？』古之賢人君子在列位者皆如是。及周之衰，其卿大夫緩於誼而急於利，故詩人刺之，曰：『節彼南山，維石巖巖。赫赫師尹，民具爾瞻。』爾好義，則民向仁而俗善；爾好利，則民向邪而俗敗。由是觀之，天子大夫，下民之所視傚，豈可居賢人之位而爲庶人之行哉？夫皇皇求財利，惟恐匱乏者，庶人之意也。皇皇求仁義，常恐不能化民者，卿大夫之意也。」董子之論，即論語本章之義。古人謂守職業求財利爲小人在野者之事，至君子有位則不應更求財利，即孟子所謂「治人者食於人，治於人者食人」之意也。此章君子、小人，古人皆以有位與在野爲解。迨至後世，社會上顯然之階級已不存在，於是遂專以爲有德、無德之辨。凡其專注意於一身一家之私利者，則鄙之爲無德之小人；凡其能注意於衆是衆非之公義者，則尊之爲有德之君子。此雖與董子之解不同，要亦不能遽認爲遂違論語之眞義也。

子曰：「君子懷⑮德，小人懷土。君子懷刑，小人懷惠。」（里仁）

⑮思念也。

劉氏正義云：「君子己立立人，己達達人，思成己將以成物，所思念在德也。小人惟身家之是圖，飢寒之是恤，所思念在土也。懷刑則日儆於禮法，小人辟不畏法，所懷在恩惠也。」今按：本章君子、小人，亦指有位與在野言。據此則君子、小人之分，其初實爲貴族、平民之分也。古人教育道德，其主要皆限於貴族階級。故論語卽以君子爲有教育、有道德者之稱。雖不免時若與當時之階級思想、貴族色彩相混合，然此乃是二千五百年前之議論，讀者分別觀之可也。卽變通而觀之，殆亦無不可也。

八　論學

孔子一偉大之學者也。又其自述，爲一畢生好學不倦之志士。則其論學之語，宜多可採者。惟以時代之相去既遠，在孔子當時之所學，已有與今絕不類者。則孔子之言，容有不盡合於今日。今擇其精要語，不爲時效所限者，錄之如次。

子曰：「知之者不如好之者，好之者不如樂之者。」（雍也）

此最論學之精語也。孔子於門人中，獨稱顏子好學。又謂「一簞食，一瓢飲，在陋巷，不改其樂」，正謂不改其好學之樂。孔子「疏食飲水，樂在其中」，亦此樂也。故曰：「發憤忘食，樂以忘憂。」則孔子論學，亦以性情爲主也。

子曰：「學而不思則罔①，思而不學則殆②。」（為政）

①罔罔無知貌。②危疑不定。

此亦孔子論學精語也。朱子曰：「不求諸心，故昏而無得。不習其事，故危而不安。」孔子之論，實能內外交修，以經驗與思想並重，絕無偏倚之弊焉。

子曰：「吾嘗終日不食，終夜不寢，以思，無益。不如學也。」（衛靈公）

朱子曰：「此爲思而不學者言之。」

子曰：「賜也！女以予爲多學而識之者與？」對曰：「然。非與？」曰：「非也。予一以貫之。」（衛靈公）

今按：多學而識，即學而不思者也。惟思而後可以得其一貫。此後孟子論學，深得孔子之意。故曰：「思則得之，不思則不得也。」又曰：「是不爲也，非不能也。」「亦在爲之而已。」孟子之「思」「爲」並重，即孔子之「學」「思」並重也。

子曰：「君子博學於文，約之以禮，亦可以弗畔矣夫！」（雍也）

說見前。

子曰：「溫故而知新，可以爲師矣。」（為政）

溫故即「博學於文」，多見多聞，時習有說，學之事也。知新則「約之以禮」，通今致用，踐履有悟，思之事也。若是則可以爲師。此孔子論學之宗旨也。

子曰：「古之學者爲己，今之學者爲人。」（憲問）

孔安國曰：「爲己履而行之，爲人徒能言之。」此亦論學之要辨也。孔子論學以性情始，以實行終，亦一貫之道也。

子曰：「三人行，必有我師焉。擇其善者而從之，其不善者而改之。」（述而）

里仁篇亦曰：「見賢思齊焉，見不賢而內自省也。」此謂隨事所見，擇而從之改之，非謂一人善、一人不善也。子貢曰：「夫子焉不學？而亦何常師之有？」此之謂也。

子曰：「生而知之者，上也。學而知之者，次也。困而學之，又其次也。困而不學，民斯爲下矣。」（季氏）

子曰：「譬如爲山，未成一簣，止，吾止也。譬如平地，雖覆一簣，進，吾往也。」（子罕）

子曰：「學如不及，猶恐失之。」（泰伯）

子曰：「不曰如之何、如之何者，吾末如之何也已矣！」（衛靈公）

子曰：「飽食終日，無所用心，難矣哉！不有博弈者乎？爲之猶賢乎已。」（陽貨）

此皆孔子勉人向學之言也。

子曰：「學而時習之，不亦說乎？有朋③自遠方來，不亦樂乎？人不知而不慍，不亦君子乎？」（學而）

③學朋也。

此章描寫學者之生活，最爲親切有味，蓋孔子之自道也。

今論孔子學説，至此而止。限於篇幅，未能盡詳，然精要不越於此矣。餘則學者自究之可也。

第六章　孔子之弟子

一　姓名籍貫年齡

史記孔子世家：「孔子以詩書禮樂教，弟子蓋三千焉。身通六藝者，七十有二人。」考諸古書，殆不然。孟子云：「以德服人者，中心悅而誠服也，如七十子之服孔子也。」是孔子門人實僅七十，安能有三千之多？是必後人之奢言也。（據洙泗考信錄）南郭惠子問於子貢曰：「夫子之門，何其雜也？」子貢曰：「君子正身以俟，欲來者不距，欲去者不止。且夫良醫之門多病人，隱栝之側多枉木，是以雜也。」（荀子法行）

今據史記仲尼弟子列傳，列其姓名較著者：

顏回，字子淵，魯人。少孔子三十歲。年四十一卒。（舊作三十一，誤。）

閔損，字子騫，魯人。少孔子十五歲。

冉耕，字伯牛，魯人。年無考。

冉雍，字仲弓，魯人。少孔子二十九歲。伯牛之子。（見論衡自紀篇）

冉求，字子有，魯人。少孔子二十九歲。

仲由，字子路，魯之卞人。少孔子九歲。

宰予，字子我，亦稱宰我，魯人。年無考，當與顏淵、子貢相次。

端木賜，字子貢，衛人。少孔子三十一歲。（貢當作贛。說文：「贛，賜也。貢，獻功也。」）

言偃，字子游，吳人。少孔子四十五歲。（或說魯人。當從之。）

卜商，字子夏，衛人。少孔子四十四歲。

顓孫師，字子張，陳人。少孔子四十八歲。（其先自陳奔魯，故爲魯人。呂氏春秋：「子張，魯之鄙家也。」）

曾參，字子輿，魯之武城人。少孔子四十六歲。（參似當讀爲驂。）

澹臺滅明，字子羽，魯之南武城人。少孔子三十九歲。

宓不齊，字子賤，魯人。少孔子三十歲。（據司馬貞索隱引家語。列傳云少四十九歲，疑誤。宓音伏，讀如密者誤。）

原憲，字子思，魯人。少孔子三十六歲。（疑當作二十六。）

公冶長，字子長，齊人。年無考。

南宮适，字子容，魯人。年無考。

曾點，字子晳，曾參之父。年無考。
顏無繇，字路，顏回父。少孔子六歲。
高柴，字子羔，或云衛人，或云齊人，或云鄭人。少孔子三十歲。
漆雕啟，字子開，魯人。少孔子十一歲。（疑誤，或當作四十一。）
司馬耕，字子牛，宋人。年無考。
樊須，字子遲，齊人，或云魯人。少孔子三十六歲。（疑當作四十六。）
有若，魯人。少孔子三十三歲。（據索隱引家語。列傳云少十三歲，疑誤。）
公西赤，字子華，魯人。少孔子四十二歲。（疑當作三十二。）

右二十五人，魯人十有八。衛二人，齊一人，宋一人，吳一人，今疑爲魯人；又疑未定者二人。觀此知孔子之門弟子，僅僅多在魯境。使弟子來自四方，不應惟魯多賢也。至其年歲，頗多舛誤，更難深考。要之孔門弟子，有先、後輩之別。先輩從遊在孔子去魯至衛以前，如顏淵、閔子騫、冉伯牛、仲弓、子路、冉有、公西華、宰我、子貢、原憲、子羔是也。後輩從遊在孔子自衛返魯之後，如子游、子夏、曾子、有子、子張、樊遲、漆雕開、澹臺滅明是也。此則略可斷者。

二　品題事略

孔子於諸弟子時有稱論，論語記之云：

德行：顏淵、閔子騫、冉伯牛、仲弓。言語：宰我、子貢。政事：冉有、季路。文學：子游、子夏。（先進）

孟子亦云：「宰我、子貢，善爲說辭；冉牛、閔子、顏淵，善言德行。」（公孫丑上）而孔子於顏淵尤所稱賞。

子曰：「賢哉回也！一簞①食，一瓢②飲，在陋巷③，人不堪其憂，回也不改其樂。賢哉回也！」（雍也）

①飯器。②飲器。③巷有二義：里中道謂之巷，人所居亦謂巷。此陋巷卽儒行所云「一畝之宮，環堵之室」。解爲街巷，非也。

孟子亦云：「顏子當亂世，居於陋巷，一簞食，一瓢飲，人不堪其憂，顏子不改其樂。」與孔子疏食飲水，曲肱而枕，同一精神。故宋儒周濂溪教二程子「尋孔顏樂處」，良有以也。

子曰：「回也，其心三月不違仁；其餘，則日月至焉而已矣。」（雍也）

三月爲一時。孔子稱顏子於仁移時不變，蓋能終不違仁者。其他雖日月至有仁時，尚未能終日終月不違。日月至者，謂每一日每一月而至仁也。

子曰：「語之而不惰者，其回也與？」（子罕）

此卽顏子不違仁之學也。中庸曰：「回之爲人也，擇乎中庸，得一善，則拳拳服膺而弗失之矣。」易繫辭傳曰：「顏氏之子，其殆庶幾乎！有不善，未嘗不知；知之，未嘗復行也。」上語皆謂是孔子所言。今按：中庸、易繫辭二書，雖未可盡信，然此言甚足傳顏淵好學不惰之精神。惟其好學不惰，故得三月而不違仁。孔子曰：「十室之邑，必有忠信如丘者焉，不如丘之好學也。」學所以成其性情，豈可以捨學問而談性情哉？故顏子之不惰，卽顏子不違仁之功夫，眞可謂得孔子好學不厭之薪傳者也。顏子之不改其樂，及其好學不惰，實爲顏子眞能學孔子之處，故特表之於首焉。

子謂顏淵曰：「用之則行，舍之則藏，惟我與爾有是夫！」（述而）

時行則行，時藏則藏，此孔子許顏子爲知中行之道也。此顏子所以在德行之科。若能行不能藏，則必於德行有違矣。

子曰：「回也，非助④我者也。於吾言無所不說⑤。」（先進）

④益也，教學相長也。⑤解也。

子曰：「吾與回言，終日不違⑥如愚。退而省其私⑦，亦足以發⑧。回也不愚。」（爲政）

⑥無所疑問。⑦同學之間。⑧發明孔子所言之義。

此兩條皆孔子深讚顏子之辭也。

顏淵喟然歎曰：「仰之彌高，鑽之彌堅，瞻之⑨在前，忽焉在後。夫子循循⑩然善誘⑪人，博我以文，約我以禮。欲罷不能，既竭吾才，如有所立卓爾；雖欲從之⑫，末由也已！」（子罕）

⑨三之字皆指孔子之道。⑩有次序。⑪進也。⑫指孔子之所立卓爾者。

揚子法言學行篇：「顏不孔，雖得天下，不足以爲樂。然亦有苦乎？曰：『顏苦孔之卓之至也。』或人瞿然曰：『茲苦也，祇其所以爲樂也與！』」莊子田子方篇：「顏淵曰：『夫子步亦步，夫子趨亦趨，夫子馳亦馳。夫子既奔逸絕塵，而回瞠若乎後矣！』」此可以見孔子之道高，而顏子之好學也。孟子盡心篇：「公孫丑曰：『道則高矣美矣，宜若登天然，似不可及也。何不使彼爲可幾及，而日孳孳也？』孟子曰：『大匠不爲拙工改廢繩墨，羿不爲拙射變其彀率，君子引而不發，躍如也。中道而立，能者從之。』」若顏子殆可謂「能者」矣！

顏淵死，子曰：「噫⑬！天喪予！天喪予！⑭」（先進）

⑬痛傷之聲。⑭言失其輔佐也。

顏淵死，子哭之慟⑮。從者曰：「子慟矣。」曰：「有慟乎？非夫人之爲慟而誰爲！」（先進）

⑮哀過也。

顏淵死，門人欲厚葬之。子曰：「不可！」門人厚葬之。子曰：「回也視予猶父也，予不得視猶子也。非我也，夫二三子也。」（先進）

子謂顏淵曰：「惜乎！吾見其進也，未見其止也！」（子罕）

顏淵年二十九，髮盡白，四十一歲而死，時孔子年七十一矣。

哀公問：「弟子孰爲好學？」孔子對曰：「有顏回者好學，不遷怒，不貳過，不幸短命死矣！今也則亡，未聞好學者也！」（雍也）

曾子曰：「以能問於不能，以多問於寡，有若無，實若虛，犯而不校⑯，昔者吾友嘗從事於斯矣。」（泰伯）

⑯報也。

此章前人皆謂指顏子而言，謂所言非顏淵不足當之。因並錄於此。

（以上顏淵。）

子曰：「孝哉閔子騫！人不間於其父母昆弟之言。」（先進）

焦循曰：「藝文類聚引說苑云：『閔子騫兄弟二人，母死，其父更娶，復有二子。子騫爲其父御車失轡，父持其手，衣甚單。父則歸，呼其後母兒，持其手，衣甚厚溫。卽謂其婦曰：「吾所以娶汝，乃爲吾子。今汝欺我，去無留！」子騫曰：「母在一子單，母去四子寒。」其父默然。故曰：孝哉閔子騫，一言其母還，再言三子溫。』故曾子問從令，而孔子善閔子騫守禮不苟從親。（見漢書杜鄴傳）蓋閔子不從父令則後母不遺，父感之，其後母與兩弟亦感之，一家孝友克全。故人無間其父母昆弟之言也。」（論語補疏）崔述不信其事，曰：「玩孔子語意，乃以父母昆弟之稱其孝爲易，而人之稱其孝爲難。父母昆弟之言，或不免因溺愛而溢美，故必人言僉同，乃可爲據。絕不類身處逆境者。大抵三代以上，書缺實多，事難詳考。後之好事者，各自以其意附會之。孔子稱閔子之孝，吾知閔子之孝而已。閔子之所以爲孝，吾不得而知也。吾不知閔子之所以爲孝，無害閔子之爲孝也。」（洙泗考信錄餘錄）今按：焦說以實證，崔說以虛會，未知二說孰是？讀者並相參觀，而會合體會之，可以得讀書考信之方矣。因並存焉。

季氏⑰使閔子騫爲費宰。閔子騫曰：「善爲我辭焉，如有復我者，則吾必在汶⑱上矣。」（雍也）

⑰季康子。⑱汶有二，一在青州，一在徐州。此指在徐州者。

故史記稱：「閔子不仕大夫，不食汙君之祿。」

（以上閔子騫。）

伯牛有疾，子問之，自牖⑲執其手，曰：「亡⑳之，命矣夫！斯人也而有斯疾也？斯人也而有

斯疾也㉑？」（雍也）

⑲在牆曰牖，在屋曰窗。今統言窗也。⑳亡讀如無，言無可以致此疾之道。㉑同邪，疑問感歎之詞。

淮南子精神訓：「伯牛爲厲㉒。」說文：「癘，惡疾也。」

㉒厲即癘省。

（以上冉伯牛。）

子曰：「雍也，可使南面㉓。」（雍也）

㉓爲天子諸侯也。

或曰：「雍也仁，而不佞。」子曰：「焉用佞？禦人以口給，屢憎於人。不知其仁，焉用佞？」（公冶長）

仲弓問子桑伯子。子曰：「可也，簡㉔。」仲弓曰：「居敬而行簡㉕，以臨其民，不亦可乎？居簡而行簡，無乃太簡乎？」子曰：「雍之言然。」（雍也）

㉔易野無禮文。㉕居敬行簡，猶云共己無爲。

此仲弓有南面之才之證也。曾爲季氏宰，未能章其施。荀子曰：「聖人之得勢者，舜、禹是也。聖人之不得勢者，仲尼、子弓是也。」子弓卽仲弓。荀子甚尊之，常以與孔子並稱。

（以上仲弓。）

子路、曾皙、冉有、公西華侍坐。子曰：「以吾一日長乎爾，毋吾以也！居則曰：『不吾知也。』如或知爾，則何以哉？」子路率爾而對曰：「千乘之國，攝㉖乎大國之間，加之以師旅，因之以飢饉；由也爲之，比及三年，可使有勇，且知方也。」夫子哂之。「求！爾何如？」對曰：「方六七十，如㉗五六十，求也爲之，比及三年，可使足民。如其禮樂，以俟君子。」「赤！爾何如？」對曰：「非曰能之，願學焉。宗廟之事㉘，如㉙會同㉚，端㉛章甫㉜，願爲小相焉。」「點！爾何如？」鼓瑟希，鏗爾，舍瑟而作。對曰：「異乎三子者之撰㉝。」子曰：「何傷乎？亦各言其志也。」曰：「暮春者，春服既成，冠者五六人，童子六七人，浴乎沂，風乎舞雩㉞，詠而歸。」夫子喟然歎曰：「吾與點也。」三子者出，曾皙後。曾皙曰：「夫三子者之言何如？」子曰：「亦各言其志也已矣。」曰：「夫子何哂由也？」曰：「爲國以禮，其言不讓，是故哂之。」（先進）

㉖蹙也。㉗如，與也，及也。此言小國。㉘指祭祀。㉙與也。㉚諸侯相會聚。㉛玄端服。㉜冠名。皆儐相之服。㉝鄭本作僎，讀爲詮，善言也。曾點謙辭。㉞沂水上有雩臺，古人旱則祭以祈雨曰雩。有樂舞，故曰舞雩。

孟武伯問：「子路仁乎？」子曰：「不知也。」又問。子曰：「由也，千乘之國，可使治其賦㉟

也。不知其仁也。」「求也何如？」子曰：「求也，千室之邑，百乘之家，可使爲之宰㊱也。不知其仁也。」「赤也何如？」子曰：「赤也，束帶立於朝，可使與賓客言也。不知其仁也。」（公治長）

㉟兵賦。㊱邑長家臣，皆名曰宰。

子路問：「聞斯行諸？」子曰：「有父兄在，如之何其聞斯行之？」冉有問：「聞斯行諸？」子曰：「聞斯行之。」公西華曰：「由也問聞斯行諸，子曰有父兄在。求也問聞斯行諸，子曰聞斯行之。赤也惑，敢問。」子曰：「求也退，故進之。由也兼人，故退之。」（先進）

錢大昕潛研堂文集：「曲禮：『父母在，不許友以死，不有私財。』檀弓：『未仕者不敢稅人，如稅人則以父兄之命。』注云：『不專家財也。』白虎通云：『朋友之道，親存不得行者二：不得許友以其身，不得專通財之恩。友飢則白之於父兄，父兄許之，乃稱父兄與之。不聽卽止。』故論語曰：『有父兄在，如之何其聞斯行之』也。」今按：錢氏指此章所問「聞斯行諸」，專指救人困難任俠之事，似與全章義不合。注家泛云聞義卽行，是也。

季康子問：「仲由可使從政也與？」子曰：「由也果，於從政乎何有？」曰：「賜也可使從政也與？」曰：「賜也達，於從政乎何有？」曰：「求也可使從政也與？」曰：「求也藝，於從政乎何有？」（雍也）

孔子自魯之衛，周遊列國，冉求先歸，爲季氏宰，勝齊於郎。季氏乃使冉子召孔子，孔子歸。康子之問三子乃其時。

哀公十一年春，齊國書高無丕帥師伐魯，及清。季孫謂其宰冉求曰：「齊師在清，必魯故也，若之何？」求曰：「一子守，二子從公禦諸竟。」季孫曰：「不能。」求曰：「居封疆之間。」季孫告二子，二子不可。求曰：「若不可，則君無出，一子帥師，背城而戰。不屬者，非魯人也。魯之羣室，衆於齊之兵車。一室敵車，優矣。子何患焉？二子之不欲戰也宜，政在季氏。當子之身，齊人伐魯，而不能戰，子之恥也。大不列於諸侯矣。」季孫使從於朝，俟於黨氏之溝。武叔呼而問戰焉。對曰：「君子有遠慮，小人何知？」懿子強問之。對曰：「小人慮材而言，量力而共者也。」武叔曰：「是謂我不成丈夫也。」退而蒐乘。孟孺子洩帥右師，顏羽御，邴洩爲右。冉求帥左師，管周父御，樊遲爲右。季孫曰：「須也弱。」有子曰：「就用命焉。」季氏之甲七千，冉有以武城人三百爲己徒卒。老幼守宮，次於雩門之外。五日，右師從之。公叔務人見保者而泣，曰：「事充，政重，上不能謀，士不能死，何以治民？吾既言之矣，敢不勉乎？」師及齊師戰於郊。齊師自稷曲，師不踰溝。樊遲曰：「非不能也，不信子也。請三刻而踰之。」如之。衆從之。師入齊軍。右師奔。齊人從之，陳瓘、陳莊涉泗。孟之側後入以爲殿，抽矢策其馬，曰：「馬不進也。」林不狃之伍曰：「走乎？」不狃曰：「誰不如？」曰：「然則止乎？」不狃曰：「惡賢？」徐步而死。師獲甲首八十。齊人不能師，宵諜曰：「齊人遁。」冉有請從之，三。季孫弗許。孟孺子語人曰：「我不如顏羽，而賢於邴洩。子羽銳敏，我不欲戰而能默。」洩曰：「驅之！」公爲與其嬖僮汪錡乘，皆死，皆殯。孔子曰：「能執干戈以衛社稷，可無殤也。」冉有用矛於齊師，故能入其軍。孔子曰：「義也。」（左傳）

史記作「戰於郎」，郎在郊也。是年孔子返。然孔子深不喜冉子之爲季氏盡力。

季氏富於周公㊲，而求也爲之聚斂而附益之。子曰：「非吾徒也，小子鳴鼓而攻之可也。」（先進）

㊲周公世爲周王室之公。

孟子亦記其事。云：

求也爲季氏宰，無能改於其德，而賦粟倍他日。孔子曰：「求，非吾徒也，小子鳴鼓而攻之可也。」（離婁上）

左傳、國語亦載其事。大抵季氏重斂於下，而冉有不能正，故孔子責之。

冉子退朝㊳。子曰：「何晏也？」對曰：「有政㊴。」子曰：「其事㊵也？如有政，雖不吾以㊶，吾其與聞之。」（子路）

㊳季氏私朝。㊴國政。㊵家事。㊶用也。

孔子爲魯國老，常得預聞國政，此章孔子所以斥季氏而教冉子之意可見。

冉求曰：「非不說子之道，力不足也。」子曰：「力不足者，中道而廢㊷，今汝畫㊸。」（雍也）

㊷廢，置也。置物息於中途，俟有力再進。㊸劃地自止也。

冉有政事之才，亦聖門卓卓者。然孔子責之曰「畫」，與顏子之「語而不倦」者異矣。乃至鳴鼓之攻，幾致不容於師門。顏子陋巷，則孔子亟稱之。孔子不忘用世，而進退其門弟子者如此。其意可長思也。

（以上冉有。）

季氏將伐顓臾。冉有、季路見於孔子，曰：「季氏將有事於顓臾。」孔子曰：「求！無乃爾是過與？夫顓臾，昔者先王以爲東蒙㊹主，且在邦域之中矣，是社稷之臣也。何以伐爲？」冉有曰：「夫子欲之，吾二臣者皆不欲也。」孔子曰：「求！周任㊺有言曰：『陳力就列，不能者止。』危而不持，顛而不扶，則將焉用彼相矣？且爾言過矣！虎兕出於柙，龜玉毀於櫝中，是誰之過與？」冉有曰：「今夫顓臾固而近於費，今不取，後世必爲子孫憂。」孔子曰：「求！君子疾夫舍曰欲之，而必爲之辭。丘也聞有國有家者，不患寡而患不均，不患貧而患不安。蓋均無貧，和無寡，安無傾。夫如是，故遠人不服，則修文德以來之。既來之，則安之。今由與求也，相夫子，遠人不服而不能來也，邦分崩離析而不能守也，而謀動干戈於邦內。吾恐季孫之憂，不在顓臾，而在蕭牆㊻之內也。」（季氏）

㊹山名。㊺古史官。㊻蕭，肅也。人臣朝君，入宮牆而敬肅，故曰蕭牆。

崔述云：「此章可疑者五：論語所記孔子之言，皆簡而直，此章獨繁而曲。其文不類，一也。子路爲季氏宰，在定公世；冉有爲季氏宰，在哀公世。其時不合，二也。子路主墮都之謀，其剛直有素；歸魯之後，不肯承季氏意，以盟叛人；必不一旦隳其晚節，以阿季氏。其理不似，三也。顓臾之伐，不見於經傳，洪氏意其因孔子之言而中止；然則田賦之用，何不以因孔子之言而中止？其事無徵，四也。僖二十一年傳云：『任宿、須句、顓臾，風姓也。實司大皡與有濟之祀。』不言爲東蒙主，亦不言爲魯有。其說不同，五也。且此篇文皆稱孔子，與前十五篇異，其非孔子之徒所記甚明。」（洙泗考信錄餘錄）毛西河則謂：「子路自哀十年反魯，至哀十四年春小邾射以句繹來奔，季氏使子路要之，而子路請辭，則此時已再仕魯矣。子路死衛在十五年冬，則仕魯後再仕衛而死，雖年促而事實有然。論語伐顓臾之載，何疑之有？」又曰：「韓非子：季孫相魯，子路爲郈令。魯以五月起爲長溝，子路挾粟而餐之，孔子使子貢覆其餐。季孫讓之曰：『肥也起民而使之，而先生使餐，將無奪肥之民耶？』按伐顓臾是季康子事，而此稱肥，爲康子名，則由仕康子，正與求共事矣。此亦一傍證。」（四書改錯）今按：冉有先歸仕魯，子路隨孔子歸，亦仕魯，而權任次於冉有，故孔子獨以責冉子也。論語上下篇文辭有異，而本章更甚。然崔氏疑並無其事，則亦失之過矣。

季子然㊼問：「仲由、冉求，可爲大臣與？」子曰：「吾以子爲異之問，曾㊽由與求之問！所謂大臣者，以道事君，不可則止。今由與求也，可謂具臣㊾矣。」曰：「然則從之者與？」子曰：「弑父與君，亦不從也。」（先進）

㊼或說孔子弟子。戴望云：「卽季襄。」孔注：「子然，季氏子弟。自誇其家得臣二人，故問之。」當依孔氏。

㊽乃僅。㊾備數之臣。

小邾射以句繹來奔，曰：「使季路要我，吾無盟矣。」使子路，子路辭。季康子使冉有謂之曰：「千乘之國，不信其盟，而信子之言，子何辱焉？」對曰：「魯有事於小邾，不敢問故，死其城下，可也。彼不臣而濟㊿其言，是義之也。由弗能。」（左傳哀公十四年）

㊿成也。

子曰：「片(51)言可以折獄(52)者，其由也與！」子路無宿諾(53)。（顏淵）

(51)半也。(52)斷也。(53)久留也。子路立踐其諾，不宿久。

按：此孔子言子路見信於人，故聽其偏言單辭，卽可據以斷獄，不必更聽兩造也。單辭不可不明察，而子路之單辭則可信。

子曰：「衣敝緼(54)袍，與衣狐貉者立，而不恥者，其由也與！」「不忮(55)不求，何用不臧(56)？」

子路終身誦之。子曰：「是道(57)也，何足以臧？」（子罕）

(54)絜。(55)忌。(56)善。「不忮不求」兩句見衛風。(57)指「終身誦之」言。是以一善沾沾自喜也。

子曰：「道不行，乘桴浮於海，從我者其由與？」子路聞之喜。子曰：「由也，好勇過我，無所取材。」（公冶長）

子路曰：「子行三軍則誰與？」子曰：「暴虎(58)憑河(59)，死而無悔者，吾不與也。必也臨事而懼，好謀而成(60)者也。」（述而）

(58)徒搏。(59)徒涉。(60)定也，決也。

子路有聞，未之能行，唯恐有聞。（公冶長）

子曰：「由之瑟，奚爲於丘之門？」門人不敬子路。子曰：「由也升堂矣，未入於室也。」（先進）

閔子侍側，誾誾(61)如也。子路，行行(62)如也。冉有、子貢，侃侃(63)如也。子樂。曰：「若由也，不得其死然。」（先進）

(61)和悅貌。(62)剛強貌。(63)剛直貌。

子路爲季氏宰，助孔子墮三都，其事已詳於第二章。其後隨孔子周遊，返魯後，子路復至衛，爲衛孔悝邑宰。衛亂，太子蒯聵入孔悝家，強盟孔悝，劫之登臺，遂與其徒襲攻出公，出公奔魯。子路聞亂，將入，遇子羔將出。曰：「門已閉矣。」季子曰：「吾姑至焉。」子羔曰：「弗及，不踐其難。」季子曰：「食焉，不辟其難。」子羔遂出。子路入，及門，公孫敢門焉。曰：「無入爲也！」季子曰：「是公孫也，求利焉而逃其難。由不然，利其祿必救其患。」有使者出，乃入。曰：「太子焉用孔悝，雖殺之，必或繼之。」且曰：「太子無勇，若燔臺半，必舍孔叔。」太子聞之懼，下石乞、孟黶敵子路，以戈擊之，斷纓。子路曰：「君子死，冠不免。」結纓而死。孔子聞衛亂，曰：「柴也其來！由也死矣！」（左傳哀公十五年）

孔子哭子路於中庭。有人弔者，而夫子拜[64]之。既哭，進使者[65]而問故。使者曰：「醢之矣！」遂命覆醢。（檀弓）

[64]孔子爲之主也。[65]自衛來赴之使。

顏淵死，子曰：「噫！天喪予！」子路死，子曰：「噫！天祝[66]予！」（公羊哀公十四年）

[66]斷也。

子路死之明年，孔子亦死。

或問乎曾西[67]曰：「吾子與子路孰賢？」曾西蹵然曰：「吾先子之所畏也。」（孟子公孫丑上）

⑥⑦曾子之子。

子路於孔門中年最長，孔子亦屢稱之，又爲同學所畏重。雖孔子於子路亦時有貶責，要之升堂入室，爲定論也。

（以上冉有、季路、公西華。）

宰予畫⑥⑧寢。子曰：「朽木不可雕也，糞土之牆不可杇⑥⑨也。於予與何誅？」（公冶長）

⑥⑧或作晝。⑥⑨鏝。

子曰：「始吾於人也，聽其言而信其行。今吾於人也，聽其言而觀其行。於予與改是。」（公冶長）

宰我問：「三年之喪，其⑦⓪已久矣？君子三年不爲禮，禮必壞；三年不爲樂，樂必崩。舊穀既沒，新穀既升，鑽燧改火⑦①，期⑦②已可矣。」子曰：「食夫稻，衣夫錦，於汝安乎？」曰：「安。」「汝安則爲之。夫君子之居喪，食旨不甘，聞樂不樂，居處不安，故不爲也。今汝安，則爲之。」宰我出。子曰：「予之不仁也！子生三年，然後免於父母之懷。夫三年之喪，天下之通喪也。予也，有三年之愛於其父母乎？」（陽貨）

⑦⓪其本作期，今據或改本。⑦①月令：春取榆柳之火，夏季取棗杏之火，季夏取桑柘之火，秋取柞楢之火，冬

取槐檀之火。(72)音基，週年也。

據韓非子、呂氏春秋、淮南子諸書，宰我仕齊，以謀討陳恆見殺。列傳謂其與陳恆爲亂者，蓋誤。又按：宰我與子貢同列言語之科，亦孔門高第弟子。論語所載，於宰我獨多深責之辭。疑宰我身後，多見誣於其政敵；編者不察，載之論語。或非當時之情實也。

（以上宰我。）

子謂子貢曰：「女與回也孰愈(73)？」對曰：「賜也何敢望回！回也聞一以知十，賜也聞一以知二。」子曰：「弗如也，吾與女弗如也(74)。」（公冶長）

(73)勝。(74)吾與女俱不如，欲以慰子貢。

孔子以子貢與顏子並提，則雖有「與汝弗如」之歎，而子貢之賢可知也。

子曰：「回也其庶乎！屢空(75)。賜不受命(76)而貨殖焉，億(77)則屢中。」（先進）

(75)貧也。(76)古者商賈皆官主之，子貢未受命於官，自以其財經商也。(77)億測。

史記稱：「子貢鬻財於曹魯之間。」又云：「子貢相衛，結駟連騎，排藜藿，入窮閻，過謝原憲。憲攝敝衣冠見子貢。子貢恥之，曰：『夫子豈病乎？』原憲曰：『吾聞之，無財者謂之貧，學道而不能行者謂之病。若憲，貧也，非病也。』子貢慚，不懌而去。」今按：子貢曰：「貧而無諂，富而無驕，何如？」子曰：「可也。未若貧而樂，富而好禮者也。」子貢長於理財，其富則有之。若貧以爲恥，富以爲榮，則子貢不如是也。此蓋後人之託言耳。

子貢問曰：「賜也何如？」子曰：「女器也。」曰：「何器也？」曰：「瑚璉⑱也。」（公冶長）

⑱宗廟受黍稷之器。

子貢方⑲人。子曰：「賜也賢乎哉！夫我則不暇。」（憲問）

⑲比方，批評也。

子貢問曰：「有一言而可以終身行之者乎？」子曰：「其恕乎！己所不欲，勿施於人！」（衛靈公）

子貢曰：「我不欲人之加⑳諸我也，吾亦欲無加諸人。」子曰：「賜也，非爾所及也㉑。」（公冶長）

⑳陵也。㉑不加非義於人，此我所能。亦欲人不加諸我，則非我所能也。

子貢曰：「紂之不善，不如是之甚也。是以君子惡居下流，天下之惡皆歸焉。」（子張）

子貢曰：「君子之過也，如日月之食焉；過也，人皆見之。更也，人皆仰之。」（子張）

子貢與宰我同列言語之科，孟子亦稱其「善爲說辭」，左傳載其應對之辭令甚備。如：

魯哀公會吳於鄫，太宰嚭(82)召季康子。康子使子貢辭。太宰嚭曰：「國君道長(83)，而大夫不出門，此何禮也？」對曰：「豈以爲禮？畏大國也。大國不以禮命於諸侯，苟不以禮，豈可量也？寡君既共命焉，其老豈敢棄其國？太伯端委(84)以治周禮，仲雍嗣之，斷髮文身，臝(85)以爲飾，豈禮也哉？有由然也。」（左傳哀公七年）

(82)吳大夫。(83)長大於道路。(84)禮衣。(85)裸。

魯哀公會吳子伐齊，將戰，吳子呼叔孫(86)曰：「而事何也？」對曰：「從司馬(87)。」王賜之甲劍鈹，曰：「奉爾君事！敬無廢命！」叔孫未能對。衛賜進，曰：「州仇奉甲，從君而拜。」（左傳哀公十一年）

(86)叔孫武叔州仇。(87)從吳司馬所命。

魯哀公會吳子槖皋，吳子使太宰嚭請尋盟。公不欲，使子貢對曰：「盟所以周(88)信也。故心以制之，玉帛以奉之，言以結之，明神以要之。寡君以爲苟有盟焉，弗可改也已。若猶可改，日盟何益？今吾子曰必尋(89)盟，若可尋也，亦可寒(90)也。」乃不尋盟。（左傳哀公十二年）

(88)固。(89)重溫。(90)歇。

吳徵會於衛，衛侯來，吳人藩(91)衛侯之舍。子服景伯謂子貢曰：「夫諸侯之會，事既畢矣，侯伯致禮，地主歸餼(92)，以相辭也。今吴不行禮於衛，而藩其君舍以難之。子盍見太宰！」乃請束錦以行，語及衛故。太宰嚭曰：「寡君願事衛君，衛君之來也緩，寡君懼，故將止(93)之。」子貢曰：「衛君之來，必謀於其衆，其衆或欲或否，是以緩來。其欲來者，子之黨也；其不欲來者，子之讐也。若執衛君，是墮(94)黨而崇讎也。夫墮子者，得其志矣。且合諸侯而執衛君，誰敢不懼？墮黨崇讎，而懼諸侯，或者難以霸乎？」太宰嚭説，乃舍衛侯。（左傳哀公十二年）

(91)籬。(92)生物。(93)執。(94)毁。

魯及齊平，子服景伯如齊，子贛爲介。見公孫成(95)，曰：「人皆臣人，而有背人之心；況齊人雖爲子役，其有不貳乎？子，周公之孫也。多饗大利，猶思不義，利不可得而喪宗國(96)，將焉用之？」成曰：「善哉！吾不早聞命！」陳成子館客，曰：「寡君使恆(97)告曰：寡君願事君，如事衛(98)君。」景伯揖子贛而進之，對曰：「寡君之願也。昔晉人伐衛，齊爲衛故，伐晉冠氏，喪車五百。因與衛地，自濟以西，禚、媚、杏以南，書社(99)五百。吴人加敝邑以亂，齊因其病，取讙與闡。寡君是以寒心。若得視衛君之事君也，則固所願也。」成子病之，乃歸成。公孫宿以其兵甲入於嬴(100)。（左傳哀公十五年）

(95)魯人，名宿。爲成宰，叛歸齊者。(96)魯，成之宗國。(97)成子名。(98)言衛與齊同好，而魯未肯。(99)二十五家爲一社，書之籍。(100)齊地。

史記仲尼弟子列傳，尚有子貢存魯亂齊亡吳強晉霸越一節，蓋戰國策士之託辭，不足信據。

（以上子貢。）

子游爲武城宰。子曰：「女得人焉耳乎？」曰：「有澹臺滅明者，行不由徑，非公事未嘗至於偃之室也。」（雍也）

子之武城，聞弦歌之聲。夫子莞爾而笑曰：「割鷄焉用牛刀？」子游對曰：「昔者，偃也聞諸夫子，曰：『君子學道則愛人，小人學道則易使也。』」子曰：「二三子！偃之言是也。前言戲之耳。」（陽貨）

子游曰：「喪致[101]乎哀而止[102]。」（子張）

[101]盡也。[102]不尚文飾。

子游曰：「事君數[103]，斯辱矣；朋友數，斯疏矣。」（里仁）

[103]驟速。

（以上子游。）

子游曰：「子夏之門人小子，當灑掃應對進退，則可矣，抑末也。本之則無，如之何？」子夏聞之，曰：「噫！言游過矣！君子之道，孰先傳焉？孰後倦焉？譬諸草木，區以別矣。君子之道，焉可誣也？有始有卒者，其惟聖人乎？」（子張）

子夏曰：「賢賢易⑩色，事父母能竭其力，事君能致其身，與朋友交，言而有信；雖曰未學，吾必謂之學矣。」（學而）

⑩此指夫婦，能敬妻之賢，而更易其好色之心。

子夏曰：「雖小道，必有可觀者焉；致遠恐泥⑩，是以君子不爲也。」（子張）

⑩不通。

子夏曰：「日知其所亡，月無忘其所能，可謂好學也已矣。」（子張）

子夏曰：「博學而篤志，切問而近思，仁在其中矣。」（子張）

子夏曰：「百工居肆以成其事，君子學以致其道。」（子張）

子夏曰：「小人之過也必文⑩。」（子張）

⑩文飾以自解。

子夏曰：「君子有三變：望之儼然，卽之也溫，聽其言也厲⑩。」（子張）

⑩嚴正。

司馬牛憂曰：「人皆有兄弟，我獨亡⑩⑧。」子夏曰：「商聞之矣，死生有命，富貴在天。君子敬而無失，與人恭而有禮。四海之內，皆兄弟也。君子何患乎無兄弟也？」（顏淵）

⑩⑧牛有兄桓魋，憂其爲亂將死。

子謂子夏曰：「女爲君子儒，無爲小人儒！」（雍也）

子夏爲莒父宰。（子路）

子夏居西河教授，爲魏文侯師。（史記仲尼弟子列傳）

（以上子夏。）

子夏之門人問交於子張。子張曰：「子夏云何？」對曰：「子夏曰：『可者與之，其不可者拒之。』」子張曰：「異乎吾所聞。君子尊賢而容衆，嘉善而矜⑩⑨不能。我之大賢與，於人何所不容？我之不賢與，人將拒我，如之何其拒人也？」（子張）

⑩⑨憐。

子貢問：「師與商也孰賢？」子曰：「師也過，商也不及。」曰：「然則師愈乎？」子曰：「過猶不及。」（先進）

師也辟。（先進）

子游曰：「吾友張也，爲難能也，然而未仁。」（子張）

曾子曰：「堂堂乎張也，難與並爲仁矣。」（子張）

按：辟者，開廣務外之意。曾子所謂堂堂，亦言其規模之開拓。孔子弟子，子張獨爲濶步。舊説於此數章，均以盛容儀、習禮貌爲訓，似失之。

子張問行。子曰：「言忠信，行篤敬，雖蠻貊之邦行矣。言不忠信，行不篤敬，雖州里行乎哉？立則見其參於前也，在輿則見其倚於衡也，夫然後行。」子張書諸紳[110]。（衛靈公）

[110]大帶。

子張曰：「士見危致命，見得思義，祭思敬，喪思哀，其可已矣。」（子張）

子張曰：「執德不弘，信道不篤，焉能爲有？焉能爲無？」（子張）

子張病，召申祥[111]而語之曰：「君子曰終，小人曰死。吾今日其庶幾乎？」（檀弓）

[111]子張子。

（以上子張。）

子曰：「參乎！吾道一以貫之。」曾子曰：「唯！」子出。門人問曰：「何謂也？」曾子曰：「夫子之道，忠恕而已矣。」（里仁）

曾子曰：「吾日三省吾身：爲人謀而不忠乎？與朋友交而不信乎？傳不習乎？」（學而）

曾子曰：「士不可以不弘毅，任重而道遠。仁以爲己任，不亦重乎？死而後已，不亦遠乎？」（泰伯）

曾子曰：「可以託六尺之孤，可以寄百里之命，臨大節而不可奪也。君子人與？君子人也！」（泰伯）

曾子養曾皙，必有酒肉。將徹，必請所與。問有餘，必曰：「有。」曾皙死，曾元養曾子，必有酒肉。將徹，不請所與。問有餘，曰：「亡矣。」將以復進也。此所謂養口體者也。若曾子者，則可爲養志也。事親若曾子者可也。（孟子離婁上）

曾皙嗜羊棗，而曾子不忍食羊棗。公孫丑問曰：「膾炙與羊棗孰美？」孟子曰：「膾炙哉！」公孫丑曰：「然則曾子何爲食膾炙，而不食羊棗？」曰：「膾炙所同也，羊棗所獨也。諱名不諱姓，姓所同也，名所獨也。」（孟子盡心下）

曾子之孝見於孟子者如此，其他傳記所載，或出附會假託，不可盡信。

曾子居武城，有越寇。或曰：「寇至，盍去諸？」曰：「無寓人於我室，毀傷其薪木！」寇退，則曰：「修我牆屋，我將反！」寇退，曾子反。左右曰：「待先生如此其忠且敬也，寇至則先去以爲民望，寇退則反，殆於不可？」沈猶行曰：「是非汝所知也。昔沈猶有負芻[112]之禍，從先生者七十人，未有與焉。」（孟子離婁下）

[112]人名。

孟子曰：「曾子師也，父兄也。」（離婁下）

曾子有疾，召門弟子曰：「啟予足！啟予手！詩云：『戰戰兢兢，如臨深淵，如履薄冰。』而今而後，吾知免夫！小子！」（泰伯）

參也魯。（先進）

（以上曾子。）

崔述云：「春秋傳多載子路、冉有、子貢之事，而子貢尤多；曾子、游、夏，皆無聞焉。戴記則多記孔子歿後，曾子、游、夏、子張之言；而冉有、子貢，罕所論著。蓋聖門中子路最長，閔子、仲弓、冉有、子貢，則其年若相班者。孔子在時，既爲日月之明所掩；孔子歿後，爲時亦未必甚久。子貢當孔子世，已顯名於諸侯，仕宦之日既多，講學之日必少；是以不爲後學所宗耳。若游、夏、子張、曾子，則視諸子爲後起，事孔子之日短，教學者之日長；是以孔子在時，無所表見，而名言緒論，多見於孔子歿後也。」

子謂子賤：「君子哉若人！魯無君子者，斯焉取斯！」（公冶長）

子賤爲單父宰，反命於孔子，曰：「此國有賢不齊者五人，教不齊所以治者。」（史記仲尼弟子列傳）

子賤治單父，彈鳴琴，身不下堂，而單父治。巫馬期以星出，以星入，日夜不處，以身親之，而單父亦治。巫馬期問於子賤。子賤曰：「我任人，子任力。任人者佚，任力者勞。」（呂覽）

（以上宓不齊。）

原思爲之宰⑪，與之粟九百⑭，辭。子曰：「毋！以與爾鄰里鄉黨乎？」（雍也）

⑬孔子爲魯司寇，以原憲爲家邑宰。⑭九百斛。

（以上原憲。）

子謂公冶長：「可妻也。雖在縲絏之中，非其罪也。」以其子妻之。（公冶長）

（以上公冶長。）

子謂南容：「邦有道，不廢。邦無道，免於刑戮。」以其兄之子妻之。（公冶長）

南容三復白圭⑮，孔子以其兄之子妻之。（先進）

⑮詩云：「白圭之玷，尚可磨也。斯言之玷，不可爲也。」南容讀詩至此，三反覆之，其心慎言也。

南宮适問於孔子曰：「羿善射，奡盪舟，俱不得其死然。禹稷躬稼，而有天下。」夫子不答。

南宮适出，子曰：「君子哉若人！尚德哉若人！」（憲問）

（以上南容。）

子路使子羔爲費宰。子曰：「賊夫人之子。」（先進）

衛亂，季子將入，遇子羔將出。曰：「門已閉矣。」季子曰：「吾姑至焉。」子羔曰：「弗及，不踐其難。」季子曰：「食焉，不辟其難。」子羔遂出。子路入。（左傳哀公十五年）

說苑云：「子羔爲衛政，刖人之足。衛之君臣亂，子羔走郭門。郭門閉，刖者守門，曰：『於彼有缺。』子羔曰：『君子不踰。』曰：『於彼有竇。』子羔曰：『君子不遂。』曰：『於此有室。』子羔入，追者罷。子羔將去，謂刖者曰：『吾親刖子之足，此子報怨時也，何故逃我？』刖者曰：『斬足，固我罪也，無可奈何。獄決罪定，臨當論刑，君愀然不樂，見於顔色，此臣之所以脱君也。』」此事不知信否，而殊足風世，附録於此。

子羔既去衛，遂仕於魯。魯會齊侯盟於蒙，子羔預往焉。（左傳哀公十七年）

成人有其兄死而不爲衰者，聞子皋將爲成宰，遂爲衰。成人曰：「蠶則績而蟹有匡[116]，范[117]則冠而蟬有緌[118]，兄則死而子皋爲之衰。」（檀弓）

[116]蟹背有匡，可以貯蜜。[117]蜂也。[118]蟬喙長在口下，似冠之緌。

高子皋之執親之喪也，泣血三年，未嘗見齒。（檀弓）

柴也愚。（先進）

論語子羔僅兩見，皆非美辭。然其事旁見於傳記者不一，其言論行事亦足多者。蓋子羔年少，仕魯在孔子卒後，是以不著於論語耳。

（以上子羔。）

子使漆雕開仕，對曰：「吾斯之未能信。」子說。（公冶長）

（以上漆雕開。）

宋向魋作亂而奔衛，司馬牛致其邑與珪焉而適齊。向魋出於衛地，公文氏攻之，求夏后氏之璜焉，與之他玉而奔齊。陳成子使爲次卿，司馬牛又致其邑焉而適吳。吳人惡之而反。趙簡子召之，陳成子亦召之。卒於魯郭門之外，阬氏葬諸丘輿。（左傳哀公十四年）

（以上司馬牛。）

樊遲請學稼。子曰：「吾不如老農。」請學爲圃。曰：「吾不如老圃。」樊遲出。子曰：「小人哉！樊須也。上好禮則民莫敢不敬，上好義則民莫敢不服，上好信則民莫敢不用情。夫如是，則四方之民襁負其子而至矣。焉用稼？」（子路）

樊遲從遊於舞雩之下，曰：「敢問崇德、修慝、辨惑。」子曰：「善哉問！先事後得，非崇德與？次其惡，無攻人之惡，非修慝與？一朝之忿，忘其身，以及其親，非惑與？」（顏淵）

樊遲曾爲冉有御，與齊師戰於郊，已見前引。

（以上樊遲。）

吳伐魯。微虎[119]欲宵攻王[120]舍，私屬徒七百人，三踊於幕庭，卒三百人，有若與焉。及稷門之內。或謂季孫曰：「不足以害吳，而多殺國士，不如已也。」乃止之。吳子聞之，一夕三遷。（左傳哀公八年）

[119]魯大夫。[120]吳王。

哀公問於有若曰：「年饑，用不足，如之何？」有若對曰：「盍徹[121]乎？」曰：「二，吾猶不足，如之何其徹也？」對曰：「百姓足，君孰與不足？百姓不足，君孰與足？」（顏淵）

[121]什一而稅，周謂之徹。

有子曰：「其爲人也孝弟，而好犯上者，鮮矣。不好犯上，而好作亂者，未之有也。君子務本，本立而道生。孝弟也者，其爲仁之本與？」（學而）

他日，子夏、子張、子游，以有若似聖人，欲以所事孔子事之，彊曾子；曾子曰：「不可！江

漢以濯之，秋陽以暴之，皜皜乎不可尚已。」（孟子滕文公下）

論語有子、曾子並稱子，後人以爲蓋曾子、有子之門人所記，而有子言行獨不甚詳，亦可惜也。

（以上有子。）

孟子要略

孟子要略　目次

弁言

孟子之學，辜較言之，所爲有大貢獻於後世人羣者，厥要有三。一曰發明性善之義。此乃中國傳統政教綱領，亦卽中國傳統文化精神之所依寄，而其義首由孟子暢發之。苟非人性之善，則人類社會，不過一功利權力欺詐殺伐之場，能以法律暫維於不潰，斯爲郅治升平矣。而法律之效終有際限，乃彌縫以宗教，博愛慈仁，皆出帝意，人生與罪惡俱來，非皈依上帝，卽無以自贖，亦無以得救。則宗教與法律，相輔相成。若果不信斯世之外尚有一上帝，則如印度有釋迦，中國有莊老，惟有破棄人類，歸之虛無寂滅。獨中國傳統政教大綱，既不仰賴宗教，又不偏仗法律，而汲汲爲斯世大羣謀福利；亦不蹈老釋之悲觀與消極；則惟以主人性本善故。孟子曰：「養其大體爲大人，養其小體爲小人。」孟子之言性善，亦標準於大人而言也。故其道性善，言必稱堯舜，堯舜大人也。大人者，得人類此心之所同然，所謂「不失其赤子之心」，赤子之心卽心之同然也。夫使千古人心之同然者而必歸於惡，則法律終爲在外之箝制，縱使上帝慈仁，亦將於事無濟。故耶教信仰，必有世界末日，則與老釋之虛無寂滅，豈不同其歸宿？今使轉易其辭，指凡千古人心之所同然者而曰此卽性也，此卽善也，則不煩有上帝；而法律亦人性之善所自創。善無終極，斯世界無末日，人生不虛無，而政教有所企嚮，文化有所期望。此孟子性善之學所爲有大貢獻於後世人羣者一也。

二曰孟子言養氣。人類之於宇宙，個人之於社會，其小藐焉，其暫忽焉；而孟子曰：「我善養吾浩然之氣。其爲氣也，至大至剛以直，養而無害，則塞於天地之間。」夫而後小者有以見其大，暫者有以見其久。於何能爾？亦曰我一人暫爾獨然之氣，有以合乎衆人千古同然之性，斯卽所謂「配義與道」也。道者，人羣千古之所同；義者，我一人暫爾之所獨。何以我一人暫爾之獨而謂之曰義？曰：惟此一人暫爾之獨，有以會乎人羣千古之同，故以謂之義也。浩然之氣，則集義所生。夫使其人暫爾之所獨，無不合乎大羣千古之所同，則其氣浩然矣。斯言也，斯行也，皆其人一時暫爾之氣之動，果其無當於千古人羣之性之同，則是藐焉忽焉者，又何道而得浩然塞天地乎？故非善養氣，卽無以盡其性之善。人之不能盡其性而極乎善者，皆其養氣之功有不至也。孟子道性善，指大羣千古同然之本體；孟子言養氣，指小我暫忽所獨之工夫；必兼二者，而後表裏備，本末俱。此孟子養氣之學所爲有大貢獻於後世人羣者又一也。

三曰孟子言知言。當孟子之時，羣言尨雜，是非淆亂，家家自以爲大道，人人自以爲正義，而不知其皆藐焉忽焉，特一氣之動而已。使我而無以知道義之正，定是非之宗，則終亦自陷於藐焉忽焉之一氣之動而止，又何以得浩然者而養之乎？故知言者，又養氣之工夫也。若何而知？曰：知之以大羣千古之所同。凡其無當於大羣千古之所同者，皆其人暫爾之獨，是皆一氣之動，非所謂道與義也。孟子道性善，言必稱堯舜，拒楊墨，而曰：「乃我所願，則學孔子。」堯舜孔子，乃人羣千古之同，楊墨則暫爾一人之獨。此何以知？知之於千百年之後，孔子之道大行，楊墨之言已熄，則易。知之於千百年之前，楊墨之言盈天下，天下不之楊則之墨，當時天下皆不知而孟子獨知之，則難。故曰：「能言拒楊墨者，聖人之徒也。」是孟子亦知其難矣。而孟子獨何以知？曰：孟子亦知之以人性，知之以人性之皆善而已。墨氏兼愛，是無父也；楊氏爲我，是無君也；無父無君，是禽獸也。不知人性自有仁，故外假天志而侈言兼愛；不知人性自有義，故退就一己而昌言爲我。兼愛、爲我非不是，其病在於昧人性。人性自有仁義，此人性之所以善；仁義原本人性，此仁義之所以爲善。楊墨違人性背仁義而言兼愛、爲我，孟子拒之，亦所以發明人性之善也。故曰：「詖辭知其所蔽，淫辭知其所陷，邪辭知其所離，遁辭知其所窮。生於其心，害於其政，發於其政，害於其事。」詖淫邪遁，其先皆病於心。己心既病，則無以見人性之同。孟子之知言，亦在乎知人心而已。詩曰：「他人有心，予忖度之。」「執柯伐柯，其則不遠。」故孟子曰：「思則得之，不思則不得也。」人莫不有心，心莫不能思，先立乎其大者，則小者不能奪也。故曰：「歸而求之有餘師。」又曰：「人皆可以爲堯舜。」上求之千古羣心之同，近反之一己當心之獨，而有以見其會通焉，斯可以證人性之善，而知言之學亦盡於此矣。故孟子之論知言，其實卽心學也。孟子曰：「盡心可以知性，盡性可以知天。」夫曰可以知天，又何論乎知言哉！人必能知言而後可以卓然自出於羣言之表，不奪不惑，有以養其浩然之氣，而盡吾性以極乎善也。此孟子知言之學所爲有大貢獻於後世人羣者三也。此三者，其實則一，皆所以盡人心而發明性善之旨也。

孟子生乎亂世，外則發明人性之善，內則自盡吾心，以知言養氣爲務。必孟子之學昌，而後撥亂世而反之治者可期。亦必遵孟子之塗轍，而後可以得孔學之眞趨。二十年前，曾爲論語、孟子要略兩編，提要鉤玄，期於普及。讀者儻會合而觀，其果於當世之人心稍有裨補，則尤私衷之所懇切而祈禱者也。

中華民國三十六年歲盡錢穆識於無錫榮巷之江南大學。

孟子要略

第一章　孟子傳略

孟軻，鄒人也，受業子思之門人。（史記孟子荀卿列傳）遊齊，當齊威王之世。與匡章交遊。公都子曰：「匡章，通國皆稱不孝焉，夫子與之遊，又從而禮貌之，敢問何也？」孟子曰：「世俗所謂不孝者五：惰其四支，不顧父母之養，一不孝也；博弈好飲酒，不顧父母之養，二不孝也；好貨財，私妻子，不顧父母之養，三不孝也；從耳目之欲，以爲父母戮，四不孝也；好勇鬬很①，以危父母，五不孝也。章子有一於是乎？夫章子，子父責善②而不相遇也。責善，朋友之道也；父子責善，賊恩③之大者。夫章子豈不欲有夫妻子母之屬哉？爲得罪於

父，不得近，出妻屏子，終身不養焉。其設心以爲不若是，是則罪之大者。是則章子而已矣。」（離婁下）

①很，不聽從也。當時禁鬬殺人之法，戮及父母。②責善，以善相責也。③賊恩，如今云傷情。

章子事又見於國策。齊威王使章子將而拒秦，威王念其母爲父所殺，埋於馬棧之下，謂曰：「全軍而還，必更葬將軍之母。」章子對曰：「臣非不能更葬臣之母。臣之母得罪臣之父。臣之父未教而死，臣葬母，是欺死父也，故不敢。」軍行，有言章子以兵降秦者三。威王不信，有司請之，王曰：「不欺死父，豈欺生君？」章子竟大勝秦而返。國策所述如此。是「通國皆稱匡章不孝」者，必當章子未勝秦前，既不葬其死母，因出妻屏子，不敢自安逸，而齊人乃譏其不孝。孟子獨識其人而禮貌之也。乃既大勝秦兵，心事既白，而威王亦必爲改葬其母。其在齊，聲位俱隆，決無通國稱其不孝之理。孟子與遊，公都子亦不復有此疑矣。卽此一節，足證孟子當齊威王時已遊齊。

其後，孟子嘗居宋。

孟子謂戴不勝④曰：「子欲子之王⑤之善與？我明告子！有楚大夫於此，欲其子之齊語也，則使齊人傅諸？使楚人傅諸？」曰：「使齊人傅之。」曰：「一齊人傅之，衆楚人咻之，雖日撻而求其齊也，不可得矣。引而置之莊嶽⑥之間，數年，雖日撻而求其楚，亦不可得矣。子謂薛居州善士也，使之居於王所。在於王所者，長幼卑尊，皆薛居州也，王誰與爲不善？在王所者，長幼卑尊，皆非薛居州也。王誰與爲善？一薛居州，獨如宋王何？」（滕文公下）

④宋臣。⑤宋王偃稱王在齊威王三十年，史記六國表誤。孟子遊宋當在宋偃稱王後不久時。⑥莊，街名；嶽，里名。皆屬齊國。

滕文公爲世子，將之楚，過宋而見孟子。孟子道性善，言必稱堯舜。世子自楚反，復見孟子。孟子曰：「世子疑吾言乎？夫道一而已矣。成覸謂齊景公曰：『彼丈夫也，我丈夫也，吾何畏彼哉？』顏淵曰：『舜何人也？予何人也？有爲者亦若是。』公明儀曰：『文王我師也，周公豈欺我哉？』今滕，截長補短，將五十里也，猶可以爲善國。書曰：『若藥不瞑眩，厥疾不瘳。』」（滕文公上）

去宋過薛⑦。

⑦薛乃齊孟嘗君田文父靖郭君田嬰封邑。威王三十五年，封靖郭君於薛。孟子至薛當在其時。

陳臻⑧問曰：「前日於齊，王餽兼金⑨一百而不受；於宋，餽七十鎰⑩而受；於薛，餽五十鎰而受。前日之不受是，則今日之受非也；今日之受是，則前日之不受非也。夫子必居一於此矣。」孟子曰：「皆是也。當在宋也，予將有遠行⑪，行者必以贐⑫。辭曰餽贐，予何爲不受？當在薛也，予有戒心⑬。辭曰聞戒，故爲兵餽之。予何爲不受？若於齊，則未有處也。無處而餽之，是貨之也。焉有君子而可以貨取乎？」（公孫丑下）

⑧孟子弟子。⑨好金也，其價兼倍於一百鎰也。⑩古者以一鎰爲一金。鎰，二十兩也。⑪自宋返也。⑫送行

者贈賄之禮也。⑬時有惡人欲害孟子。

曾在魯。

魯平公將出，嬖人臧倉者請曰：「他日君出，則必命有司所之。今乘輿已駕矣，有司未知所之，敢請！」公曰：「將見孟子。」曰：「何哉？君所爲輕身以先於匹夫者。以爲賢乎？禮義由賢者出，而孟子之後喪踰前喪⑭。君無見焉！」公曰：「諾。」樂正子⑮入見，曰：「君奚爲不見孟軻也？」曰：「或告寡人曰：『孟子之後喪踰前喪。』是以不往見也。」曰：「何哉？君所謂踰者。前以士，後以大夫；前以三鼎，而後以五鼎⑯與？」曰：「否。謂棺椁衣衾之美也。」曰：「非所謂踰也，貧富不同也。」樂正子見孟子，曰：「克告於君，君爲⑰來見也。嬖人有臧倉者沮君，君是以不果來也。」曰：「行或使之，止或尼之，行止非人所能也。吾之不遇魯侯，天也！臧氏之子，焉能使予不遇哉！」（梁惠王下）

⑭前喪父約，後喪母奢。⑮孟子弟子。⑯士祭三鼎，大夫祭五鼎。⑰猶將也。

魯平公元年，當齊威王之三十六年。（史記六國表誤）臧倉毀孟子後喪踰前喪，並非卽在喪中。否則孟子尚居母喪，樂正子亦不汲汲謀使魯君來見。臧倉稱孟子爲「匹夫」，亦以孟子其時尚未達。舊說列其事於齊宣王時，則孟子已爲齊卿，不應稱「匹夫」。宣王既尊禮孟子，孟子之於魯平公，亦不遽有「不遇，天也」之歎。故知舊說之誤也。

乃返鄒。

鄒與魯閧⑱，穆公問曰：「吾有司死者三十三人，而民莫之死也。誅之，則不可勝誅；不誅，則疾視其長上之死而不救。如之何則可也？」孟子對曰：「凶年饑歲，君之民，老弱轉乎溝壑，壯者散而之四方者，幾千人矣。而君之倉廩實，府庫充，有司莫以告，是上慢而殘下也。曾子曰：『戒之！戒之！出乎爾者，反乎爾者也。』夫民今而後得反之也，君無尤焉。君行仁政，斯民親其上，死其長矣。」（梁惠王下）

⑱閧也。

滕定公⑲薨，世子謂然友⑳曰：「昔者孟子嘗與我言於宋，於心終不忘。今也不幸，至於大故，吾欲使子問於孟子，然後行事。」然友之鄒㉑，問於孟子。（滕文公上）

⑲文公父。⑳世子傅。㉑滕在今徐州，去鄒四十餘里，往返不過大半日，故可問而行事。孟子勸之行三年之喪。文公卽位，孟子遂至滕。

孟子至滕。

滕文公問爲國。孟子曰：「民事不可緩也㉒。詩云：『晝爾于茅，宵爾索綯，亟其乘屋，其始播百穀㉓。』民之爲道也，有恆產者有恆心，無恆產者無恆心。苟無恆心，放僻邪侈無不爲已。及陷乎罪，然後從而刑之，是罔㉔民也。焉有仁人在位，罔民而可爲也㉕？」（滕文公上）

㉒當以政治督促，教以生產之務。㉓晝取茅草，夜索爲繩，以蓋野外之屋，晝夜不緩，恐妨來春田事也。㉔罔同網，張羅網以網民。㉕也，同邪。

孟子去滕，遂遊梁，當梁惠王之後元十五年，爲齊威王三十七年。

孟子見梁惠王，王曰：「叟！不遠千里而來，亦將有以利吾國乎？」孟子對曰：「王何必曰『利』？亦有『仁義』而已矣。王曰：『何以利吾國？』大夫曰：『何以利吾家？』士庶人曰：『何以利吾身？』上下交征㉖利，而國危矣。萬乘之國，弑其君者，必千乘之家；千乘之國，弑其君者，必百乘之家。萬取千焉，千取百焉，不爲不多矣，苟爲後義而先利，不奪不饜㉗。未有仁而遺其親者也，未有義而後其君者也。王亦曰『仁義』而已矣，何必曰『利』。」（梁惠王上）

㉖取也。㉗足也。

是年，齊威王薨，子宣王立。明年，梁惠王薨，子襄王立。

孟子見梁襄王，出語人曰：「望之不似人君，就㉘之而不見所畏焉。卒㉙然問曰：『天下惡乎定？』吾對曰：『定於一。』『孰能一之？』對曰：『不嗜殺人者能一之。』『孰能與之？』對曰：『天下莫不與也。王知夫苗乎？七八月之間旱，則苗槁矣。天油然作雲，沛然下雨，則苗浡然興之矣。其如是，孰能禦之？今夫天下之人牧，未有不嗜殺人者也。如有不嗜殺人者，則

天下之民，皆引領而望之矣！誠如是也，民歸之，由㉚水之就下，沛然誰能禦之？』」（梁惠王上）

㉘近也。㉙讀如猝。㉚同猶。

是年孟子即去梁返齊，爲齊宣王元年。

孟子自范㉛之齊，望見齊王㉜之子，喟然歎曰：「居移氣，養移體，大哉居乎！夫非盡人之子與？王子宮室車馬衣服多與人同，而王子若彼者，其居使之然也。況居天下之廣居㉝者乎！魯君之宋，呼於垤澤㉞之門，守者曰：『此非吾君也，何其聲之似我君也？』此無他，居相似也。」（盡心上）

㉛范，山東濮州范縣。本晉邑，後屬齊。㉜威王子爲宣王。孟子自范至齊，初見宣王，猶未終喪，故稱王子。㉝廣居，謂行仁義。㉞宋城南門，左襄十七年之澤門即此。

齊宣王欲短喪㉟，公孫丑㊱曰：「爲期之喪㊲猶愈於已乎？」孟子曰：「是猶或紾㊳其兄之臂，子謂之姑徐徐云爾。亦教之孝悌而已矣。」（盡心上）

㉟喪其父威王也。㊱孟子弟子。㊲既不能三年喪，以期年，差愈於止而不行喪也。㊳捩。

齊宣王問曰：「齊桓、晉文之事，可得聞乎？」孟子對曰：「仲尼之徒，無道桓文之事者，是以後世無傳焉！臣未之聞也。無以㊴，則王乎？」曰：「德何如則可以王矣？」曰：「保民而

王，莫之能禦也。」（梁惠王上）

㊴同已。

齊人伐燕，或問曰：「勸齊伐燕，有諸？」曰：「未也。沈同㊵問：『燕可伐與？』吾應之曰：『可！』彼然而伐之也。彼如曰：『孰可以伐之？』則將應之曰：『爲天吏，則可以伐之。』今有殺人者，或問之曰：『人可殺與？』則將應之曰：『可！』彼如曰：『孰可以殺之？』則將應之曰：『爲士師，則可以殺之。』今以燕伐燕，何爲勸之哉？」（公孫丑下）

㊵齊臣。

齊人伐燕，勝之。宣王問曰：「或謂寡人勿取，或謂寡人取之。以萬乘之國，伐萬乘之國，五旬而舉之，人力不至於此。不取，必有天殃。取之何如？」孟子對曰：「取之而燕民悅，則取之。古之人有行之者，武王是也。取之而燕民不悅，則勿取。古之人有行之者，文王是也。以萬乘之國，伐萬乘之國，簞食壺漿，以迎王師，豈有他哉？避水火也。如水益深，如火益熱，亦運㊶而已矣。」（梁惠王下）

㊶又轉迎他人也。

齊人伐燕，取之。諸侯將謀救燕。宣王曰：「諸侯多謀伐寡人者，何以待之？」孟子對曰：

「臣聞七十里爲政於天下者，湯是也；未聞以千里畏人者也。書曰：『湯一征，自葛始。』天下信之。東面而征西夷怨，南面而征北狄怨，曰：『奚爲後我？』民望之，若大旱之望雲霓也。歸市者不止，耕者不變，誅其君而弔其民，若時雨降，民大悅。書曰：『徯我后⑫，后來其蘇！』今燕虐其民，王往而征之，民以爲將拯己於水火之中也，簞食壺漿，以迎王師。若殺其父兄，係累其子弟，毀其宗廟，遷其重器，如之何其可也？天下固畏齊之強也，今又倍地而不行仁政，是動天下之兵也。王速出令，反其旄倪⑬，止其重器，謀於燕衆，置君而後去之，則猶可及止也。」（梁惠王下）

⑫徯，待也。后，君也。⑬旄，老耄也。倪，小孩也。

燕人畔，王曰：「吾甚慚於孟子。」（公孫丑下）

燕王噲讓國於相子之，國亂，齊伐燕，其事在宣王六年。至宣王九年，爲燕昭王元年。燕既畔齊，孟子亦去，當在其時。

孟子致爲臣而歸。王就見孟子，曰：「前日願見而不可得，得侍同朝，甚喜。今又棄寡人而歸，不識可以繼此而得見乎？」對曰：「不敢請耳，固所願也。」他日，王謂時子⑭曰：「我欲中國⑮而授孟子室，養弟子以萬鍾⑯，使諸大夫國人皆有所矜式⑰。子盍爲我言之？」時子因陳子⑱而以告孟子。陳子以時子之言告孟子。孟子曰：「然！夫時子惡知其不可也？如使予欲富，辭十萬㊾而受萬，是爲欲富乎？季孫㊿曰：『異哉子叔疑！使己爲政，不用，則亦已矣，又使其弟子爲卿。人亦孰不欲富貴，而獨於富貴之中有私龍斷(51)焉！』古之爲市者也，以其所有，易其所無者，有司者治之耳。有賤丈夫焉，必求龍斷而登之，以左右望而罔(52)市利。人皆以爲賤，故從而征(53)之。征商，自此賤丈夫始矣！」（公孫丑下）

㊹齊臣。㊺國，都城也。中國，謂擇都城之中央。㊻六石四斗爲鍾。㊼矜，敬也。式，法也。㊽陳臻，孟子弟子。㊾十萬者，孟子約舉仕齊八九年所得俸祿成數言之。孟子年俸約可萬鍾。㊿季孫、子叔疑，皆魯臣。孟子引古以爲說。(51)龍，讀爲壟。斷，讀爲敦。土堆曰敦，即今墩字。(52)古人日中爲市，集於曠野，以實物相易。登高岡土阜，可以見市物之多寡。以寡易多，則得利也。罔同網。(53)征，稅也。

孟子去齊。尹士語人曰：「不識王之不可以爲湯武，則是不明也。識其不可，然且至，則是干澤(54)也。千里而見王，不遇，故去。三宿而後出晝(55)，是何濡滯也？士則滋不悅。」高子(56)以告。曰：「夫尹士，惡知予哉！千里而見王，是予所欲也。不遇故去，豈予所欲哉？予不得已也。予三宿而出晝，於予心猶以爲速。王庶幾改之！王如改諸，則必反予。夫出晝而王不予追也，予然後浩然有歸志。予雖然，豈舍王哉！王由(57)足用爲善。王如用予，則豈徒齊民安，天下之民舉安。王庶幾改之！予日望之！予豈若是小丈夫然哉！諫於其君而不受，則怒。悻悻然見於其面，去則窮日之力而後宿哉？」尹士聞之，曰：「士誠小人也！」（公孫丑下）

(54)干，求也。澤，祿也。(55)齊西南近邑。孟子去齊欲歸鄒，至晝地三宿。(56)孟子弟子。(57)同猶。

孟子去齊，充虞路問(58)曰：「夫子若有不豫色然。前日虞聞諸夫子曰：『君子不怨天，不尤人。』」曰：「彼一時，此一時也。五百年必有王者興，其間必有名世(59)者。由周而來，七百有餘歲矣。以其數，則過矣；以其時考之，則可矣。夫天未欲平治天下也。如欲平治天下，當今之世，舍我其誰也？吾何爲不豫哉！」（公孫丑下）

(58)路中問也。(59)如云孔子之時、孟子之時，則以孔子、孟子名世也。

孟子去齊，居休(60)，公孫丑問曰：「仕而不受祿(61)，古之道乎？」曰：「非也。於崇，吾得見王，退而有去志，不欲變，故不受也。繼而有師命(62)，不可以請，久於(63)齊，非我志也。」（公孫丑下）

(60)休在潁川，屬宋（見路史國名紀），是孟子去齊之宋也。或云休城在今兗州府滕縣北十五里，距孟子家約百里（見四書釋地續），是孟子去齊歸鄒也。不可詳考。(61)此見孟子未受齊祿，故曰「辭十萬」。(62)師旅之命，齊伐燕也。(63)孟子本志不欲久居齊，亦見仕而不受祿，非正道也。

今考孟子年歲，其至梁在惠王後元十五年。時惠王在位已五十年，計其年壽殆及七十，或已過之，而稱孟子曰「叟」。「叟」是長老之稱，則孟子之年亦當近及七十也。至是去齊，又踰八九年，孟子已老，此後遂不復見於世矣。

史記云：「當孟子之時，天下方務於合從連横，以攻伐爲賢，而孟軻乃述唐虞三代之德，是以所如者不合，退而與萬章之徒序詩書，述仲尼之意，作孟子七篇。」（孟子荀卿列傳）是謂孟子退老著書，而萬章之徒預其事。趙岐云：「孟子退而論集所與高第弟子公孫丑、萬章之徒難疑答問，又自撰其法度之言，著書七篇。」（孟子題詞）是亦謂七篇乃孟子自撰，而又有公孫丑、萬章之徒之所記錄也。清儒崔述云：「孟子一書，爲公孫丑、萬章所纂述者近是。謂孟子與之同撰，或孟子所自撰，則非也。孟子七篇之文，往往有可議者，如『決汝漢，排淮泗而注之江』，『伊尹五就湯，五就桀』之屬，皆於事理未合。果孟子所自著，不應疏略如是，一也。七篇中稱時君皆舉其謚，如梁惠王、襄王、齊宣王、魯平公、鄒穆公皆然。其人未必皆先孟子而卒，何以皆稱其謚？二也。七篇中於孟子門人多以子稱之，如樂正子、公都子、屋廬子、徐子、陳子皆然，不稱子者無幾。果孟子所自著，恐未必自稱其門人皆曰子，三也。細玩此書，蓋孟子之門人萬章、公孫丑等所追述。故二子問答之言在七篇中爲最多，而二子在書中亦皆不以子稱。」（孟子事實錄）今會合三說，殆孟子自有所撰，而終成於萬章、公孫丑之徒之所撰集，最爲近是。趙岐云：「又有外書四篇——性善辯、文說、孝經、爲政——其文不能宏深，不與内篇相似，似非孟子本眞，後世依仿而托之。」（孟子題詞）今考諸書稱引孟子逸文者，皆膚淺無足取。趙氏之辨，蓋可信也。

〔附〕孟子年譜

周烈王六年 梁惠成王元年 （西元前三七〇年）	
周顯王八年 秦孝公元年 梁惠成王十年 （西元前三六一年）	衛公孫鞅入秦。
周顯王一二年 梁惠成王一四年 齊威王元年 （西元前三五七年）	齊威王招文學遊說之士聚稷下。 孟子亦遊齊。

周顯王一五年 梁惠成王一七年 （西元前三五四年）	魏伐趙，季梁諫，見國策。季梁爲楊朱友，先楊朱而死，見列子仲尼、力命。 齊田忌救趙伐魏。
周顯王一六年 梁惠成王一八年 齊威王五年 （西元前三五三年）	齊田忌敗魏桂陵。
周顯王二二年 齊威王一一年 秦孝公一五年 （西元前三四七年）	齊將匡章敗秦。 孟子在齊，與匡章交遊。
周顯王二六年 梁惠成王二八年 齊威王一五年 （西元前三四三年）	齊敗梁馬陵。

周顯王三〇年 楚威王元年 （西元前三三九年）	史記：莊子與楚威王同時，威王聘爲相，莊子辭。見莊子。
周顯王三一年 秦孝公二四年 宋王偃元年 （西元前三三八年）	秦孝公卒，商君死，尸佼逃蜀。
周顯王三二年 （西元前三三七年）	申不害卒。
周顯王三五年 梁惠成王後元（三七）年 齊威王二四年 （西元前三三四年）	齊、魏會徐州相王，惠施用事於魏。

周顯王四一年 宋王偃一〇年 秦惠文王一〇年 （西元前三二八年）	宋稱王。 張儀爲秦相。
周顯王四四年 秦惠王一三年 趙武靈王元年 （西元前三二五年）	秦初稱王。 荀卿自趙遊學於齊。 孟子遊宋，當在此時。
周顯王四六年 梁惠成王後一二年 齊威王三五年 （西元前三二三年）	犀首約魏、趙、韓、燕、中山五國相王。 齊封田嬰於薛，遂城薛。孟子自宋過薛至魯。
周顯王四七年 齊威王三六年 魯平公元年 （西元前三二二年）	魯平公欲見孟子，臧倉沮之。孟子反鄒，見鄒穆公。 滕定公薨，滕使然友之鄒。孟子自鄒至滕。

周顯王四八年 齊威王三七年 （西元前三二一年）	孟子在滕。 許行自楚至滕。
周慎靚王元年 梁惠成王後一五年 齊威王三七年 燕王噲元年 （西元前三二〇年）	孟子遊梁。 齊威王卒。
周慎靚王二年 梁惠成王後一六年 齊宣王元年 （西元前三一九年）	梁惠成王卒，孟子重適齊。
周慎靚王五年 燕王噲五年 （西元前三一六年）	燕王噲讓國於相子之。

周赧王元年 齊宣王六年 （西元前三一四年）	齊伐燕，取之，章子爲將。 孟子與宣王論伐燕事，宣王不聽。
周赧王三年 齊宣王八年 楚懷王一七年 （西元前三一二年）	燕人叛齊，立公子職。 孟子去齊在此年後。 秦敗楚師，取漢中。 孟子遇宋牼於石邱。
周赧王一二年 魯平公二〇年 （西元前三〇三年）	魯平公卒。
周赧王一四年 齊宣王一九年 （西元前三〇一年）	齊宣王卒，湣王立。

周赧王一九年 梁襄王二三年 （西元前二九六年）	梁襄王卒。 楚懷王死於秦。

（按：譜中所列年代與史記六國表不同，說詳余著先秦諸子繫年，玆不具。）

第二章　孟子對於當時政治之主張

孟子對於當時政治上之主張，可於其與列國國君之言論徵之。其在鄒，鄒君問民不死敵，孟子勸以「行仁政」；其在滕，滕文公問爲國，孟子教以「民事不可緩」；（均見前引）其重民之意可見。

滕文公問曰：「滕小國也，間於齊楚，事齊乎？事楚乎？」孟子對曰：「是謀，非吾所能及也。無已，則有一焉。鑿斯池也，築斯城也，與民守之，效死而民弗去，則是可爲也。」（梁惠王下）

滕文公問曰：「齊人將築薛，吾甚恐，如之何則可？」孟子對曰：「昔者大王居邠，狄人侵之，去之岐山之下居焉，非擇而取之，不得已也。苟爲善，後世子孫，必有王者矣。君子創業垂統，爲可繼也。若夫成功，則天也。君如彼何哉？彊爲善而已矣！」（梁惠王下）

滕文公問曰：「滕小國也，竭力以事大國，則不得免焉，如之何則可？」孟子對曰：「昔者大王居邠，狄人侵之，事之以皮幣，不得免焉；事之以犬馬，不得免焉；事之以珠玉，不得免焉。乃屬①其耆老而告之曰：『狄人之所欲者，吾土地也。吾聞之也，君子不以其所以養人者害人。二三子何患乎無君？我將去之。』去邠，踰梁山，邑於岐山之下居焉。邠人曰：『仁人

也，不可失也。』從之者如歸市。或②曰：『世守也，非身之所能爲也。效死勿去。』君請擇於斯二者！」（梁惠王下）

①會也。②邠之或人也。

此孟子對於小國之政見也。其至梁，梁惠王問何以利吾國，孟子告之以「仁義」。（見前引）其他與惠王論政之語尚多，要以經濟民生爲重。

梁惠王曰：「寡人之於國也，盡心焉耳矣。河內凶，則移其民於河東，移其粟於河內；河東凶，亦然。察鄰國之政，無如寡人之用心者。鄰國之民不加少，寡人之民不加多，何也？」孟子對曰：「王好戰，請以戰喻！塡然③鼓之，兵刃既接，棄甲曳兵而走，或百步而後止，或五十步而後止；以五十步笑百步，則何如？」曰：「不可！直④不百步耳，是亦走也。」曰：「王如知此，則無望民之多於鄰國也。不違農時，穀不可勝食也；數罟⑤不入洿池，魚鼈不可勝食也；斧斤以時入山林，材木不可勝用也。穀與魚鼈不可勝食，材木不可勝用，是使民養生喪死無憾也；養生喪死無憾，王道之始也。五畝之宅⑥，樹之以桑，五十者可以衣帛矣。鷄豚狗彘之畜無失其時，七十者可以食肉矣。百畝之田勿奪其時，數口之家可以無飢矣。謹庠序⑦之教，申之以孝悌之義，頒白者不負戴於道路矣。七十者衣帛食肉，黎民不飢不寒，然而不王者，未之有也。狗彘食人食，而不知檢⑧；塗有餓莩⑨，而不知發⑩；人死，則曰：『非我也，

歲也。』是何異於刺人而殺之，曰：『非我也，兵也。』王無罪歲！斯天下之民至焉。」（梁惠王上）

③鼓音。④但也。⑤密網也。⑥古者民居之地在都邑曰宅，在市曰廛，田中廬舍曰廬。民以冬至後四十五日出田，而桑則在城內之宅，蠶時則入城。⑦歲事既畢，餘子皆入學，十五入小學，十八入大學，離冬至四十五日始出學傳農事。⑧當作斂。⑨餓死者曰莩。⑩發斂之法，豐歲斂之於官，凶歲則糶之於民。

梁惠王曰：「寡人願安承教！」孟子對曰：「殺人以梃與刃，有以異乎？」曰：「無以異也。」「以刃與政，有以異乎？」曰：「無以異也。」曰：「庖有肥肉，廄有肥馬，民有饑色，野有餓莩，此率獸而食人也。獸相食，且人惡之；爲民父母行政，不免於率獸而食人，惡在其爲民父母也？仲尼曰：『始作俑⑪者，其無後乎！』爲其象人而用之也。如之何其使斯民饑而死也！」（梁惠王上）

⑪偶人，用之送死。

梁惠王曰：「晉國天下莫強焉，叟之所知也。及寡人之身，東敗於齊⑫，長子死焉；西喪地於秦七百里⑬，南辱於楚⑭。寡人恥之，願比死者⑮一洒之。如之何則可？」孟子對曰：「地方百里而可以王。王如施仁政於民，省刑罰，薄稅斂，深耕易耨⑯；壯者以暇日修其孝弟忠信，入以事其父兄，出以事其長上，可使制⑰梃以撻秦楚之堅甲利兵矣。彼奪其民時，使不得耕耨

以養其父母；父母凍餓，兄弟妻子離散。彼陷溺其民，王往而征之，夫誰與王敵？故曰：『仁者無敵。』王請勿疑！」（梁惠王上）

⑫事在惠王二十八年，齊破魏軍，殺其將龐涓，虜太子申。⑬齊敗魏之明年，秦使商君將而伐魏，虜公子卬。至惠王後元五年，獻河西之地以和於秦。⑭楚昭陽攻魏得八邑，在惠王後元十二年。⑮比，代也。死者指太子申之徒。⑯耘苗令簡易，卽立苗欲疏之意。⑰制，讀爲掣。

其見梁襄王，論不嗜殺人者可以一天下。（見前引）其見齊宣王：

齊宣王問曰：「齊桓、晉文之事，可得聞乎？」孟子對曰：「仲尼之徒，無道桓、文之事者，是以後世無傳焉；臣未之聞也。無以，則王乎？」曰：「德何如，則可以王矣？」曰：「保民而王，莫之能禦也。」曰：「若寡人者，可以保民乎哉？」曰：「可！」曰：「何由知吾可也？」曰：「臣聞之胡齕曰：『王坐於堂上，有牽牛而過堂下者，王見之，曰：牛何之？對曰：將以釁⑱鐘。王曰：舍之！吾不忍其觳觫⑲，若無罪而就死地。對曰：然則廢釁鐘與？曰：何可廢也，以羊易之。』不識有諸？」曰：「有之。」曰：「是心足以王矣。百姓皆以王爲愛⑳也，臣固知王之不忍也。」王曰：「然！誠有百姓者㉑，齊國雖褊小，吾何愛一牛？卽不忍其觳觫，若無罪而就死地，故以羊易之也。」曰：「王無異於百姓之以王爲愛也。以小易大，彼惡知之？王若隱㉒其無罪而就死地，則牛羊何擇焉？」王笑曰：「是誠何心哉！我非愛其財而易之以羊也，宜乎百姓之謂我愛也。」曰：「無傷也，是乃仁術也，見牛未見羊也。君子之於禽獸也，見其生，不忍見其死；聞其聲，不忍食其肉；是以君子遠庖廚也。」王說，曰：「詩云：『他人有心，予忖度之。』夫子之謂也。夫我乃行之，反而求之，不得吾心；夫子言之，於我心有戚戚焉㉓。此心之所以合於王者何也？」曰：「有復於王者曰：『吾力足以舉百鈞㉔，而不足以舉一羽；明足以察秋毫之末，而不見輿薪。』則王許之乎？」曰：「否！」「今恩足以及禽獸，而功不至於百姓者，獨何與？然則一羽之不舉，爲不用力焉；輿薪之不見，爲不用明焉；百姓之不見保，爲不用恩焉。故王之不王，不爲也，非不能也。」曰：「不爲者與不能者之形，何以異？」曰：「挾太山以超北海，語人曰我不能，是誠不能也；爲長者折枝㉕，語人曰我不能，是不爲也，非不能也。故王之不王，非挾太山以超北海之類也；王之不王，是折枝之類也。老吾老，以及人之老；幼吾幼，以及人之幼；天下可運於掌。詩云：『刑於寡妻，至于兄弟，以御㉖于家邦。』言舉斯心加諸彼而已。故推恩足以保四海，不推恩無以保妻子。古之人所以大過人者，無他焉，善推其所爲而已矣。今恩足以及禽獸，而功不至于百姓者，獨何與？權然後知輕重，度然後知短長；物皆然，心爲甚。王請度之！抑王興甲兵，危士臣，構怨於諸侯，然後快於心與？」王曰：「否！吾何快於是？將以求吾所大欲也。」曰：「王之所大欲，可得聞與！」王笑而不言。曰：「爲肥甘不足於口與？輕煖不足於體與？抑爲采色不足視於目與？聲音不足聽於耳與？便嬖不足使令於前與？王之諸臣，皆足以供之，而王豈爲是哉？」曰：「否！吾不爲是也。」曰：「然則王之所大欲可知已。欲辟土地，朝秦楚，蒞中國而撫四夷也。以若所爲，求若所欲，猶緣木而求魚也。」王曰：「若是其甚與？」曰：「殆有甚焉！緣木求魚，雖不得魚，無後災。以若所爲，求若所欲，盡心力而爲之，後必有災。」曰：『可得聞與？』曰：「鄒人與楚人戰，則王以爲孰勝？」曰：「楚人勝。」曰：「然則小固不可以敵大，寡固不可以敵衆，弱固不可以敵強。海內之地，方千里者九，齊集有其一；以一服八，何以異於鄒敵楚哉？蓋㉗亦反其本矣！今王發政施仁，使天下仕者皆欲立於王之朝，耕者皆欲耕於王之野，商賈皆欲藏於王之市，行旅皆欲出於王之塗，天下之欲疾其君者，皆欲赴愬於王；其若是，孰能禦之？」王曰：「吾惛，不能進於是矣，願夫子輔吾志，明以教我。我雖不敏，請嘗試之！」曰：「無恆產而有恆心者，惟士爲能。若民，則無恆產，因無恆心；苟無恆心，放辟邪侈無不爲已。及陷於罪，然後從而刑之，是罔民也。焉有仁人在位，罔民而可爲也？是故明君制民之產，必使仰足以事父母，俯足以畜妻子，樂歲終身飽，凶年免於死亡；然後驅而之善，故民之從之也輕㉘。今也，制民之產，仰不足以事父母，俯不足以畜妻子；樂歲終身苦，凶年不免於死亡；此惟救死而恐不贍㉙，奚暇治禮義哉？王欲行之，則盍反其本矣！五畝之宅，樹之以桑，五十者可以衣帛矣。雞豚狗彘之畜，無失其時，七十者可以食肉矣。百畝之田，勿奪其時，八口之家可以無饑矣。謹庠序之教，申之以孝悌之義，頒白者不負戴於道路矣。老者衣帛食肉，黎民不饑不寒，然而不王者，未之有也。」（梁惠王上）

⑱釁本間隙之名，故殺牲以血塗器物之隙，卽名爲釁。古人凡器物皆釁之以謂神。⑲恐貌。⑳畜也。㉑謂己

有齊民而爲之君也。㉒痛也。㉓心有動也。㉔三十斤爲一鈞。㉕枝與肢通，爲長者屈折肢體，如斂手、屈膝、折腰之類。或曰：「折枝」或「扶杖」二字之訛。㉖御，進也。謂既可爲法於寡妻，推至於兄弟，進而推及於家邦也。㉗蓋與盍通用，何不也。㉘易也。㉙給也，足也。

此孟子教齊宣王以爲政重在經濟民生，而歸其本於推廣其一己仁民愛物之心也。

齊宣王見孟子於雪宮㉚。王曰：「賢者亦有此樂乎㉛？」孟子對曰：「有。人不得，則非其上矣。不得而非其上者，非也；爲民上而不與民同樂者，亦非也。樂民之樂者，民亦樂其樂；憂民之憂者，民亦憂其憂。樂以天下，憂以天下，然而不王者，未之有也。」（梁惠王下）

㉚雪宮，離宮也。宣王於雪宮見孟子。㉛宣王自慚，問賢君亦有此樂否也。孟子見梁惠王，王立於沼上，顧鴻雁麋鹿，曰：「賢者亦樂此乎？」與此同意。

此孟子教齊宣王以爲政重在經濟民生，而要其極於上下之同樂也。

莊暴見孟子曰：「暴見於王，王語暴以好樂，暴未有以對也。」曰：「好樂何如？」孟子曰：「王之好樂甚，則齊國其庶幾乎！」他日，見於王，曰：「王嘗語莊子以好樂，有諸？」王變乎色，曰：「寡人非能好先王之樂也，直好世俗之樂耳！」曰：「王之好樂甚，則齊其庶幾乎！今之樂猶古之樂也。」曰：「可得聞與？」曰：「獨樂樂㉜，與人樂樂，孰樂？」曰：「不若與人。」曰：「與少樂樂，與衆樂樂，孰樂？」曰：「不若與衆。」「臣請爲王言樂！今王鼓樂於此，百姓聞王鐘鼓之聲，管籥之音，舉疾首蹙頞㉝而相告曰：『吾王之好鼓樂，夫何使我至於此極也！父子不相見，兄弟妻子離散。』今王田獵於此，百姓聞王車馬之音，見羽旄之美，舉疾首蹙頞而相告曰：『吾王之好田獵，夫何使我至於此極也！父子不相見，兄弟妻子離散。』此無他，不與民同樂也。今王鼓樂於此，百姓聞王鐘鼓之聲，管籥之音，舉欣欣然有喜色而相告曰：『吾王庶幾無疾病與？何以能鼓樂也？』今王田獵於此，百姓聞王車馬之音，見羽旄之美，舉欣欣然有喜色而相告曰：『吾王庶幾無疾病與？何以能田獵也？』此無他，與民同樂也。今王與百姓同樂，則王矣。」（梁惠王下）

㉜音洛，下同，惟「鼓樂」讀如字。㉝鼻頭也，與額異。

齊宣王問曰：「文王之囿，方七十里，有諸？」孟子對曰：「於傳有之。」曰：「若是其大乎？」曰：「民猶以爲小也。」曰：「寡人之囿，方四十里，民猶以爲大，何也？」曰：「文王之囿，方七十里，芻蕘者㉞往焉，雉兔者㉟往焉。與民同之，民以爲小，不亦宜乎？臣始至於境，問國之大禁，然後敢入。臣聞郊關㊱之內，有囿方四十里，殺其麋鹿者，如殺人之罪。則是方四十里爲阱於國中。民以爲大，不亦宜乎？」（梁惠王下）

㉞樵夫。㉟獵人。㊱古者四境之郊皆有關。

齊宣王問曰：「人皆謂我毀明堂㊲。毀諸？已㊳乎？」孟子對曰：「夫明堂者，王者之堂也。

王欲行王政，則勿毀之矣！」王曰：「王政可得聞與？」對曰：「昔者文王之治岐也，耕者九一㊴，仕者世祿㊵。關市譏㊶而不征，澤梁㊷無禁，罪人不孥㊸。老而無妻曰鰥，老而無夫曰寡，老而無子曰獨，幼而無父曰孤。此四者，天下之窮民而無告者。文王發政施仁，必先斯四者。詩云：『哿矣富人，哀此煢獨㊹。』」王曰：「善哉言乎！」曰：「王如善之，則何爲不行？」王曰：「寡人有疾，寡人好貨。」對曰：「昔者公劉好貨，詩云：『乃積㊺乃倉，乃裹餱糧㊻。于槖于囊㊼，思戢用光㊽。弓矢斯張，干戈戚揚㊾，爰方啟行。』故居者有積倉，行者有裹囊也，然後可以爰方啟行。王如好貨，與百姓同之，於王何有？」王曰：「寡人有疾，寡人好色。」對曰：「昔者太王好色，愛厥妃。詩云：『古公㊿亶父，來朝(51)走馬，率西水滸，至於岐下(52)。爰及姜女(53)，聿來胥宇(54)。』當是時也，內無怨女，外無曠夫。王如好色，與百姓同之，於王何有？」（梁惠王下）

㊲明堂，壇也。王者巡守將會諸侯，則命爲壇。三重四門，加方明於壇上而祀之。方明者木也，方四尺，設六色：東方青，南方赤，西方白，北方黑，上元下黃。㊳已，止也。或毀或止，疑不能決也。㊴取其所入，九之一也。㊵免農，不受田也。㊶僅譏問，不征稅。㊷梁，水偃也。偃水爲關空，以笱承之。㊸罪及本身，不沒入其父兄妻子爲奴也。凡此，均可以知戰國時政之不然。㊹哿，歡樂也。言樂矣彼富人，悲哉此煢獨也。㊺積穀也。㊻餱，乾食也。㊼無底曰槖，有底曰囊。㊽戢，和也。民相與和睦，故能光顯於時。㊾戚，斧；揚，鉞。鉞大斧小。㊿古公先稱公，後改稱太王。(51)朝，當爲地名，今陝西之朝邑。(52)循水而西，至於岐山

之下。(53)太王妃。(54)胥，相也；宇，宅也。

齊宣王問曰：「交鄰國有道乎？」孟子對曰：「有！惟仁者爲能以大事小，是故湯事葛，文王事昆夷。惟智者爲能以小事大，故太王事獯鬻，勾踐事吳。以大事小者，樂天者也；以小事大者，畏天者也。樂天者保天下，畏天者保其國。詩云：『畏天之威，于時保之。』」王曰：「大哉言矣！寡人有疾，寡人好勇。」對曰：「王請無好小勇！夫撫劍疾視(55)，曰：『彼惡敢當我哉？』此匹夫之勇，敵一人者也。王請大之！詩云：『王赫斯怒，爰整其旅，以遏徂莒(56)，以篤周祜，以對於天下(57)。』此文王之勇也。文王一怒而安天下之民。書曰：『天降下民，作之君，作之師。惟曰其助上帝，寵之四方，有罪無罪，惟我在，天下曷敢有越厥志？』一人衡行(58)於天下，武王恥之，此武王之勇也。而武王亦一怒而安天下之民。今王亦一怒而安天下之民，民惟恐王之不好勇也。」（梁惠王下）

(55)惡視也。(56)莒，國名。(57)對，揚也；揚，飛舉也。對於天下，猶飛舉於天下。(58)橫行不順。

此皆發明「與民同樂」之義。人君能與民同樂，則其君好樂、好貨、好色、好勇皆不爲病。人君不能與民同樂，則其民背國、叛君、犯法、陷罪亦不爲過。（參閱「鄒與魯鬨」及「滕文公問爲國」章。）此孟子之意也。

孟子謂齊宣王曰：「王之臣，有託其妻子於其友，而之楚遊者。比其反也，則凍餒其妻子。則如之何？」王曰：「棄之。」曰：「士師[59]不能治士，則如之何？」王曰：「已之。」曰：「四境之內不治，則如之何？」王顧左右而言他。（梁惠王下）

[59]士爲獄官。士師，獄官之長。

此孟子論人君亦當負政治上之責任也。

齊宣王問曰：「湯放桀，武王伐紂，有諸？」孟子對曰：「於傳有之。」曰：「臣弒其君，可乎？」曰：「賊仁者謂之賊，賊義者謂之殘，殘賊之人，謂之一夫。聞誅一夫紂矣，未聞弒君也。」（梁惠王下）

此孟子論人民有革命之權利也。

齊宣王問卿，孟子曰：「王何卿之問也？」王曰：「卿不同乎？」曰：「不同！有貴戚之卿，有異姓之卿。」王曰：「請問貴戚之卿。」曰：「君有大過，則諫；反覆之而不聽，則易位[60]。」王勃然變乎色。曰：「王勿異也！王問臣，臣不敢不以正對。」王色定，然後請問異姓之卿。曰：「君有過則諫，反覆之而不聽，則去。」（萬章下）

[60]易君之位，更立賢者。

此孟子論人臣有變易君位之責任也。在孟子時，貴族階級之制度尚未泯絕，故孟子專以易君之責歸之「貴戚之卿」。自秦以後，貴族制度既破，更不必有貴戚、異姓之別。則爲人臣者，皆有變易君位之責任。惜乎後人未能闡明孟子此意也。

今綜述孟子論政大意：蓋本其性善之旨，謂人人皆可以爲善；其陷於爲不善者，皆非其人本身之罪，或由於教育之不明，或由於生計之不裕，而生計之關係爲尤大。故爲政者，當先注意發展國民之生計，次之以教育，則上下同樂，各得遂其所欲矣。否則國民以暴君苛政之故，不免於死亡，則陷於刑辟非其罪，背國叛君非其過。其君爲匹夫，爲其臣者可以去，可以易其位，可以誅其人。其論實較孔子「正名復禮」之主張爲進步矣。惟孟子始終未明倡「平民革命」之說，則以限於時代，見不及此，不足爲孟子病也。

〔附〕孟子之政治思想

孟子對於當時政治之主張，既具如上述。今按孟子書，論政治者尚多，不勝備引。擇要錄之，以相參證。

公孫丑問曰：「夫子當路於齊，管仲、晏子之功，可復許乎？」孟子曰：「子誠齊人也，知管仲、晏子而已矣。或問乎曾西[61]曰：『吾子與子路孰賢？』曾西蹴然曰：『吾先子[62]之所畏也。』曰：『然則吾子與管仲孰賢？』曾西怫然不悅，曰：『爾何曾比予於管仲！管仲得君，如彼其專也；行乎國政，如彼其久也；功烈，如彼其卑也。爾何曾比予於是？』」曰：「管仲，曾西之所不爲也，而子謂我願之乎？」曰：「管仲以其君霸，晏子以其君顯。管仲、晏子，猶不足爲與？」曰：「以齊王，猶反手也。」曰：「若是，則弟子之惑滋甚。且以文王之德，百年而後崩，猶未洽於天下；武王、周公繼之，然後大行。今言王若易然，則文王不足法與？」曰：「文王何可當也！由湯至於武丁[63]，賢聖之君六七作，天下歸殷久矣。久則難變也。武丁朝諸侯，有天下，猶運之掌也。紂之去武丁，未久也，其故家遺俗、流風善政，猶有存者。又有微子、微仲、王子比干、箕子、膠鬲，皆賢人也，相與輔相之；故久而後失之也。尺地莫非其有也，一民莫非其臣也，然而文王猶方百里起，是以難也。齊人有言曰：『雖有智慧，不如乘勢；雖有鎡基[64]，不如待時。』今時則易然也。夏后、殷周之盛，地未有過千里者也，而齊有其地矣。鷄鳴狗吠相聞，而達乎四境，而齊有其民矣。地不改辟矣，民不改聚矣，行仁政而王，莫之能禦也。且王者之不作，未有疏於此時者也。民之憔悴於虐政，未有甚於此時者也。飢者易爲食，渴者易爲飲。孔子曰：『德之流行，速於置郵[65]而傳命。』當今之時，萬乘之國行仁政，民之悅之，猶解倒懸也。故事半古之人，功必倍之，惟此時爲然。」（公孫丑上）

[61]曾參之子，或云是孫。未詳。[62]指曾參。[63]殷高宗。[64]鎡錤田器，耒耜之屬。[65]驛也，以車馬傳遞也。

孟子曰：「天時不如地利，地利不如人和。三里之城，七里[66]之郭，環而攻之而不勝。夫環而攻之，必有得天時(67)者矣；然而不勝者，是天時不如地利也。城非不高也，池非不深也，兵革非不堅利也，米粟非不多也；委而去之，是地利不如人和也。故曰：域民不以封疆之界，固國不以山谿之險，威天下不以兵革之利；得道者多助，失道者寡助。寡助之至，親戚畔之。多助之至，天下順之。以天下之所順，攻親戚之所畔，故君子有不戰，戰必勝矣。」（公孫丑下）

(66)疏：當作「五里之郭」。(67)此古人行軍迷信，謂每日每時，各有其宜背宜向之方，今環而攻之，則四面必有一處合天時之善者也。

孟子曰：「桀紂之失天下也，失其民也；失其民者，失其心也。得天下有道，得其民，斯得天下矣。得其民有道，得其心，斯得民矣。得其心有道，所欲與之聚之，所惡勿施爾也。民之歸仁也，猶水之就下，獸之走壙(68)也。故爲淵敺魚者，獺也；爲叢敺爵者，鸇也；爲湯武敺民者，桀與紂也。今天下之君，有好仁者，則諸侯皆爲之敺矣。雖欲無王，不可得已。今之欲王者，猶七年之病求三年之艾(69)也。苟爲(70)不畜，終身不得。苟不志於仁，終身憂辱，以陷於死亡。詩云：『其何能淑(71)，載胥(72)及溺。』此之謂也。」（離婁上）

(68)壙讀爲曠，曠野也。(69)艾草可以灸病，乾者益善。(70)爲，猶使也。亦假設之辭。(71)淑，善也。(72)載，語辭；胥，相也。詩意謂如今之政，其何能善，但君臣相與陷溺而已。

孟子曰：「以力假仁者霸，霸必有大國。以德行仁者王，王不待大。湯以七十里，文王以百里。以力服人者，非心服也，力不贍[73]也。以德服人者，中心悅而誠服也，如七十子之服孔子也。詩云：『自西自東，自南自北，無思不服。』此之謂也。」（公孫丑上）

[73]足也。

孟子曰：「民爲貴，社稷次之，君爲輕。是故得乎丘民[74]而爲天子，得乎天子爲諸侯，得乎諸侯爲大夫。諸侯危社稷，則變置。犧牲既成，粢盛既潔，祭祀以時，然而旱乾水溢，則變置社稷。」（盡心下）

[74]古人居於丘，故曰丘民，卽平民也。

孟子曰：「三代之得天下也以仁，其失天下也以不仁。國之所以廢興存亡者，亦然。天子不仁，不保四海；諸侯不仁，不保社稷；卿大夫不仁，不保宗廟；士庶人不仁，不保四體。今惡死亡而樂不仁，是猶惡醉而強酒。」（離婁上）

孟子曰：「仁則榮，不仁則辱。今惡辱而居不仁，是猶惡濕而居下也。如惡之，莫如貴德而尊士。賢者在位，能者在職，國家閒暇，及是時，明其政刑，雖大國必畏之矣。詩云：『迨天之未陰雨，徹[75]彼桑土[76]，綢繆[77]牖戶。今此下民，或敢侮予？』孔子曰：『爲此詩者，其知道乎！能治其國家，誰敢侮之？』今國家閒暇，及是時，般樂怠敖，是自求禍也。禍福無不自己求之者。詩云：『永言配命，自求多福。』太甲[78]曰：『天作孽，猶可違；自作孽，不可活。』

此之謂也。」（公孫丑上）

⑮取也。⑯土音杜，桑土桑根也。⑰綢繆卽纏緜之轉聲，以桑根之皮，絞結束縛之成巢也。此詩邠風鴟鴞之篇，託爲鴟鴞言之如是也。⑱尙書篇名。

孟子曰：「不仁者可與言哉！安其危而利其菑，樂其所以亡者。不仁而可與言，則何亡國敗家之有？有孺子歌曰：『滄浪⑲之水淸兮，可以濯我纓；滄浪之水濁兮，可以濯我足。』孔子曰：『小子聽之！淸斯濯纓，濁斯濯足矣。自取之也。』夫人必自侮，然後人侮之；家必自毀，而後人毀之；國必自伐，而後人伐之。太甲曰：『天作孽，猶可違；自作孽，不可活。』此之謂也。」（離婁上）

⑲滄浪，水名，在漢之上游。

孟子曰：「不仁哉！梁惠王也。仁者以其所愛及其所不愛，不仁者以其所不愛及其所愛。」公孫丑問曰：「何謂也？」「梁惠王以土地之故，糜爛其民而戰之，大敗，將復之，恐不能勝，故驅其所愛子⑳弟以殉之。是之謂以其所不愛及其所愛也。」（盡心下）

⑳梁惠王東敗於齊，長子死之。

孟子曰：「人皆有不忍人之心。先王有不忍人之心，斯有不忍人之政矣。以不忍人之心，行不忍人之政，治天下可運之掌上。所以謂人皆有不忍人之心者，今人乍見孺子將入於井，皆有怵惕惻隱之心。非所以內交於孺子之父母也，非所以要譽於鄉黨朋友也，非惡其聲而然也。由是觀之，無惻隱之心，非人也；無羞惡之心，非人也；無辭讓之心，非人也；無是非之心，非人也。惻隱之心，仁之端也；羞惡之心，義之端也；辭讓之心，禮之端也；是非之心，智之端也。人之有是四端也，猶其有四體也。有是四端而自謂不能者，自賊者也；謂其君不能者，賊其君者也。凡有四端於我者，知皆擴而充之矣，若火之始然，泉之始達。苟能充之，足以保四海；苟不充之，不足以事父母。」（公孫丑上）

孟子曰：「易其田疇，薄其稅斂，民可使富也。食之以時，用之以禮，財不可勝用也。民非水火不生活，昏暮叩人之門戶求水火，無弗與者，至足矣。聖人治天下，使有菽粟如水火。菽粟如水火，而民焉有不仁者乎？」（盡心上）

今再綜述孟子論政思想，要不出兩大綱：一曰「惟民主義」。捨民事則無政事，而尤以民生爲重，一也。二曰「惟心主義」。爲政者當推擴吾心之仁，以得民心之同然，而歸極於天下皆仁，二也。一言以蔽之，則「推仁心，行仁政」是也。其他凡言政治，胥可以是義通之，讀者可自爲尋究，茲不贅。

第三章　孟子對同時學者之評論

孟子對於政治之主張既明，今當進而研尋孟子對於同時一輩學者之評論。明此，則可以知孟子時代之學風，與孟子學說之地位也。

公都子曰：「外人皆稱夫子好辯，敢問何也？」孟子曰：「予豈好辯哉？予不得已也！天下之生久矣，一治一亂。當堯之時，水逆行，氾濫於中國。蛇龍居之，民無所定，下者爲巢，上者爲營窟①。書曰：『洚水警予。』洚水者，洪水也。使禹治之。禹掘地而注之海，驅蛇龍而放之菹②，水由地中行，江、淮、河、漢是也。險阻既遠，鳥獸之害人者消，然後人得平土而居之。堯舜既沒，聖人之道衰，暴君代作。壞宮室以爲汙池，民無所安息；棄田以爲園囿，使民不得衣食。邪說暴行又作。園囿汙池，沛澤③多而禽獸至。及紂之身，天下又大亂。周公相武王，誅紂伐奄④，三年討其君，驅飛廉⑤於海隅而戮之。滅國者五十。驅虎、豹、犀、象而遠之，天下大悅。書曰：『丕顯哉！文王謨。丕承哉！武王烈⑥。佑啓我後人，咸以正無缺。』世衰道微，邪說暴行有作。臣弑其君者有之，子弑其父者有之。孔子懼，作春秋。春秋，天子之事⑦也。是故孔子曰：『知我者，其惟春秋乎！罪我者，其惟春秋乎！』聖王不作，諸侯放恣，處士橫議，楊朱、墨翟之言盈天下。天下之言，不歸楊，則歸墨。楊氏爲我，是無君也；墨氏兼愛，是無父也；無父無君，是禽獸也。公明儀曰：『庖有肥肉，廄有肥馬，民有飢色，野有餓莩，此率獸而食人也。』楊墨之道不息，孔子之道不著，是邪說誣民，充塞仁義也。仁義充塞，則率獸食人，人將相食。吾爲此懼。閑⑧先聖之道，距楊墨，放淫辭，邪說者不得作。作於其心，害於其事；作於其事，害於其政。聖人復起，不易吾言矣。昔者禹抑洪水而天下平，周公兼夷狄，驅猛獸而百姓寧。孔子成春秋，而亂臣賊子懼。詩云：『戎狄是膺⑨，荆舒是懲，則莫我敢承。』無父無君，是周公所膺也。我亦欲正人心，息邪說，距詖行，放淫辭，以承三聖者。豈好辯哉！予不得已也！能言距楊墨者，聖人之徒也。」（滕文公下）

①說文：「營，帀居也。」凡市闤軍壘周帀相連，皆曰營。營窟，卽相連爲窟穴之意。②菹，澤下濕地，有水草處也。③沛澤者，分言之，沛以草蔽芾名，澤以水潤澤名，皆指水草交錯之地也。④奄，東方國名。⑤飛廉，紂臣。⑥顯，明也。承，繼也。顯哉、承哉，贊美之詞。丕，發聲也。謨，謀也。烈，光也。⑦春秋道名分，定褒貶，故曰「天子之事」。⑧閑，習也。⑨膺，讀爲應。應敵，卽擊敵也。

據此則知孟子對於當時學風最盛行之楊、墨二派，實抱嚴峻之批評主義；而孟子又頗以此事自負，以與禹治洪水、周公膺夷狄、孔子作春秋相提並論，自居爲平生最大最要之事業。故凡治孟子之學說者，於其批評同時各學派之議論，不可不最先注意也。今據孟子書爲之條舉如次：

一　論許行並耕之說不可行

有爲神農之言者許行，自楚之滕，踵門而告文公曰：「遠方之人，聞君行仁政，願受一廛而爲氓！」文公與之處。其徒數十人，皆衣褐⑩，捆⑪屨、織席以爲食。陳良之徒陳相，與其弟辛，負耒耜，而自宋之滕，曰：「聞君行聖人之政，是亦聖人也，願爲聖人氓！」陳相見許行而大悅，盡棄其學而學焉。陳相見孟子，道許行之言，曰：「滕君則誠賢君也。雖然，未聞道也。賢者與民並耕而食，饔飧⑫而治。今也滕有倉廩府庫，則是厲⑬民而以自養也，惡得賢？」孟子曰：「許子必種粟而後食乎？」曰：「然。」「許子必織布然後衣乎？」曰：「否，許子衣褐。」「許子冠乎？」曰：「冠。」曰：「奚冠？」曰：「冠素。」曰：「自織之與？」曰：「否，以粟易之。」曰：「許子奚爲不自織？」曰：「害於耕。」曰：「許子以釜甑爨，以鐵耕乎？」曰：「然。」「自爲之與？」曰：「否，以粟易之。」「以粟易械器者，不爲厲陶冶；陶冶亦以其械器易粟者，豈爲厲農夫哉？且許子何不爲陶冶？舍⑭皆取諸其宮中而用之。何爲紛紛然與百工交易？何許子之不憚煩？」曰：「百工之事，固不可耕且爲也。」「然則治天下獨可耕且爲與？有大人之事，有小人之事。且一人之身，而百工之所爲備。如必自爲而後用之，是率天下而路⑮也。故曰或勞心，或勞力。勞心者治人，勞力者治於人；治於人者食人，治人者食於人；天下之通義也。當堯之時，天下猶未平，洪水橫流，氾濫於天下。草木暢茂，禽獸繁殖，五穀不登，禽獸偪人，獸蹄鳥迹之道，交於中國。堯獨憂之，舉舜而敷⑯治焉。舜使益掌火，益烈山澤而焚之，禽獸逃匿。禹疏九河⑰，瀹⑱濟漯，而注諸海；決汝漢，排淮⑲泗，而注之江；然後中國可得而食也。當是時也，禹八年於外，三過其門而不入，雖欲耕，得乎？后稷教民稼穡，樹藝五穀；五穀熟，而民人育。人之有道⑳也，飽食煖衣，逸居而無教，則近於禽獸。聖人有㉑憂之，使契爲司徒，教以人倫：父子有親，君臣有義，夫婦有別，長幼有序，朋友有信。放勳曰勞之，來之，匡之，直之，輔之，翼之㉒，使自得之。又從而振㉓德之。聖人之憂民如此，而暇耕乎？堯以不得舜爲己憂，舜以不得禹、皋陶爲己憂。夫以百畝之不易㉔爲己憂者，農夫也。分人以財謂之惠，教人以善謂之忠，爲天下得人者謂之仁；是故以天下與人易，爲天下得人難。孔子曰：『大哉！堯之爲君！惟天爲大，惟堯則之。蕩蕩乎，民無能名焉！君哉舜也，巍巍乎，有天下而不與焉！』堯舜之治天下，豈無所用其心哉？亦不用於耕耳。吾聞用夏變夷者，未聞變於夷者也。陳良，楚產也，悅周公、仲尼之道，北學於中國。北方之學者，未能或之先也。彼所謂豪傑之士也。子之兄弟，事之數十年，師死而遂倍之。昔者孔子沒，三年之外，門人治任將歸，入揖於子貢，相嚮而哭，皆失聲，然後歸。子貢反，築室於場，獨居三年，然後歸。他日，子夏、子張、子游以有若似聖人，欲以所事孔子事之，彊曾子；曾子曰：『不可！江漢以濯之，秋陽以暴之，皜皜乎不可尚已！』今也南蠻鴃㉕舌之人，非先王之道，子倍子之師而學之，亦異於曾子矣。吾聞出於幽谷遷於喬木者，未聞下喬木而入於幽谷者也。魯頌曰：『戎狄是膺，荆舒是懲。』周公方且膺之，子是之學，亦爲不善變矣！」「從許子之道，則市賈不貳，國中無僞，雖使五尺之童適市，莫之或欺。布帛長短同，則賈相若；麻縷絲絮輕重同，則賈相若；五穀多寡同，則賈相若；屨大小同，則賈相若。」曰：「夫物之不齊，物之情也。或相倍蓰，或相什百，或相千萬。子比而同之，是亂天下也。巨屨小屨㉖同賈，人豈爲之哉？從許子之道，相率而爲僞者也，惡能治國家！」（滕文公上）

⑩褐，毛布，以毳織之，或曰枲衣，一曰粗布衣。⑪捆，織也。⑫饔飧，熟食也。朝曰饔，夕曰飧。當身自具其食，而兼治民事也。⑬厲，病也。⑭舍，止也，言止取之宮中，不須外求也。⑮路與露古通。露，瘠也困也。⑯數，分也。不能一人獨治，故使舜分治之。⑰九河，河分爲九，實古代黃河下流之大三角洲也。⑱瀹，治也。⑲淮爲四瀆之一，以其獨能入海也。云淮注江，疑是孟子文誤。或古時水道如此，不能詳定。⑳有，爲一聲之轉，人之有道，猶云人之爲道耳。㉑有，又也。㉒放勳，堯號。曰乃日字之譌。堯既命益、禹、稷、契，又日日勞來匡直輔翼，使民自得，明無暇也。㉓振其羸窮，加德惠也。㉔易，治也。㉕鴃，博勞也。㉖陳相謂屨大小同，則價相若。然屨尚有美惡，巨屨小屨同價，人必不爲巨屨，亦必不爲美屨矣。

今按：許行之學，他處無可考見，可知者惟此。蓋亦當時一重要之學派。墨子之學，重農節用，大儉約而優差等，非禮樂而務形勞；許行蓋其後起也。墨學盛於南方，許行楚人，亦南方之墨者矣。孟子駁許行並耕之說，謂聖人治天下，則無暇兼事生業；此在墨子當時亦言之。墨子魯問篇云：「魯之南鄙人有吳慮者，冬陶夏耕，自比於舜。子墨子聞而見之。吳慮謂子墨子曰：『義耳義耳！焉用言之哉？』子墨子曰：『子之所謂義者，亦有力以勞人，有財以分人乎？』吳慮曰：『有。』子墨子曰：『翟嘗計之矣。翟慮耕而食天下之人矣，盛然後當一農之耕。分諸天下，不能人得一升粟。藉而以爲得一升粟，其不能飽天下之飢者，既可覩矣。翟慮織而衣天下之人矣，盛然後當一婦人之織。分諸天下，不能人得尺布。藉而以爲得尺布，其不能暖天下之寒者，既可覩矣。翟慮披堅執鋭救諸侯之患，盛然後當一夫之戰。一夫之戰，其不御三軍，既可覩矣。翟以爲不若誦先王之道而求其說，通聖人之言而察其辭，上說王公大人，次匹夫徒步之士。王公大人用吾言，國必治；匹夫徒步之士用吾言，行必修。故翟以爲雖不耕而食飢，不織而衣寒，功賢於耕而食之、織而衣之者也。故翟以爲雖不耕織乎，而功賢於耕織也。』」據此，則墨子亦認學者之生活，不必親操勞作也。今謂許行學說爲墨子之流派者，每一學派之傳授，率有其遞演遞進，而末流異於起源之勢。若如墨子言，不事耕織而功賢於耕織，推而廣之，即生孟子「後車數十乘，不足爲泰」之結論，而墨子尚儉約、非禮樂之主張破矣。故推極墨子兼愛尚儉之理論，勢必至於如許子所持，而後圓滿。故此正爲墨子學說之演進也。

又按：許行理論，蓋分三點：（一）人人自食其力，無分貴賤，都須勞動。（二）人類勞動，以分工互助爲目的，故主以工品直接交易，而打破資產牟利之制。（三）人類既盡能以勞動相互助，則可以無政府之設施。孟子則謂既從事於政治，即無暇業生產。其言根據歷史事實，無可非難。故苟主並耕之說者，非打破人類之政治組織不可，尤非證明人類可以無政治不可。今許行謂「並耕而治」，非無治也，則宜爲孟子所駁矣。漢書藝文志稱：「農家者流，以爲無所事聖主」，則孟子勞心者治人、勞力者治於人之說，農家當根本否認。不知許行當時已有此論，而孟子書中略不之載歟？抑自許行以後，乃始更進一步而爲無治之主張歟？今亦不可考定矣。同時有莊周，力唱人類可以無治之說，實可爲許行張目。然無治之論，至今猶爲高調，未可見之實施。則孟子之說，爲切近於人事矣。

二　論白圭二十稅一為貉道

白圭曰：「吾欲二十而取一㉗，何如？」孟子曰：「子之道，貉㉘道也。萬室之國，一人陶，則可乎？」曰：「不可，器不足用也。」曰：「夫貉，五穀不生，惟黍生之。無城郭、宮室、宗廟、祭祀之禮，無諸侯幣帛饔飧，無百官有司，故二十取一而足也。今居中國，去人倫，無君子，如之何其可也？陶以寡，且不可以爲國，況無君子乎？欲輕之於堯舜之道者㉙，大貉、小貉也。欲重之於堯舜之道者，大桀、小桀也。」（告子下）

㉗欲省賦利民，使二十而稅一。㉘貉，北方民族之一種。言其野蠻，不備禮文也。㉙孟子以什一而稅，爲堯舜以來相傳之道也。

白圭名丹，曾見信於梁惠王，以善治水稱。其主二十稅一，較之許行並耕之說，和緩多矣。然亦以在上者之倉廩府庫爲厲民自養，故主輕稅利民；是亦墨家兼愛尙儉之旨也。孟子平日亦言輕稅薄斂，然白圭言二十稅一，則斥爲「貉道」者，孟子論政重民事，國家賦之於民，還以用之於民。其政治組織之完備與否，卽足以代表其民族文化之高下。賦斂過重，固爲虐政；過輕，則亦不足以行使政治，而自同於野蠻無文化之民族也。孟子以政治比陶匠，蓋認政治事業爲人類社會分工合作之一端，而尤爲其重要者；其持論與答許行略同。

三　論陳仲子苦行爲不能充其類

匡章曰：「陳仲子豈不誠廉士哉？居於陵，三日不食，耳無聞，目無見也。井上有李，螬食實者過半矣，匍匐往，將食之，三咽，然後耳有聞，目有見。」孟子曰：「於齊國之士，吾必以仲子爲巨擘㉚焉。雖然，仲子惡能廉？充仲子之操，則蚓而後可者也。夫蚓，上食槁壤，下飲黃泉。仲子所居之室，伯夷之所築與？抑亦盜跖之所築與？所食之粟，伯夷之所樹與？抑亦盜跖之所樹與？是未可知也。」曰：「是何傷哉？彼身織屨，妻辟纑㉛，以易之也。」曰：「仲子，齊之世家也。兄戴，蓋㉜祿萬鍾。以兄之祿爲不義之祿，而不食也。以兄之室爲不義之室，而不居也。避兄離母，處於於陵。他日歸，則有饋其兄生鵝㉝者，已頻顣㉞曰：『惡用是鶃鶃㉟者爲哉！』他日，其母殺是鵝也，與之食之。其兄自外至，曰：『是鶃鶃之肉也。』出而哇㊱之。以母則不食，以妻則食之；以兄之室則弗居，以於陵則居之；是尚爲能充其類也乎？若仲子者，蚓而後充其操者也。」（滕文公下）

㉚大指也。㉛緝續其麻曰辟，先以爪剖而分之爲辟，續其短者而連之使長爲績，其續處以兩手摩娑之使不散爲緝，一事而三言之也。纑者，練其麻也。㉜戴爲世卿，食采於蓋。㉝當是采邑農民之貢獻品也。㉞顰眉蹙頞，不樂之貌。㉟鶃鶃，鵝聲也。㊱哇，吐也。

墨家既認政府之有倉廩府庫爲厲民自養，如上述許行之論；則凡貴族生活，不親操勞作而安享其下之供奉者，在墨家視之，均爲不義，自不限於國君一人可知。陳仲子，蓋亦信奉此三義之一人矣。仲子本世家，其兄戴，食祿萬鍾，而仲子以爲不義。非不義其兄也，不義夫當時貴族階級之制度，不義夫凡爲不勞而食者也。其實行自食其力之生活，蓋與許行相似，而其處境彌苦，其制行彌高，其信道彌篤矣。故孟子雖非之，而亦不得不推爲齊士之巨擘也。孟子所以非仲子者，在不能充其類。蓋仲子既與妻同居，卽證其不能脫離人類社會共同之生活。既不能脫離人類社會共同之生活，而獨辟兄離母以爲廉，此孟子所以譏其不能充類也。蓋仲子自以不恃人而食爲義，而孟子則認爲人斷不能脫離人羣而自存，是卽不能不恃人而食，故以仲子之辟兄離母爲不義。仲子求全於彼而先失於此，故孟子謂其不能充也。

孟子曰：「仲子，不義與之齊國而弗受，人皆信之，是舍簞食豆羹之義也。人莫大焉亡親戚、君臣、上下；以其小者，信其大者，奚可哉？」（盡心上）

孟子之意，謂仲子僅能辭爵祿，苦身自給，惟合小義。而不知人羣相處，倫理之組織，如親戚、君臣、上下，凡所以維繫家國社會之道，仲子均不之顧，是乃大不義也。時人慕其小義，遂忘其大不義，而亦連類信之以謂義，則不可也。蓋仲子否認當時貴族階級生活之特權，而實行其普徧之勞動自給主義，因亦不認有政治之組織，故孟子斥之謂「亡親戚、君臣、上下」也。韓非子外儲說左上亦載陳仲子事云：「齊有居士田仲者，宋人屈穀見之，曰：『穀聞先生之義，不恃人而食，今穀有巨瓠，堅如石，厚而無竅，將以獻之先生。』仲曰：『夫瓠，所貴者，謂其可以盛也。今厚而無竅，則不可剖以盛物；堅如石，則不可剖以斟；吾無以瓠爲也。』曰：『然！穀將棄之。』今先生雖不恃人而食，亦無益人之國，亦堅瓠之類也。』」其批評仲子，殆與孟子取同一之態度者。蓋許行、陳仲者流，有感於當時貴族階級之奢侈淫佚、殘民以逞，故激而倡爲並耕之論，不恃人而食之義；而孟子、屈穀之徒，則謂君子而在上位，惟求能平治利濟，則雖受人之奉養而不爲過也。齊策：「趙威后問齊使者曰：『於陵仲子尚存乎？是其爲人也，上不臣於王，下不治其家，中不索交諸侯；此率民而出於無用者，何爲至今不殺乎？』」此云家者，乃貴族之大家，非士庶人五口之家也。仲子本貴族，逃而爲庶民之生活，與其妻織屨辟纑以爲生，故曰「不治其家」也。當時如四公子之屬，方以其富貴聲勢傾天下之士；而范雎、蔡澤、張儀、犀首之徒，亦各挾其材辯，取卿相之位，以金玉錦繡自奉。舉世仰慕，莫知其非義者。而仲子獨以爲不義，退然逃避，自苦以農夫奴隸之役。其意量節操，爲何如耶？無怪其以一隱士，而名動諸侯，至見忌鄰國之母后，乃欲殺之以爲快矣。則其特立矯世之風，轉移視聽之力，亦不可謂眞無用於世。孟子尚論古人，亟稱伯夷，以爲聖人之凊者；而自比於孔子，謂孔子乃聖之時。若許行、陳仲，不幾於聖之凊者耶？而孟子力斥之，譏之爲蚓操，斥之爲大不義，而比之於洪水猛獸。孟子亦自道其苦心，曰：「予豈好辯哉？予不得已也。」蓋在孟子當時，許行、陳仲之徒，其學説歆動人心之力甚強，而學術之偏，失之毫釐，差以千里。惟孟子知言工夫之深切，故能剖析以歸於至當。凡此皆讀者所當平心靜氣以致察焉者也。

四　論夷之愛無差等之説為二本

墨者夷之，因徐辟㊲而求見孟子，孟子曰：「吾固願見。今吾尚病，病愈，我且往見，夷子不㊳來！」他日又求見孟子，孟子曰：「吾今則可以見矣。不直㊴，則道不見，我且直之。吾聞夷子墨者。墨之治喪也，以薄爲其道也。夷子思以易天下，豈以爲非是而不貴也？然而夷子葬其親厚，則是以所賤事親也。」徐子以告夷子。夷子曰：「儒者之道，古之人『若保赤子』，此言何謂也？之㊵則以爲愛無差等，施由親始。」徐子以告孟子。孟子曰：「夫夷子信以爲人之親其兄之子，爲若親其鄰之赤子乎？彼有取爾也。赤子匍匐將入井，非赤子之罪也㊶。且天之生物也，使之一本，而夷子二本故也。蓋上世嘗有不葬其親者，其親死，則舉而委之於壑㊷。他日過之，狐狸食之，蠅蚋姑嘬㊸之。其顙有泚㊹，睨而不視。夫泚也，非爲人泚，中心達於面目。蓋歸反虆梩㊺而掩之。掩之誠是也。則孝子仁人之掩其親，亦必有道矣。」徐子以告夷子。夷子憮然，爲閒㊻，曰：「命之矣。」（滕文公上）

㊲孟子弟子。㊳不，毋也，勿也。言我將往見夷子，夷子勿來也。㊴直言相告。㊵之，夷子名。㊶愚民無知，與赤子同。其或入於刑辟，猶赤子之入井，非其罪也。保赤子者，必能扶持防護之，使不至於入井。保民者，當明其政教以教道之，使不陷於罪戾。是之謂「若保赤子」也。㊷壑，路旁坑壑也。㊸姑與盬同，即咀也。嘬，聚食也。㊹泚，汗出泚泚也，言其內慚。或云：泚當作疵，病也。其顙有疵，猶云疾首也，言其哀痛。㊺虆即欙之假借，所以舁土者。梩同相，所以揷地揠土者。㊻閒，須臾也。爲閒，即有閒。

夷之亦墨者，其事不詳於他書。墨主薄葬，而夷之葬其親厚，已爲信道不篤，亦見墨主兼愛之無當於人心也。孟子謂「一本」者，即所謂惻隱之心，人皆有之，擴而充之，則仁不可勝用也。謂夷之「二本」者，愛一本諸於心，即一本諸於我。夷之墨徒，謂他人之父若己父，故欲同其愛，則我之與人爲二本矣。墨家常言「視人之父若其父」，斯爲兼愛。然設遇凶歲，二老飢欲死，一爲吾父，一爲他人父，得飯一盂，不能兼救二老之死，將以奉吾父耶？抑亦奉之他人之父耶？若兼而分之，則既不足以救人之父，亦且不足以救己之父；而彼二老者，仍將兼餓而死。則墨子之兼愛，其勢將轉成兼不愛。墨子之所謂視人之父若己之父，其實則視己之父若人之父耳。孟子曰：「墨氏兼愛，是無父也。」蓋卽此意。夷之雖厚葬其親已背墨道，而猶謂愛無差等，則不知反求諸心者也。故孟子告之以「一本」之意。

五　論宋牼以利害說時君之不當

宋牼將之楚，孟子通於石丘，曰：「先生將何之？」曰：「吾聞秦楚搆兵，我將見楚王，說而罷之。楚王不悅，我將見秦王，說而罷之。二王，我將有所遇焉。」曰：「軻也，請無問其詳，願聞其指。說之將何如？」曰：「我將言其不利也。」曰：「先生之志則大矣，先生之號則不可。先生以利說秦楚之王，秦楚之王悅於利以罷三軍之師，是三軍之士樂罷而悅於利也。爲人臣者，懷利以事其君；爲人子者，懷利以事其父；爲人弟者，懷利以事其兄；是君臣、父子、兄弟，終去仁義，懷利以相接。然而不亡者，未之有也。先生以仁義說秦楚之王，秦楚之王悅於仁義而罷三軍之師，是三軍之士樂罷而悅於仁義也。爲人臣者，懷仁義以事其君；爲人子者，懷仁義以事其父；爲人弟者，懷仁義以事其兄；是君臣、父子、兄弟，去利，懷仁義以相接也。然而不王者，未之有也。何必曰利？」（告子下）

宋牼，亦墨家也。莊子天下篇云：「墨子，眞天下之好也。宋鈃、尹文，聞其風而悅之，作爲華山之冠以自表。見侮不辱，救民之鬭；禁攻寢兵，救世之戰。以此周行天下，上說下教，雖天下不取，強聒而不舍。」此宋牼卽宋鈃也。孟子亦云：「爭地以戰，殺人盈野；爭城以戰，殺人盈城。此所謂率土地而食人肉，罪不容於死。」則孟子固亦反對戰爭。其所不滿於宋牼者，乃在牼之以利害計較爲前提耳。墨家學派，凡事以利害計較爲前提，孟子則以吾心之眞仁至感爲前提；此其最不同之處也。

以上所舉，皆孟子闢墨之說也。至於「楊朱爲我」，其書不傳於後世。當時爲楊朱徒者，亦無確然成名之家，故九流無楊。或疑楊朱之後傳爲莊老，然今孟子書亦無闢莊老者。吾意當孟子時，雖曾有楊朱其人，倡爲我之說，而未嘗著書立說，成一家之言；亦未嘗有門徒後學，創立宗派；與儒墨之有大師、有門徒、有宗派、有著述者本不同。孟子本不尊墨，乃以墨翟與楊朱爲伍，非眞當時別有一大師爲楊朱，其學風足以鼓動一世如孔子、墨子而鼎足爲三也。孟子所謂「今天下不歸楊則歸墨」者，特就其時人言論行事之性質而推言之。其務外爲人者，則孟子斥之曰此「墨翟兼愛」之類；其自私自利者，則孟子斥之曰此「楊朱爲我」之類也。孟子又言之曰：「鷄鳴而起，孳孳爲善者，舜之徒也。鷄鳴而起，孳孳爲利者，蹠之徒也。欲知舜與蹠之分，無他，利與善之間也。」（盡心上）夫謂舜之徒、蹠之徒云者，亦非眞爲舜徒、眞爲蹠徒，猶其云不歸楊則歸墨，同爲設譬之辭也。且舜爲一帝，蹠爲一盜，未可並列；猶墨翟爲一代大師，而楊朱或僅爲一士；在孟子惟取其相反以見義，本非謂蹠與舜有同一之勢位，楊與墨有同一之風化也。孟子又曰：

楊朱取爲我，拔一毛而利天下，不爲也。墨子兼愛，摩頂放踵㊼，利天下爲之。子莫執中，執中爲近之。執中無權，猶執一也。所惡執一者，爲其賊道也。舉一而廢百也。（盡心上）

㊼摩迫其頂，髮爲之禿；效賤奴之役，與士之冠而括髮者異也。放踵，不履之意，亦賤服。

於楊朱外又別舉一子莫。趙岐云：「子莫，魯之賢人也。」於子莫行事學說亦不詳。知子莫亦非當時大師。以子莫推楊朱，可知其不必爲大師矣。余考先秦書稱述楊朱者甚少，呂氏春秋云：「陽生貴己。」當卽楊朱。淮南子謂其「全性葆眞，不以物累形」。殆均本諸孟氏「爲我」之說以爲言。此外莊子書言楊朱，率寓言。或並言楊墨，疑亦本孟子。列子僞書不可信。要之楊朱非當時大師，否則不應無門徒、無著述、無遺文佚史可傳述也。孟子闢墨，故其後遂有儒墨之爭，爲先秦學術界一大事。至於楊與墨爭，儒與楊爭，其事皆難可考見。則以楊本不成學派。謂楊墨者，特孟子一時之私言。今卽據孟子書，亦無確然可推其孰爲治楊朱之學者。姑以意引其較爲近似者，或卽孟子所謂歸於楊朱「爲我」「無君」之類者耶？

六　與淳于髡辨禮

淳于髡曰：「男女授受不親，禮與？」孟子曰：「禮也。」曰：「嫂溺，則援之以手乎？」曰：

「嫂溺不援，是豺狼也；男女授受不親，禮也；嫂溺援之以手者，權也。」曰：「今天下溺矣。夫子之不援，何也？」曰：「天下溺，援之以道；嫂溺，援之以手；子欲手援天下乎？」（離婁上）

史記：「淳于髡，齊人也。博聞強記，學無所主，其陳說慕晏嬰之爲人也。然而承意觀色爲務。客有見髡於梁惠王，惠王屏左右，獨坐而再見之，終無言也。惠王怪之，以讓客曰：『子之稱淳于先生，管晏不及。及見寡人，未有得也。豈寡人不足爲言邪？何故哉？』客以謂髡，髡曰：『固也。吾前見王，王志在驅逐；後復見王，王志在音聲；吾是以默然。』客具以報王，王大駭曰：『嗟乎！淳于先生誠聖人也。前淳于先生之來，人有獻善馬者，寡人未及視，會先生至；後先生之來，人有獻謠者，未及試，亦會先生來。寡人雖屏人，然私心在彼，有之。』後淳于髡見，一語連三日三夜，無倦。惠王欲以卿相位待之，髡因謝去。於是送以安車駕駟，束帛加璧，黃金百鎰，終身不仕。」然則淳于髡蓋如田駢之儔，皆以不仕爲名高者也。顧雖不仕爲名高，而其心不能忘富貴，故不免於承意觀色。其見惠王，初值獻馬者，後又值獻謠者。謠人之與善馬，或出髡之隱謀，預囑其到時而獻，若陽貨之瞰孔子亡而饋孔子以蒸豚也。此小人之伎倆，而惠王驚歎以爲聖人，乃至一語三日三夜無倦，而欲以卿相位之；此異乎孟子「何必曰利」，與惠王「願安承教」之意矣。否則殆出後人妄譚。淳于髡雖善察顏色，不能精明一至此也。嫂溺之辯，蓋孟子與髡相值於梁朝。孟子倡言救天下，與髡滑稽不同。髡乃譏之，謂君既求救天下，則曷弗出仕？髡之意，非眞知重孟子之學，誠意勸孟子仕也；乃實深不喜於孟子救天下之高論，而爲此譏難也。髡既以滑稽成名，浮沈世主以獵富貴，而其意若曰：天下非吾儕責，禮法非吾輩事；則殆孟子所斥楊朱「爲我」「無君」之一流也。學者觀夫二人人格之高下，即可以判其言論之是非矣。後淳于髡又與孟子辯於齊。

七　與淳于髡辨仁

淳于髡曰：「先名實者爲人也，後名實者自爲也。夫子在三卿之中，名實未加於上下而去之，仁者固如此乎？」孟子曰：「居下位，不以賢事不肖者，伯夷也。五就湯、五就桀者，伊尹也。不惡汙君，不辭小官者，柳下惠也。三子者不同道，其趨一也。一者何也？曰仁也。君子亦仁而已矣，何必同？」曰：「魯繆公之時，公儀子爲政，子柳、子思爲臣，魯之削也滋甚。若是乎賢者之無益於國也？」曰：「虞不用百里奚而亡，秦繆公用之而霸；不用賢則亡，削何可得與？」曰：「昔者王豹處於淇⑱，而河西善謳；緜駒處於高唐⑲，而齊右善歌；華周、杞梁⑳之妻，善哭其夫，而變國俗。有諸內，必形諸外。爲其事而無其功者，髡未嘗覩之也。是故無賢者也，有則髡必識之。」曰：「孔子爲魯司寇，不用，從而祭，燔肉不至，不稅冕而行。不知者，以爲爲肉也；其知者，以爲爲無禮也。乃孔子則欲以微罪行，不欲爲苟去。君子之所

爲，衆人固不識也。」（告子下）

㊽王豹，衛人。淇，衛地，濱淇水。㊾高唐，齊西邑，故曰右。㊿華周，華還也；杞梁，杞植也。其死事見左傳。杞梁之妻哭之，城爲之崩，見說苑及列女傳。此文兼及華周妻者，猶云「禹、稷當亂世，三過其門而不入」也。

此爲淳于髡與孟子第二番辯論，乃在孟子仕齊而去之際。淳于髡譏之，先謂既有志救天下，則曷勿速仕？今則謂未見救天下之實效，則烏可以卽去？要之非望孟子之久於其位，乃深譏其不當高論救世也。髡謂「先名實者爲人，後名實者自爲」，髡蓋自居於「自爲」，而謂孟子之高唱救世，實未見有「爲人」之實也。故曰：「儒者無益於人之國。」髡以滑稽自喜，以不仕鳴高，本無爲人淑世，求益人國之志。而孟子日以救世益國爲道者。髡則譏之曰：君既言之如此，卽不應行之若彼也。齊策載：「齊人見田駢者，曰：『聞先生高義，設爲不宦，而願爲役。』田駢曰：『子何聞之？』對曰：『臣聞之鄰人之女。』田駢曰：『何謂也？』對曰：『臣鄰人之女，設爲不嫁，行年三十，而有七子。不嫁則不嫁，然嫁過畢矣。今先生設爲不宦，資養千鍾，徒百人。不宦則然矣，而富過畢也。』田子辭。」今淳于髡深不悦於孟子之進退，而自以不仕爲高，亦鄰女之不嫁者爾。至孟子進之難而退之速，高言救世，而又潔身自守，外本乎禮，內本其仁，宜乎髡之不識矣。以髡譏評救世之士而自溺富貴，故以爲乃楊朱「爲我」「無君」之一流人也。

八　答任人問禮

任人有問屋廬子曰：「禮與食孰重？」曰：「禮重。」「色與禮孰重？」曰：「禮重。」曰：「以禮食，則饑而死；不以禮食，則得食；必以禮乎？親迎，則不得妻；不親迎，則得妻；必親迎乎？」屋廬子不能對。明日之鄒，以告孟子。孟子曰：「於答是也何有！不揣其本，而齊其末，方寸之木，可使高於岑樓㊿①。金重於羽者，豈謂一鉤金與一輿羽之謂哉？取食之重者，與禮之輕者而比之，奚翅㊾食重？取色之重者，與禮之輕者而比之，奚翅色重？往應之曰：『紾兄之臂，而奪之食，則得食；不紾，則不得食；則將紾之乎？踰東家墻，而摟㊿其處子，則得妻；不摟，則不得妻；則將摟之乎？』」（告子下）

㊿山之銳嶺者。㊾奚翅今云何止。㊿摟，牽合也。

任人未詳其姓氏。以食色爲重，而致疑於禮，則殆恣情性，放嗜欲，趣於自樂，亦孟子所謂「楊氏爲我」之徒也。蓋其時墨子一派專以自苦爲極，救世爲務，而反之者則主縱欲自樂。所謂「賢者過之，不肖者不及」，而皆反對儒家之所謂禮。而其所以反禮者亦不同。墨者之非禮，如許行、陳仲之徒，大抵以禮爲奢侈之本源，貴族之護符；故言自苦兼愛，則不得不非禮。至如淳于髡及任人等，則認禮爲生活之械杻，爲情欲之障礙；故主爲我自樂，亦不得不非禮。而孟子則兩辨之。蓋儒家之所謂禮，凡人羣之組織，生活之範疇，行爲之規矩，情性之準則，皆禮也；則宜孟子之重視夫禮矣。觀夫楊墨兩造對於禮之意見，則知儒家之爲得其中道也。

九　與告子辨性

告子曰：「性猶杞柳也，義猶桮棬也。以人性爲仁[54]義，猶以杞柳爲桮棬。」孟子曰：「子能順杞柳之性而以爲桮棬乎？將戕賊杞柳而後以爲桮棬也？如將戕賊杞柳而以爲桮棬，則亦將戕賊人以爲仁義與？率天下之人而禍仁義者，必子之言夫！」（告子上）

[54]按：此處「仁」字疑衍。趙岐注云：「告子以爲人性爲才幹，義爲成器，猶以杞柳之木爲桮棬也。」注中並不出仁字。正文仁字，或由後人增入。蓋告子言仁内義外，只不認義爲性耳。下文孟子語則仁義兼之，以孟子認仁義爲均發乎性也。

告子又見於墨子書，蓋曾見墨子，於孟子爲前輩也。此以杞柳喻性，桮棬喻義，蓋疑性善爲矯揉，以禮爲非性情；推其極，亦將恣情性，放嗜欲，一趣於自樂，爲楊氏重己之類也。焦循云：「以己之心通乎人之心，則仁也；知有不宜，變而之乎宜，則義也。仁義由於能變通，人能變通故性善。杞柳爲桮棬，在形體，不在性，性不可變也。人爲仁義，在性，不在形體，性能變也。以人力轉戾杞柳爲桮棬，杞柳不知也；以教化順人心爲仁義，仍其人自知之，自悟之，非他人力所能轉戾也。」今按：以杞柳爲桮棬，則杞柳之生機絕矣；以人性爲仁義，人性之生機非徒不絕，且益暢遂焉：此其所以異也。今告子以義爲桮棬，則將破義以全性，故孟子謂其賊義也。

告子曰：「性猶湍水[55]也，決諸東方則東流，決諸西方則西流。人性之無分於善不善也，猶水之無分於東西也。」孟子曰：「水信無分於東西，無分於上下乎？人性之善也，猶水之就下也。人無有不善，水無有不下。今夫水，搏而躍之，可使過顙；激而行之，可使在山。是豈水之性哉？其勢則然也。人之可使爲不善，其性亦猶是也。」（告子上）

[55] 湍水，水流回旋也。

告子以杞柳桮棬喻人性與義，是以人之善由戕賊而成，是不順也。孟子則謂順其性爲善。告子又以水無分於東西，喻人性無分於善不善，是以人性善不善皆由決而成，皆順也。孟子則謂不順其性，乃爲不善。兩章可以互相發明。要之告子始終不信義之本於性耳。

告子曰：「生之謂性。」孟子曰：「生之謂性也，猶白之謂白與？」曰：「然！」曰：「白羽之白也，猶白雪之白；白雪之白，猶白玉之白與？」曰：「然！」「然則犬之性猶牛之性，牛之

性猶人之性與？」（告子上）

告子曰：「生之謂性。」離義於性而言也。犬牛有生，而不知義。生之謂性，則義非性也。孟子曰：「人之性善。」離犬牛之性於人之性而言之也。犬牛之性不能善，故不知義；人性以能有仁義而稱善也。故告子謂「生之謂性」本不誤，惟不能謂犬牛之性猶人之性，則不能必謂義之非性。俞樾云：「性與生古字通用。生之謂性，猶之性之謂性。其意若曰：性止是性而已，其善不善，皆非性中所有，不必論也。」此解亦通。要之告子志在外義於性也。

告子曰：「食色性也。仁內也，非外也；義外也，非內也。」孟子曰：『何以謂仁內義外也？」曰：「彼長而我長之，非有長於我也。猶彼白而我白之，從其白於外也。故謂之外也。」曰：「異於白[56]馬之白也，無以異於白人之白也；不識長馬之長也，無以異於長人之長與？且謂長者義乎？長之者義乎？」曰：「吾弟則愛之，秦人之弟則不愛也，是以我爲悦者也，故謂之內。長楚人之長，亦長吾之長，是以長爲悦者也，故謂之外也。」曰：「耆秦人之炙，無以異於耆吾炙。夫物，則亦有然者也，然則耆炙亦有外歟？」（告子上）

[56]此句上「白」字當一字重讀，蓋先折之曰「異於白」，下乃云「白馬之白」也。「無以異於白人之白也」云云，則申說其異之故也。

此告子分別言之，謂仁固屬內而義則外也。首章告子云：「性猶杞柳，義猶桮棬。」單提義字，知告子深不信義之由內發也。故曰愛之由我，長之由外。孟子之辨，則謂愛之長之，皆是由我。秦人之弟，非吾弟，以其親不同，故不同愛。楚人之長，非吾長，以其長同，故同敬。秦人之炙，非吾炙，以其美同，故同嗜。知吾所以嗜之者，由心辨其美；則知吾所以長之者，由心識其長。若謂義之同長爲外，則食之同美亦可謂之外乎？告子既知甘食爲性，故孟子以嗜炙明之也。今按：告子論仁內義外，墨經中亦有辨詰。曰：「仁，愛也；義，利也。愛利，此也；所愛利，彼也。愛利不相爲內外，所愛利亦不相爲內外。其謂仁內也，義外也，舉愛與所利也，是狂舉也。若左目出，右目入。」是墨家亦反對仁內義外之説也。又墨子公孟篇云：「二三子復於子墨子曰：『告子曰：墨子言義而行甚惡。請棄之！』子墨子曰：『不可。稱我言而毀我行，愈於無。』」然則告子固與墨子持反對之態度者也。又孟子之稱告子曰：「告子先我不動心。」又曰：「告子曰：『不得於言，勿求於心；不得於心，勿求於氣。』」是告子之爲人，蓋一任其內心之自然，而不認有外部之理義法度者也。故余謂告子亦孟子所謂「楊氏爲我」之徒也。

一〇　答孟季子問義內

孟季子㊼問公都子曰：「何以謂義內也？」曰：「行吾敬，故謂之內也。」「鄉人長於伯兄一歲，則誰敬？」曰：「敬兄。」「酌則誰先？」曰：「先酌鄉人。」「所敬在此，所長在彼，果在外，非由内也。」公都子不能答，以告孟子。孟子曰：「敬叔父乎？敬弟乎？彼將曰敬叔父。曰弟爲尸(58)則誰敬？彼將曰敬弟。子曰惡在其敬叔父也？彼將曰在位故也，子亦曰在位故也。庸(59)敬在兄，斯須之敬在鄉人。」季子聞之曰：「敬叔父則敬，敬弟則敬，果在外，非由内也。」公都子曰：「冬日則飲湯，夏日則飲水，然則飲食亦在外也？」（告子上）

(57)古本或無孟字，或以爲卽季任。今無考。或謂是孟子弟者非也。(58)古禮祭必用尸。孫爲王父尸，則父且敬子，何況兄弟？長嗣主祭，尸用衆子，則其弟也。(59)庸，常也。

季子無考。其人亦以爲義外，而孟子辨之。焦循云：「湯水之異，猶叔父與弟之異。冬則飲其溫，夏則飲其寒，是飲食從人所欲，非人隨飲食爲轉移也。故飲湯、飲水，外也；酌其時宜而飲者，中心也。敬叔父、敬弟，外也；酌其所在而敬者，中心也。孟子言位，公都子言時。義之變通，時與位而已矣。孟子學孔子之時，而闡發乎通變神化之道，全以隨在轉移爲用，所謂集義也。而告子造義外之說，不隨人爲轉移，故以勿求於氣、勿求於心爲不動心，與孟子之道適相反。義外之說破，則通變神化之用明。」

以上所舉，殆卽孟子闢楊之說。大抵墨之徒尚功利而鶩外，故孟子矯之以内心之本源；楊之徒恣情欲而私己，故孟子正之以外部之規範。爲楊墨之說者，亦各有其一偏之理由，與其一偏之精神，足以震蕩世俗而汲引人心，故孟子遂比之於洪水猛獸也。惟自今日平心論之，則爲墨徒者，如宋牼、許行、陳仲之類，不徒其樹義甚高，其制行亦甚卓；雖或流於偏激，要爲豪傑之士；似非淳于髡、告子之徒所可及。故卽觀於孟子之書，亦知墨家兼愛，實爲儒學勁敵。至如楊氏爲己一派，雖頗合世俗之意，實不足以入學術之林。考諸先秦子籍，亦惟是儒墨之爭，而無有所謂楊者。故余以謂楊墨並列，乃孟子之私言，非當時之情實也。同時南方有莊周，盛倡其汪洋自恣之言，頗有似於楊氏爲我之意；然其陳義已深，其立行亦甚高，眞能脫屣世俗而逍遙自得，以自證其所學；有異於溺食色，沒富貴，而妄言性情者。故其意氣亦足以轉移一世視聽，而遂有所謂道家之稱。吾不知楊朱其人果何似？要之孟子書中，則楊墨不能相頡頏，明甚。然孟子闢楊墨，雖比之洪水猛獸，特以喻其學說風氣之可畏耳，非有所深惡痛絕於其人也。故：

孟子曰：「逃墨必歸於楊，逃楊必歸於儒，歸斯受之而已矣。今之與楊墨辯者，如追放豚，既入其苙[60]，又從而招之。」（盡心下）

[60]苙，圈欄也。

此孟子不深絕楊墨之說也。趙佑云：「逃墨之人始既歸楊，及逃楊，勢不可復歸墨而歸儒；假令逃楊之人始而歸墨，及逃墨，亦義不可復歸楊而歸儒可知也。亦有逃楊不必歸墨而卽歸儒，逃墨不必歸楊而卽歸儒者。非以兩『必』字例定一例如是逃、如是歸，且以斷兩家之優劣也。楊之言，似近儒之爲己愛身；而實止知有己，不知有人，視天下皆漠不關情，至成刻薄寡恩之惡。墨之言，似近儒之仁民愛物；而徒一概尚同，不知辨異。視此身皆一無顧惜，至成從井救人之愚。其爲不情則一。孟子之拒楊墨，蓋未必有追咎太甚之事。孟子自明我今所以與楊墨辯者，有如追放豚然，惟恐其不歸。其來歸者既樂受之使入其笠，未歸者又從而招之，言望人之覺迷反正無已時也。」據此，知孟子於當時之學風，雖加以嚴厲之抨擊，而於此一輩之學者，則仍處以深厚之熱情也。後人見孟子洪水猛獸之論，不明其「歸斯受之」之意，於是而門戶之爭益烈，亦學術之一厄也。

〔附〕孟子對於當時從事政治活動者之批評

孟子對於當時學風之批評，盡於其所謂「闢楊墨」者，既具如上舉。茲再集其對於當時從事政治活動者之評論，附著如次：

> 景春曰：「公孫衍、張儀，豈不誠大丈夫哉！一怒而諸侯懼，安居而天下熄。」孟子曰：「是焉得爲大丈夫乎！子未學禮乎？丈夫之冠也，父命之。女子之嫁也，母命之。往送之門，戒之曰：『往之女家，必敬必戒，無違夫子！』以順爲正者，妾婦之道也。居天下之廣居，立天下之正位，行天下之大道；得志，與民由之，不得志，獨行其道；富貴不能淫，貧賤不能移，威武不能屈；此之謂大丈夫。」（滕文公下）

公孫衍、張儀，爲六國策士之首，其時方更迭見信於魏。故景春有是問。而孟子答之如是，可以見孟子對當時一般得志用事者之態度矣。此從其內部人格而施以批評也。以下則就其外部之效果而批評焉。

魯欲使慎子爲將軍，孟子曰：「不教民而用之，謂之殃民；殃民者，不容於堯舜之世。一戰勝齊，遂有南陽(61)，然且不可。」慎子勃然不悦，曰：「此則滑釐(62)所不識也。」曰：「吾明告子。天子之地方千里，不千里不足以待諸侯(63)；諸侯之地方百里，不百里不足以守宗廟之典籍(64)。周公之封於魯，爲方百里也。地非不足，而儉(65)於百里。太公之封於齊也，亦爲方百里也。地非不足也，而儉於百里。今魯方百里者五，子以爲有王者作，則魯在所損乎？在所益乎？徒取諸彼以與此，然且仁者不爲，況於殺人以求之乎？君子之事君也，務引其君以當道，志於仁而已。」（告子下）

(61)南陽在泰山之南，汶水之北，本屬魯地，久爲齊奪者。(62)滑釐，慎子名。或云卽慎到，亦戰國有名學者也。(63)謂朝覲聘問，備其燕享賜予之禮。(64)典籍，卽禮籍，受之天子，傳自先祖，藏諸宗廟也。(65)不足謂非無地以封，儉謂約止於此數也。

此孟子對於當時一般武臣爲國征伐者之態度也。

孟子曰：「今之事君者皆曰：『我能爲君辟土地，充府庫。』今之所謂良臣，古之所謂民賊也。君不鄉道，不志於仁，而求富之，是富桀也。『我能爲君約與國，戰必克。』今之所謂良臣，古之所謂民賊也。君不鄉道，不志於仁，而求爲之強戰，是輔桀也。由今之道，無變今之俗，雖與之天下，不能一朝居也。」（告子下）

此孟子對於當時一般言富強、講外交者之總批評也。

孟子曰：「求⑯也，爲季氏宰，無能改於其德，而賦粟倍他日。孔子曰：『求，非我徒也。小子鳴鼓而攻之可也！』由此觀之，君不行仁政而富之，皆棄於孔子者也，況於爲之強戰？爭地以戰，殺人盈野；爭城以戰，殺人盈城。此所謂率土地而食人肉，罪不容於死。故善戰者服上刑，連諸侯者次之，辟草萊、任土地者次之。」（離婁上）

⑯孔子弟子冉求也。

持論與上同。

白圭曰：「丹⑰之治水也，愈於禹。」孟子曰：「子過矣！禹之治水，水之道也。是故禹以四海爲壑。今吾子以鄰國爲壑。水逆行，謂之洚水；洚水者，洪水也。仁人之所惡也。吾子過矣。」（告子下）

⑰丹，白圭名。

此見孟子持論，皆以全體人民之利害爲本，而不拘拘於一國之得失；故於當時功利之臣，皆抱反對之態度也。

第四章　孟子與門弟子對於士生活之討論

孟子對於同時學者及政客之評論，其大要具如上述。顧當時雖孟子弟子，亦都不明其師之意；故其師弟子之間，亦多有問難。類而次之，亦足與前章相發明。

彭更問曰：「後車數十乘，從者數百人，以傳食於諸侯，不以泰①乎？」孟子曰：「非其道，則一簞食不可受於人。如其道，則舜受堯之天下，不以爲泰。子以爲泰乎？」曰：「否，士無事而食，不可也。」曰：「子不通功易事，以羨②補不足，則農有餘粟，女有餘布；子如通之，則梓匠輪輿③，皆得食於子。於此有人焉，入則孝，出則悌，守先王之道，以待後之學者，而不得食於子。子何尊梓匠輪輿，而輕爲仁義者哉？」曰：「梓匠輪輿，其志將以求食也。君子之爲道也，其志亦將以求食與？」曰：「子何以其志爲哉？其有功於子，可食而食之矣。且子食志乎？食功乎？」曰：「食志。」曰：「有人於此，毀瓦畫墁④，其志將以求食也，則子食之乎？」曰：「否。」曰：「然則子非食志也，食功也。」（滕文公下）

①泰，同汰，奢也。以，同已。已泰，過奢也。②羨，餘也。③梓匠，木工。輪輿，車工。④毀瓦，將全瓦

破碎之也。畫墁者，墁以塗牆，今又畫之，破粉工也。

彭更，孟子弟子，以其師傳食諸侯爲「泰」，謂士不可「無事而食」，是亦感受當時墨者之議論，慕許行、陳仲之義者也。孟子之辨，亦與其批評許、陳者一意。

公孫丑曰：「詩曰：『不素餐⑤兮。』君子之不耕而食，何也？」孟子曰：「君子居是國也，其君用之，則安富尊榮；其子弟從之，則孝弟忠信。不素餐兮，孰大於是？」（盡心上）

⑤伐檀之詩，刺貪也。素，空虛也。無功受祿，是虛得此餐也。

公孫丑「不耕而食」之語，亦同於彭更之謂「無事而食」也。

王子墊問曰：「士何事？」孟子曰：「尚志。」曰：「何謂尚志？」曰：「仁義而已矣。殺一無罪，非仁也；非其有而取之，非義也。居惡在？仁是也；路惡在？義是也。居仁由義，大人之事備矣。」（盡心上）

孟子仕齊久，此王子墊，蓋齊王之子也。亦致疑於士之無事而食，故爲此問。顧亭林曰：「古之謂士者，大抵皆有職之士；春秋以後，游士日多，而先王之法遂壞。彭更之言，王子墊之問，猶爲近古之意。」（日知錄）今按：孟子雖言尚志，又言食功。後之爲士者，外托尚志之義，內無通功之實；是皆游士，非職士也。此惟許行、陳仲之論足以矯其弊，學者可互觀焉。

陳代曰：「不見諸侯，宜若小然。今一見之，大則以王，小則以霸。且志⑥曰：『枉尺而直尋。』宜若可爲也。」孟子曰：「昔齊景公田，招虞人⑦以旌，不至，將殺之。『志士不忘在溝壑，勇士不忘喪其元⑧。』孔子奚取焉？取非其招不往也。如不待其招而往，何哉？且夫枉尺而直尋者，以利言也。如以利，則枉尋直尺而利，亦可爲與？昔者，趙簡子使王良與嬖奚⑨乘，終日而不獲一禽。嬖奚反命，曰：『天下之賤工也。』或以告王良。良曰：『請復之！』彊而後可。一朝而獲十禽。嬖奚反命曰：『天下之良工也。』簡子曰：『我使掌與女乘⑩。』謂王良，良不可，曰：『吾爲之範我馳驅，終日不獲一；爲之詭遇，一朝而獲十。詩云：「不失其馳，舍矢如⑪破。」我不貫與小人乘，請辭。』御者且羞與射者比，比而得禽獸，雖若丘陵，勿爲也。如枉道而從彼，何也？且子過矣！枉己者未有能直人者也。」（滕文公下）

⑥古代之記載也。⑦虞人，守苑囿之吏也。⑧君子固窮，常念死無棺槨，沒溝壑而不恨。元，首也。勇士以義則喪首而不顧也。二語見稱於孔子。⑨簡子之幸臣。⑩主爲汝御也。⑪如，猶而也。舍矢而破，言其中之疾也。

陳代，孟子弟子，以「不見諸侯」爲小，即淳于髡「嫂溺不援」之說也。孟子則謂枉己不能直人，即所謂不能以手援天下也。陳代此問，與下萬章、公孫丑諸問，皆在孟子未出遊之前。

萬章曰：「敢問不見諸侯，何義也？」孟子曰：「在國⑫曰市井之臣，在野曰草莽之臣，皆謂庶人。庶人不傳質⑬爲臣，不敢見於諸侯，禮也。」萬章曰：「庶人召之役，則往役；君欲見之，召之則不往見之。何也？」曰：「往役，義也；往見，不義也。且君之欲見之也，何爲也哉？」曰：「爲其多聞也，爲其賢也。」曰：「爲其多聞也，則天子不召師，而況諸侯乎？爲其賢也，則吾未聞欲見賢而召之也。繆公亟⑭見於子思，曰：『古千乘之國以友士，何如？』子思不悅，曰：『古之人有言曰：事之云乎？豈曰：友之云乎？』子思之不悅也，豈不曰以位則子君也，我臣也，何敢與君友也；以德則子事我者也，奚可以與我友！千乘之君，求與之友而不可得也，而況可召與？齊景公田，招虞人以旌，不至，將殺之。『志士不忘在溝壑，勇士不忘喪其元。』孔子奚取焉？取非其招不往也。」曰：「敢問招虞人何以？」曰：「以皮冠。庶人以旃⑮，士以旂⑯，大夫以旌⑰。以大夫之招招虞人，虞人死不敢往；以士之招招庶人，庶人豈敢往哉？況乎以不賢人之招招賢人乎？欲見賢人而不以其道，猶欲其入而閉之門也。夫義，路也；禮，門也。惟君子能由是路，出入是門也。詩云：『周道如底⑱，其直如矢。君子所履，小人所視。』」萬章曰：「孔子，君命召，不俟駕而行，然則孔子非與？」曰：「孔子當仕有官職，而以其官召之也。」（萬章下）

⑫都邑曰國。⑬古者見君，執雉羔雁鶩之屬以爲贄。⑭亟，數也。⑮旃，通帛也。⑯旂，旌有鈴者。⑰旌，注旄竿首者。⑱底，同砥，礪石也。

此章論「不見諸侯」之義最詳悉。

公孫丑問曰：「不見諸侯何義？」孟子曰：「古者不爲臣，不見。段干木⑲踰垣而辟之，泄柳⑳閉門而不納，是皆已甚。迫，斯可以見矣。陽貨欲見孔子，而惡無禮。大夫有賜於士，不得受於其家，則往拜其門。陽貨矙㉑孔子之亡也而饋孔子蒸豚；孔子亦矙其亡也而往拜之。當是時，陽貨先，豈得不見？曾子曰：『脅肩諂笑，病于夏畦㉒。』子路曰：『未同而言，觀其色，赧赧然，非由之所知也㉓。』由是觀之，則君子之所養，可知已矣。」（滕文公下）

⑲魏文侯時之賢者。⑳魯繆公時之賢者。㉑窺也。㉒脅肩，聳體也。諂笑，強笑也。爲此之病苦，甚於夏月治畦之人也。㉓志未合而彊與之言，內慚面赤也。由，子路名。非所知，甚惡之之辭也。

此亦論「不見諸侯」之義。君子之所養，見與公孫衍、張儀之徒有異也。

萬章曰：「士之不託㉔諸侯，何也？」孟子曰：「不敢也。諸侯失國，而後託於諸侯，禮也；士之託於諸侯，非禮也。」萬章曰：「君餽之粟，則受之乎？」曰：「受之。」「受之何義也？」曰：「君之於氓也，固周㉕之。」曰：「周之則受，賜之則不受，何也？」曰：「不敢也。」曰：「敢問其不敢何也？」曰：「抱關擊柝㉖者，皆有常職以食於上。無常職而賜於上者，以爲不恭也。」曰：「君餽之，則受之，不識可常繼乎？」曰：「繆公之於子思也，亟問，亟餽鼎肉，子思不悅。於卒也，摽㉗使者出諸大門之外，北面稽首，再拜而不受。曰：『今而後，知君之犬馬畜伋。』蓋自是臺㉘無餽也。悅賢不能舉，又不能養也，可謂悅賢乎？」曰：「敢問國君欲養君子，如何斯可謂養矣？」曰：「以君命將㉙之，再拜稽首而受。其後廩人繼粟，庖人繼肉，不以君命將之。子思以爲鼎肉，使己僕僕㉚爾亟拜也，非養君子之道也。堯之於舜也，使其子九男事之，二女女㉛焉；百官牛羊倉廩備，以事舜於畎畝之中，後舉而加諸上位。

故曰王公之尊賢者也。」（萬章下）

㉔託寄也，謂不仕而食其祿。㉕周，救卹也。㉖關，以木横持門戶也。柝，行夜所擊木也。抱關擊柝，監門巡夜之賤職。㉗摽，麾也。㉘臺，賤官，主使令者。自是繆公不敢令臺來餽也。㉙將，送也。㉚僕僕，煩猥貌。㉛子事爲師，女妻之也。

此論「不託於諸侯」，較「不見諸侯」進一層，謂受其供養也。

陳子㉜曰：「古之君子，何如則仕？」孟子曰：「所就三，所去三：迎之致敬以有禮，言將行其言也，則就之；禮貌未衰，言弗行也，則去之。其次，雖未行其言也，迎之致敬以有禮，則就之；禮貌衰，則去之。其下，朝不食，夕不食，饑餓不能出門戶。君聞之，曰：『吾大者不能行其道，又不能從其言也。使饑餓於我土地，吾恥之。』周之，亦可受也，免死㉝而已矣。」（告子下）

㉜陳臻也。㉝篇中凡言三就兩去，此云「免死而已」者，則亦久而去矣，故曰「所去三」也。

孟子曰：「仕非爲貧也，而有時乎爲貧；娶妻非爲養也，而有時乎爲養。爲貧者，辭尊居卑，辭富居貧。辭尊居卑，辭富居貧，惡乎宜乎，抱關擊柝。孔子嘗爲委吏矣，曰：『會計當而已矣。』嘗爲乘田矣，曰：『牛羊茁壯長而已矣。』位卑而言高，罪也；立乎人之本朝，而道不行，恥也。」（萬章下）

此皆孟子之論仕禮。蓋貴族階級之制度，至戰國之世，已破壞不完，而平民遂多有爲政治活動者；於是乃有士人階級之興起。蓋在春秋之世，社會惟有世襲官祿之貴族，與躬操勞作之平民耳，未嘗有「士」之一級也。自有所謂「士」者出，進可以覬官祿，退乃不甘操勞役。故如蘇張縱横之徒，一切惟以獵取富貴爲目的，而國之利病，民之禍福，有非所問。孟子惡之，而倡仕禮，蓋深不欲士之輕於出仕，而流爲妾婦之順也。然當時之爲士者，則又非仕無以爲生，非如後世之士，可以擁田地、號素封，或坐皋比而稱爲儒。蓋其時土田猶管於貴族，而平民階級之教育未興；故爲士者，其勢乃不得不仰養於政治。其激而爲陳仲、許行，織屨編席，又孟子之所不願。於是乃有「周之可受，免死而已」之論也。凡此皆必明於孟子時代社會組織之變動，與夫一般生活之情況，而後可以曉然於其立言之意。若以今日觀念論之，則國民之出而爲政治活動者，乃以爲國耳，固非所論於當局者之禮貌。其退政而休也，亦自有其應營之職業，更何得云免死而受周哉？故考論孟子書中辭受出處之辨者，貴能明其時代之背景也。

周霄㉞問曰：「古之君子，仕乎？」孟子曰：「仕。傳曰：『孔子三月無君，則皇皇如㉟也。出疆，必載質㊱。』公明儀曰：『古之人，三月無君則弔。』」「三月無君則弔，不以急乎？」曰：「士之失位也，猶諸侯之失國家也。禮曰：『諸侯耕助，以供粢盛；夫人蠶繅，以爲衣服㊲。』犧牲不成，粢盛不潔，衣服不備，不敢以祭。惟士無田，則亦不祭；牲殺器皿衣服不備，不敢以祭，則不敢以宴，亦不足弔乎？」「出疆必載質，何也？」曰：「士之仕也，猶農夫之耕也，農夫豈爲出疆舍其耒耜哉！」曰：「晉國亦仕國也，未嘗聞仕如此其急。仕如此其急也，君子之難仕，何也？」曰：「丈夫生，而願爲之有室；女子生，而願爲之有家。父母之心，人皆有之。不待父母之命，媒妁之言，鑽穴隙相窺，踰牆相從，則父母國人皆賤之。古之人未嘗不欲仕也，又惡不由其道。不由其道而往者，與鑽穴隙之㊳類也。」（滕文公下）

㉞周霄，魏人。㉟皇皇如，有求而不得之貌。㊱質，同贄。㊲禮云：「諸侯爲籍百畝，躬秉耒以耕，而庶人助終畝，收而藏之，以供宗廟之粢盛。使世婦蠶於公桑蠶室，奉繭獻於夫人，夫人受之，繅三盆手，遂布於世婦使繅爲黼黻，而服以祀先王先公。」注云：「三盆手，三淹也。凡繅，每淹，大總而手振之，以出緒也。」

㊳古之、者二字通，此猶云「與鑽穴隙者類也」，避上句者字，故作之。

孟子雖遊梁而不仕，故淳于髡有「嫂溺不援」之譏，而周霄亦有「君子難仕」之問也。周霄非孟子弟子，此條本應入前章；以其言與本章各條可相證發，故附次於此焉。

孟子將朝王，王使人來，曰：「寡人如㊴就見者也。有寒疾，不可以風。朝將視朝，不識可使寡人得見乎？」對曰：「不幸而有疾，不能造朝。」明日，出弔於東郭氏㊵。公孫丑曰：「昔者辭以病，今日弔，或者不可乎？」曰：「昔者疾，今日愈，如之何不弔？」王使人問疾，醫來，孟仲子㊶對曰：「昔者有王命，有采薪㊷之憂，不能造朝。今病小愈，趨造於朝，我不識能至否乎？」使數人要於路，曰：「請必無歸，而造於朝！」不得已㊸而之景丑氏㊹宿焉。景子曰：「內則父子，外則君臣，人之大倫也。父子主恩，君臣主敬。丑見王之敬子也，未見所以敬王也。」曰：「惡！是何言也？齊人無以仁義與王言者，豈以仁義爲不美也？其心曰：『是何足與言仁義也』云爾。則不敬莫大乎是。我非堯舜之道不敢以陳於王前，故齊人莫如我敬王也。」景子曰：「否，非此之謂也。禮曰：『父召無諾；君命召，不俟駕。』固將朝也，聞王命，而遂不果，宜與夫禮若不相似然？」曰：「豈謂是與？曾子曰：『晉楚之富，不可及也。彼以其富，我以吾仁；彼以其爵，我以吾義。吾何慊㊺乎哉？』夫豈不義，而曾子言之？是或一道也。天下有達尊三：爵一，齒一，德一。朝廷莫如爵，鄉黨莫如齒，輔世長民莫如德。惡得有其一以慢其二哉？故將大有爲之君，必有所不召之臣。欲有謀焉則就之。其尊德樂道不如是，不足與有爲也。故湯之於伊尹，學焉而後臣之，故不勞而王。桓公之於管仲，學焉而後臣之，故不勞而霸。今天下地醜㊻德齊，莫能相尚；無他，好臣其所教，而不好臣其所受教。湯之於伊尹，桓公之於管仲，則不敢召。管仲且猶不可召，而況不爲管仲者乎？」（公孫丑下）

㊴如，猶將也。㊵東郭氏，齊大夫家也。㊶孟仲子，孟子從昆弟。㊷言病不能采薪，謙辭也。㊸不得已而朝王也。㊹景丑氏，亦齊大夫。㊺慊，少也。㊻醜，同也。

此孟子在齊之事也。可以見孟子雖仕，而其自守之高爲何如矣。

孟子去齊，宿於晝。有欲爲王留行者，坐而言；不應，隱几㊼而臥。客不悅，曰：「弟子齊宿㊽而後敢言，夫子臥而不聽，請勿復敢見矣！」曰：「坐！我明語子！昔者魯繆公無人乎子思之側，則不能安子思。泄柳、申詳㊾無人乎繆公之側，則不能安其身。子爲長者慮，而不及子

思㊿，子絕長者乎？長者絕子乎？」（公孫丑下）

㊼客坐而言，孟子不應客而臥也。隱几，憑几也。㊽齊讀如齋，齊戒越宿也。㊾申詳，子張之子。㊿是客蓋自以其意欲留孟子，而非齊王之所遣，是與繆公之留子思不類也。長者，孟子自謂。時孟子已年老也。

此孟子去齊之事也。可見孟子之進退，一本其平日所持之議論。其高自位置，與儀、衍之「以順爲正」者迥異矣。

孟子告齊宣王曰：「君之視臣如手足，則臣視君如腹心；君之視臣如犬馬，則臣視君如國人；君之視臣如土芥，則臣視君如寇讎。」王曰：「禮，爲舊君有服。何如斯可爲服矣？」曰：「諫行，言聽，膏澤下於民；有故而去，則君使人導之出疆，又先於其所往；去三年，不反，然後收其田里；此之謂三有禮焉。如此則爲之服矣。今也爲臣，諫則不行，言則不聽，膏澤不下於民；有故而去，則君搏執之，又極(51)之於其所往；去之日，遂收其田里；此之謂寇讎，何服之有？」（離婁下）

(51)窮困也。

此孟子對於君臣關係之觀念也。可與第二章論君民關係者參看。以與孟子論仕禮相關，故附見於此。

第五章　孟子之性善論

孟子對於當時政治社會之主張，具如上所論。今當進而推求其學説之本源，則不可不明孟子言性善之旨。性善者，孟子學説精神之所在。不明性善，即爲不知孟子。故凡研究孟子者，於其性善之説，不可不深注意也。

滕文公爲世子，將之楚，過宋而見孟子。孟子道性善，言必稱堯舜。世子自楚反，復見孟子。孟子曰：「世子疑吾言乎？夫道，一而已矣。成覸謂齊景公曰：『彼丈夫也，我丈夫也，吾何畏彼哉？』顔淵曰：『舜何人也？予何人也？有爲者亦若是。』公明儀曰：『文王我師也，周公豈欺我哉？』今滕，截長補短，將五十里也，猶可以爲善國。書曰：『若藥不瞑眩，厥疾不瘳。』」（滕文公上）

朱子云：「孟子見人，即道性善，稱堯舜，此是第一義。若於此看得透，信得及，直下便是聖賢，便無一毫人欲之私做得病痛。若信不及，又引成覸、顔淵、公明儀三段説話，教人如此發憤，勇猛向前，此外更無别法。」（答梁文叔書）今按：朱子此説，發明孟子性善之旨，最爲簡盡。蓋孟子道性善，其實不外二義：啟迪吾人向上之自信，一也。鞭促吾人向上之努力，二也。故凡無向上之自信與向上之努力者，皆不足以與知孟子性善論之眞意。若從別一端論之，則孟子性善論，爲人類最高之平等義，亦人類最高之自由義也。人人同有此向善之性，此爲平等義。人人能到達此善之標的，此爲自由義。凡不主人類性善之論者，此皆不主人類有眞平等與眞自由者。爰特揭此二義於先，以爲考論孟子性善論之大綱焉。

公都子曰：「告子曰：『性無善無不善也。』或曰：『性可以爲善，可以爲不善。是故文武興，則民好善；幽厲興，則民好暴。』或曰：『有性善，有性不善。是故以堯爲君而有象；以瞽瞍爲父而有舜；以紂爲兄之子，且以爲君，而有微子啟、王子比干。』今曰性善，然則彼皆非與？」孟子曰：「乃若其情，則可以爲善矣，乃所謂善也。若夫爲不善，非才之罪也。惻隱之心，人皆有之；羞惡之心，人皆有之；恭敬之心，人皆有之；是非之心，人皆有之。惻隱之心，仁也；羞惡之心，義也；恭敬之心，禮也；是非之心，智也。仁義禮智，非由外鑠我也，我固有之也，弗思耳矣。故曰：求則得之，舍則失之。或相倍蓰而無算者，不能盡其才者也。詩曰：『天生蒸民，有物有則，民之秉彝，好是懿德①。』孔子曰：『爲此詩者，其知道乎！』故有物必有則，民之秉彝也，故好是懿德。」（告子上）

①蒸，眾也。物與則，皆法也。彝，常也。懿，美也。天生眾民，皆賦之以天然之法則，如耳目有聰明之德，父子有慈孝之心；是民所秉執之常性也。故人之情無不好此懿德者。

此章公都子列舉當時論性諸說，而孟子總答之，實可爲孟子道性善之總論。陳澧云：「孟子所謂性善者，謂人人之性皆有善，非謂人人之性皆純乎善也。其言曰：『惻隱之心，人皆有之；羞惡之心，人皆有之；恭敬之心，人皆有之；是非之心，人皆有之。非獨賢者有是心也，人皆有之。今人乍見孺子將入於井，皆有怵惕惻隱之心。人皆有不忍人之心。人皆有所不忍，人皆有所不爲。』孟子言人性皆有善，明白如此。又曰：『雖存乎人者，豈無仁義之心哉？無惻隱之心，非人也；無羞惡之心，非人也；無辭讓之心，非人也；無是非之心，非人也。』其言人性無無善者，又明白如此。公都子曰：『或曰：有性不善，以堯爲君而有象。』孟子答之曰：『乃若其情，則可以爲善矣，乃所謂善也。』此因有性不善之說而解其惑，謂彼有性雖不善而仍有善。何以見之？以其情可以爲善，可知其性仍有善，是乃我所謂性善也。如象之性誠惡矣，乃若見舜而忸怩，則其情可以爲善，可見象之性仍有善。是乃孟子所謂性善也。若論堯之性，豈得但云『可以爲善』而已乎？蓋聖人之性純乎善，常人之性皆有善，惡人之性仍有善，而不純乎惡；所謂性善者如此，所謂『人無有不善』者如此。後儒疑孟子者，未明孟子之說耳。」（東塾讀書記）今按：陳氏之說，甚爲明晰。孟子之意，僅主人間之善皆由人性來，非謂人之天性一切盡是善。吾所謂啟迪吾人向上之自信，與鞭策吾人向上之努力者，必自深信人性皆有善與人皆可以爲善始。否則自暴自棄，不相敬而相賊，而人類烏有向上之望哉？

僞孫疏云：「情、性、才三者，合而言之，則一物耳；分而言之，則有三名。蓋人之性本善，而欲爲善者，非性也，以其情然也。情之能爲善者，非情然也，以其才也。是則性之動則爲情，而才者乃性之用也。」今按：孟子本情、才以驗性，卽就其已發而推論其可能，使人人有以自證，人人有以自信，而牖啟其向上之志；此孟子道性善之意也。今再分條列舉孟子主張性善之論證如次：

孟子曰：「富歲子弟多賴②。凶歲子弟多暴，非天之降才爾殊也，其所以陷溺其心者然也。今夫麰麥③，播種而耰之，其地同，樹之時又同。浡然而生，至於日至④之時，皆熟矣。雖有不同，則地有肥磽，雨露之養，人事之不齊也。故凡同類者，舉相似也，何獨至於人而疑之？聖人與我同類者。故龍子曰：『不知足而爲屨，我知其不爲蕢也。』屨之相似，天下之足同也。口之於味，有同耆也，易牙先得我口之所耆者也。如使口之於味也，其性與人殊，若犬馬之與我不同類也，則天下何耆皆從易牙之於味也？至於味，天下期於易牙，是天下之口相似也。惟耳亦然，至於聲，天下期於師曠，是天下之耳相似也。惟目亦然，至於子都，天下莫不知其姣也。不知子都之姣者，無目者也。故曰：口之於味也，有同耆焉；耳之於聲也，有同聽焉；目之於色也，有同美焉。至於心，獨無所同然乎？心之所同然者何也？謂理也，義也。聖人先得我心之所同然耳。故理義之悅我心，猶芻豢之悅我口。」（告子上）

②同嬾。③大麥。④謂仲夏日至。管子：「九月種麥，日至而穫。」又曰：「以春日至始，數九十二日謂之夏至而麥熟。」割麥無過夏至，故言「皆熟」。

聖人，人類中之優秀特出者。孟子卽指人類中優秀之例，以明示人人有追求優秀之可能也。此卽彼推我以證明性善之說也。

孟子曰：「人皆有不忍人之心。先王有不忍人之心，斯有不忍人之政矣。以不忍人之心，行不忍人之政，治天下可運之掌上。所以謂人皆有不忍人之心者，今人乍見孺子將入於井，皆有怵惕惻隱之心，非所以内交於孺子之父母也；非所以要譽於鄉黨朋友也；非惡其聲而然也。由是觀之，無惻隱之心，非人也；無羞惡之心，非人也；無辭讓之心，非人也；無是非之心，非人也。惻隱之心，仁之端也；羞惡之心，義之端也；辭讓之心，禮之端也；是非之心，智之端也。人之有是四端也，猶其有四體也。有是四端而自謂不能者，自賊者也；謂其君不能者，賊其君者也。凡有四端於我，知皆擴而充之矣，若火之始然，泉之始達。苟能充之，足以保四海；苟不充之，不足以事父母。」（公孫丑上）

惻隱、羞惡、辭讓、是非之心，人類心理高尚之表現也。孟子卽指人類高尚之心的表現，以明示人人有超人高尚之可能也。此卽暫推久以證明性善之說也。故孟子論性善，在於舉一人以推之於人人，指一時以推之於時時；實爲吾人立一最高之標的，而鼓勵吾人盡力以趨赴之者也。

曹交問曰：「人皆可以爲堯舜，有諸？」孟子曰：「然。」「交聞文王十尺，湯九尺。今交九尺四寸以長，食粟而已，如何則可？」曰：「奚有⑤於是？亦爲之而已矣。有人於此，力不能勝一匹雛⑥，則爲無力人矣；今曰舉百鈞，則爲有力人矣。然則舉烏獲之任，是亦爲烏獲而已矣。夫人豈以不勝⑦爲患哉！弗爲耳。徐行後長者謂之弟，疾行先長者謂之不弟。夫徐行者，豈人所不能哉！所不爲也。堯舜之道，孝弟而已矣。子服堯之服，誦堯之言，行堯之行，是堯而已矣；子服桀之服，誦桀之言，行桀之行，是桀而已矣。」曰：「交得見於鄒君，可以假館，願留而受業於門。」曰：「夫道，若大路然，豈難知哉！人病不求耳。子歸而求之，有餘師。」（告子下）

⑤奚有，不難也。⑥匹，讀爲疋。疋，小也，音節。雛，鷄子也。疋雛即是小鷄。⑦力非可強而有，至於爲善，人人所能，無不勝之患。

曹交問：「人皆可以爲堯舜，有諸？」而孟子答以「亦爲之而已矣」。吃緊在一「爲」字，即吾所謂向上之努力，非此則不足以盡其才也。

孟子曰：「人皆有所不忍⑧，達之於其所忍，仁也；人皆有所不爲⑨，達之於其所爲，義也。人能充無欲害人之心，而仁不可勝用也；人能充無穿窬之心，而義不可勝用也。人能充無受爾汝⑩之實，無所往而不爲義也。士未可以言而言，是以言餂之也；可以言而不言，是以不言餂之也。是皆穿窬之類⑪也。」（盡心下）

⑧惻隱之心，即下「無害人之心」也。⑨羞惡之心，即下「無穿窬之心」也。⑩此申說上文「充無穿窬之心」之意也。爾汝，人所輕賤之稱。人雖或有所貪昧隱忍而甘受之者，然其中心必有慚忿而不肯受之之實。能即此而推之，使其充滿無所虧缺，則無適而非義矣。⑪餂，音忝，探取也。以言餂、以不言餂，皆非語默之正，而有機變之詐。然人不謂恥，且自詡爲得計者，由不知此即穿窬之類，宜充而達之者也。故特舉以見例，以明充極之類。

孟子言「爲」，又言「充」。充者，卽爲之之方也。孟子明舉堯舜以爲人類最高之標準，使吾人有所企嚮，而盡力以爲之；而爲之之方，則反而求之於己。又明舉惻隱、羞惡之心，人人之所具有者，卽本此推廣，以爲所以達其標準之道。故「爲」者，爲此人人之所可能；「充」者，充此人人之所固有也。凡欲明孟子性善之眞義者，亦在乎「有爲」與「能充」而已，此外則無他道也。孟子之所謂性善者，既係乎其人之有爲與能充；則反而言之，苟其人不能有爲與不能充其善端者，終必流爲不善之歸，此又至明之理也。今再舉孟子之說以證之如次：

孟子曰：「自暴⑫者，不可與有言也；自棄者，不可與有爲也。言非⑬禮義，謂之自暴也；吾身不能居仁由義，謂之自棄也。仁，人之安宅也；義，人之正路也。曠安宅而弗居，舍正路而不由，哀哉！」（離婁上）

⑫暴，害也。⑬非，毁也。

朱子曰：「自害其身者，不知禮義之爲美而非毁之。雖與之言，必不見信也。自棄其身者，猶知仁義之爲美，但溺於怠惰，自謂必不能行。與之有爲，必不能勉也。」（集注）程子曰：「自暴者拒之以不信，自棄者絕之以不爲，雖聖人與居，不能化而入也。此所謂下愚之不移也。」（同上）此謂人無爲善向上之望者，在其人之不信與不爲也。

孟子曰：「牛山⑭之木嘗美矣，以其郊於大國也，斧斤伐之，可以爲美乎？是其日夜之所息⑮，雨露之所潤，非無萌蘖之生焉；牛羊又從而牧之，是以若彼濯濯⑯也。人見其濯濯也，以爲未嘗有材焉，此豈山之性也哉！雖存乎人者，豈無仁義之心哉？其所以放其良心者，亦猶斧斤之於木也，旦旦而伐之，可以爲美乎！其日夜之所息，平旦之氣，其好惡與人相近也者幾希⑰？則其旦晝之所爲，有梏⑱亡之矣！梏之反覆，則其夜氣不足以存；夜氣不足以存，則其違禽獸不遠矣。人見其禽獸也，而以爲未嘗有才焉者，是豈人之情也哉！故苟得其養，無物不長；苟失其養，無物不消。孔子曰：『操則存，舍則亡。出入無時，莫知其鄉。』惟心之謂與！」（告子上）

⑭臨淄南山。⑮長也。⑯濯，洗滌之名。濯濯，山無草木貌。⑰幾希謂少也。⑱有讀爲又。梏當從手，即古文攪字，謂攪擾也。

孟子曰：「無或⑲乎王之不智也。雖有天下易生之物也，一日曝之，十日寒之，未有能生者也。吾見亦罕矣，吾退而寒之者至矣，吾如有萌焉何哉！今夫弈之爲數，小數也；不專心致志，則不得也。弈秋，通國之善弈者也。使弈秋誨二人弈，其一人專心致志，惟弈秋之爲聽；一人雖聽之，一心以爲有鴻鵠將至，思援弓繳⑳而射之。雖與之俱學，弗若之矣。爲是其智弗若與？曰：非然也。」（告子上）

⑲或，惑也。王指齊王。⑳繳，以繩繫矢而射也。

孟子曰：「仁之勝不仁也，猶水勝火。今之爲仁者，猶以一杯水救一車薪之火也；不熄，則謂之水不勝火。此又與㉑於不仁之甚者也，亦終必亡㉒而已矣。」（告子上）

㉑與，助也。惟其信不仁而屈仁，則足以助不仁。㉒亡讀爲無。蓋既自以爲仁不勝不仁，則爲仁之心沮，而爲不仁之意萌；久而並此極小之仁而亦喪之，則終於無仁而已。使其當不能勝之時，自知仁之本微，發憤而充之擴之，則不勝進而爲勝，何至於亡乎？

孟子曰：「舜發於畎畝之中，傅說舉於版築之間，膠鬲舉於魚鹽之中，管夷吾舉於士㉓，孫叔敖舉於海，百里奚舉於市㉔。故天將降大任於是人也，必先苦其心志，勞其筋骨，餓其體膚，空乏其身，行拂亂其所爲；所以動心忍性㉕，曾益其所不能。人恆過，然後能改。困於心，衡㉖於慮，而後作㉗；徵㉘於色，發於聲，而後喻。入則無法家拂㉙士，出則無敵國外患者，國恆亡。然後知生於憂患，而死於安樂也。」（告子下）

㉓士，管仲非貴族，乃士。春秋當時已有士。㉔市，販賣之場。㉕堅忍其性，使不違仁。㉖衡，横也，不順也。㉗作，奮起也。㉘徵，驗也。㉙拂與弼同，輔也。

此皆孟子勉人之「爲之」也。

孟子曰：「魚我所欲也，熊掌亦我所欲也；二者不可得兼，舍魚而取熊掌者也。生亦我所欲也，義亦我所欲也；二者不可得兼，舍生而取義者也。生亦我所欲，所欲有甚於生者，故不爲苟得也。死亦我所惡，所惡有甚於死者，故患有所不辟也。如使人之所欲，莫甚於生，則凡可以得生者，何不用也？使人之所惡，莫甚於死者，則凡可以辟患者，何不爲也？由是則生而有不用也，由是則可以辟患而有不爲也。是故所欲有甚於生者，所惡有甚於死者。非獨賢者有是心也；人皆有之，賢者能勿喪耳。一簞食，一豆羹，得之則生，弗得則死。嘑㉚爾而與之，行道之人勿受；蹴爾而與之，乞人不屑也。萬鍾，則不辨禮義而受之。萬鍾於我何加焉！爲宮室之美，妻妾之奉，所識窮乏者得㉛我與？鄉爲身死而不受，今爲宮室之美爲之；鄉爲身死而不受，今爲妻妾之奉爲之；鄉爲身死而不受，今爲所識窮乏者得我而爲之；是亦不可以已乎！此之謂失其本心！」（告子上）

㉚嘑，怒聲咄叱也。㉛得，與德通。

人性皆可以爲善，而卒至於不善者，「自暴自棄」，一也；「失其本心」，二也。自暴自棄，則不足以有為者也；失其本心，則不能善為擴充者也。本心者，其本可以為善之心也。

孟子曰：「仁，人心也；義，人路也。舍其路而勿由，放其心而不知求，哀哉！人有鷄犬放，則知求之，有放心而不知求。學問之道無他，求其放心而已矣。」（告子上）

焦循曰：「前言『放其良心』，『失其本心』，『操則存，舍則亡』，『賢者能勿喪』，蓋所以放之、失之、舍之、喪之者，由於不能操之，所以不能求之也。何以操之？惟在學問而已。學問，即中庸所謂

『博學之，審問之』，論語所謂『博學而篤志，切問而近思』，孔子所云『好古敏求』，孟子所云『誦詩讀書』。聖人教人學以聚之、問以辨之者，無有他意，不過以此求其放心而已。」顧炎武日知錄云：「『學問之道無他，求其放心而已矣。』然則但求放心，可不必於學問乎？與孔子之言『吾嘗終日不食，終夜不寢，以思，無益，不如學也』者，何其不同邪？他日又曰：『君子以仁存心，以禮存心。』是所存者，非空虛之心也。夫仁與禮，未有不學問而能明者也。孟子之意，蓋曰能求放心，然後可以學問。『使弈秋誨二人弈，其一人專心致志，惟弈秋之為聽；一人雖聽之，一心以為有鴻鵠將至，思援弓繳而射之。雖與之俱學，弗若之矣。』此放心而不知求者也。然但知求放心而未嘗窮中罫之方，悉雁行之勢，亦必不能從事於弈。」今按：顧、焦二氏之說，皆足以發明孟子之意。蓋孟子所謂性善者，在本乎吾心之所固有，極乎人道之所可能。非反而求諸心，則其爲善不信；非學問以求之人，則其爲善不大。人必學問，而後知堯舜之爲善；人必反求諸己，而後知堯舜之所以爲善者，於吾乃固有之也。故學問之與求放心，乃合內外而一之之道也。程子曰：「心至重，鷄犬至輕，鷄犬放則知求之，心放則不知求。豈愛其至輕而忘其至重哉？勿思而已矣。」今按：「勿思」與「勿爲」者，吾人不能爲善之二大病源也。勿思則不知輕重大小；不知輕重大小，則不能擴充其善端，循至失其本心而爲惡人之歸矣。故孟子所謂「求其放心」者，亦指其可以爲善之心而言也。

孟子曰：「今有無名[32]之指，屈而不信[33]，非疾痛害事也。如有能信之者，則不遠秦楚之路，爲指之不若人也。指不若人，則知惡之；心不若人，則不知惡。此之謂不知類[34]也。」（告子上）

㉜手之第四指。㉝信同伸。㉞言其不知輕重之等。

孟子曰：「拱把㉟之桐梓，人苟欲生之，皆知所以養之者；至於身而不知所以養之者，豈愛身不若桐梓哉？弗思甚也！」（告子上）

㉟拱，兩手所圍。把，一手所握。

孟子曰：「人之於身也兼所愛；兼所愛，則兼所養也。無尺寸之膚不愛焉，則無尺寸之膚不養也。所以考其善不善者，豈有他哉？於己取之而已矣。體有貴賤，有大小，無以小害大，無以賤害貴。養其小者爲小人，養其大者爲大人。今有場師㊱，舍其梧檟，養其樲棘㊲，則爲賤場師焉。養其一指而失其肩背而不知也，則爲狼疾㊳人也。飲食之人，則人賤之矣，爲其養小而失大也。飲食之人無有失也，則口腹豈適㊴爲尺寸之膚哉？」（告子上）

㊱治場圃者。㊲梧，桐也。檟，梓也。樲，酸棗也。棘，荆棘也。㊳狼疾，讀爲狼籍，紛錯憒亂也。㊴適、啻，聲相近，故古字或以適爲啻。豈適，猶云不止也。

公都子問曰：「鈞是人也，或爲大人，或爲小人，何也？」孟子曰：「從其大體爲大人，從其小體爲小人。」曰：「鈞是人也，或從其大體，或從其小體，何也？」曰：「耳目之官不思而蔽於物，物交物，則引之而已矣。心之官則思，思則得之，不思，則不得也。此天之所與我者。先立乎其大者，則其小者弗能奪也。此爲大人而已矣。」（告子上）

程瑤田通藝錄云：「孟子謂『心之官則思，先立乎其大者』，謂心能主乎耳目，非離乎耳目之官而專致力於思；然則所謂『先立乎其大者』，舍視聽言動無下手處也。」戴震孟子字義疏證云：「耳之能聽也，目之能視也，鼻之能臭也，口之知味也，物至而迎而受之者也。心之精爽，馴而至於神明也，所以主乎耳目百體者也。聲之得於耳也，色之得於目也，臭之得於鼻也，味之得於口也，耳目百體之欲不得，則失其養，所謂養其小者也。理義之得於心也，耳目百體之欲之所受裁也，不得則失其養，所謂養其大者也。」今按：以上皆孟子勉人善用其心，而就一身之大小貴賤而言之也。

孟子曰：「有天爵者，有人爵者。仁義忠信，樂善不倦，此天爵也；公卿大夫，此人爵也。古之人，修其天爵，而人爵從之。今之人，修其天爵，以要㊵人爵；既得人爵，而棄其天爵；則惑之甚者也。終亦必亡而已矣。」（告子上）

㊵要，求也。

孟子曰：「欲貴者，人之同心也。人人有貴於己者，弗思耳。人之所貴者，非良貴也。趙孟之所貴，趙孟能賤之。詩云：『既醉以酒，既飽以德。』言飽乎仁義也，所以不願人之膏粱㊶之味也。令聞廣譽施於身，所以不願人之文繡也。」（告子上）

㊶膏，肉之肥者；粱，食之精者。

此亦孟子勉人善用其心，而就身外之貴賤以言之也。

孟子曰：「口之於味也，目之於色也，耳之於聲也，鼻之於臭也，四肢之於安佚也，性也；有命焉，君子不謂性也。仁之於父子也，義之於君臣也，禮之於賓主也，智之於賢者也，聖人之於天道也，命也；有性焉，君子不謂命也。」（盡心下）

程子云：「口耳目鼻四肢五者之欲，性也；然有分，不能皆如其願，則是命也，不可謂我之所有而求必得之也。」朱子云：「不能皆如其願者，不止爲貧賤；蓋雖富貴之極，亦有品節限制，則是亦有命也。」戴震云：「謂者猶云藉口。君子不藉口於性以逞其欲，不藉口於命之限之而不盡其材。」今按：以上皆孟子誠人以善用其心思氣力，以盡之於此，而勿喪之於彼。此皆其教人「充之」之說也。人能善擇最高之標準，而孜孜焉勉以爲之；又能反求諸己，而知此標準爲吾心之所固有、所可能，而慎思焉，以卽吾心而充之；則孟子性善之旨也。讀者求明孟子性善之說，當努力於此二者，以求自證自悟焉。若以空論反覆，則終不足以明孟子性善之說也。

第六章　孟子之修養論

孟子主張性善之精神，既在提高吾人嚮往之標準，而促起吾人之努力；則其論吾人之修養者，當亦無越此旨。以其發揚蹈厲，足資警策，故復再爲鈔撮，以備學者之時誦而熟玩焉。

孟子曰：「孔子登東山而小魯，登泰山而小天下。故觀於海者難爲水，遊於聖人之門者難爲言。觀水有術，必觀其瀾①。日月有明，容②光必照焉。流水之爲物也，不盈科③不行；君子之志於道也，不成章不達。」（盡心上）

①瀾，水中大波也。②苟有小隙可以容納，則光必入而照也。③盈，滿也；科，坎也。

所覽大則意大，觀小則志大，孟子教人當遊於大觀而存大志。陸象山所謂「要當軒昂奮發，莫恁地沈埋在卑陋凡下處」，此最修養之要端也。

公孫丑：「道則高矣美矣，宜若登天然，似不可及也。何不使彼爲可幾及，而日孳孳也？」孟子曰：「大匠不爲拙工改廢繩墨，羿不爲拙射變其彀率④。君子引而不發⑤，躍如也。中道而

立，能者從之。」（盡心上）

④彀率，彎弓之限也。⑤引，引弓也；發，發矢也。

此章言君子教人，不容自貶，以徇學者之不能。但授之以學之之法，而不告以得之之妙。如射者之引弓而不發矢，然其所不告者，已如踴躍而見於前矣。此則有待於有志者之自勉也。

孟子曰：「天下有道，以道殉身⑥；天下無道，以身殉道。未聞以道殉乎人者也。」（盡心上）

⑥身出則道在必行也。

此子夏所謂「篤信好學，守死善道」之說也。必如是，而後可以謂志道之士矣。不則，則孔子之所謂鄉愿，孟子之所謂妾婦也。

孟子曰：「羿之教人射，必志於彀⑦，學者亦必志於彀。大匠誨人，必以規矩，學者亦必以規矩。」（告子上）

⑦彀，弓滿也。

此所謂「彀」與「規矩」者，即吾所謂最高之標準也。

孟子曰：「有爲者，辟若掘井。掘井九軔⑧而不及泉，猶爲棄井也。」（盡心上）

⑧軔與仞同，八尺曰仞。

呂氏曰：「仁不如堯，孝不如舜，學不如孔子，終未入於聖人之域，終未至於大道，未免爲半途而廢，自棄前功也。」按：此亦孟子戒人必以最高標準爲勉力嚮往之終極也。

孟子曰：「君子深造之以道，欲其自得之也。自得之，則居之安；居之安，則資之深；資之深，則取之左右逢其原。故君子欲其自得之也。」（離婁下）

深造者，朱子云：「進而不已之意。」此在吾之努力也。道則在外之標準也。自得之，則自我之與標準，訢合而爲一矣。卽所謂自證之而自悟之也。焦循云：「雖生知之聖，必讀書好古。既由博學，而深造之以道，則能通古聖之道，而洞達其本原，而古聖之道與性相融；此自得之，所謂如性自有之也。故居之安。既自得而居之安，則取古聖之道，卽取乎吾之性，非淺襲於口耳之间，非強擬於形似之跡，故資之深也。」夫若是，則在外之標準，卽在我之性情，故取之左右逢其源；以其源在於我之性情，而無需乎遠求也。然苟忘其深造之努力而空言性情，則必失之矣。此熟復於上章性善之論者，必能明此意也。

徐子曰：「仲尼亟稱於水，曰：『水哉！水哉！』何取於水也？」孟子曰：「原泉混混，不舍晝夜，盈科而後進，放乎四海。有本者如是，是之取爾。苟爲無本，七八月之間，雨集，溝澮皆盈；其涸也，可立而待也。故聲聞過情⑨，君子恥之。」（離婁下）

⑨情，實也。

此章所謂「有本」，即前章所謂「逢源」。吾人雖有高志遠意，而不能反身切己，自性情中發露，則皆猶無本之水也。

孟子曰：「待文王而後興者，凡民也。若夫豪傑之士，雖無文王猶興。」（盡心上）

朱子云：「興者，感動奮發之意。」凡民視風氣爲轉移，故文武興則民好仁，幽厲興則民好暴。惟豪傑之士，高視遠矚，慨然發其有爲之志。特立獨行，不爲俗移，故能轉世風而易人心也。否則狂瀾莫挽，滔滔無極，而亂世無復興之望矣。此所以有貴於豪傑之自興也。

以上論志道自得。

孟子曰：「人不可以無恥，無恥之恥，無恥矣。」（盡心上）

趙岐曰：「人能恥己之無所恥，是能改行從善之人，終身無復有恥辱之累矣。」故凡有志於道，不可不先知有恥。顧亭林有言：「愚所謂聖人之道者，曰『博學於文』，曰『行己有恥』。自一身以至於天下國家，皆學之事也。自子臣弟友以至出入往來辭受取與之間，皆有恥之事也。恥之於人大矣。不恥惡衣食，而恥匹夫匹婦之不被其澤。故曰：『萬物皆備於我矣，反身而誠。』士而不先言恥，則爲無本之人。非好古而多聞，則爲空虛之學。以無本之人，而講空虛之學，吾見其日從事於聖人，而去之彌遠也。」（與友人論學書）

孟子曰：「恥之於人大矣。爲機變之巧者，無所用恥焉。不恥不若人，何若人有？」（盡心上）

彼人也，我亦人也，彼能是，我何爲不能是？是恥不若人者也。不恥不若人，則自暴自棄，終無若人之望矣。爲機變之巧者，以詐僞爲得計，而不知眞實爲人者也。不知眞實爲人，則亦無所用其恥心矣。此孟子深教人以明恥也。

齊人有一妻一妾而處室者，其良人⑩出，則必饜酒肉而後反。其妻問所與飲食者，則盡富貴也。其妻告其妾曰：「良人出，則必饜酒肉而後反；問其與飲食者，盡富貴也；而未嘗有顯者來。吾將瞯良人之所之也。」蚤起，施⑪從良人之所之。徧國中，無與立談者。卒之東郭墦⑫間之祭者，乞其餘；不足，又顧而之他；此其爲饜足之道也。其妻歸，告其妾曰：「良人者，所仰望而終身也，今若此！」與其妾訕⑬其良人，而相泣於中庭；而良人未之知也，施施⑭從外來，驕其妻妾。由君子觀之，則人之所以求富貴利達者，其妻妾不羞也而不相泣者，幾希矣。（離婁下）

⑩良人，夫也。⑪施，與迤通。⑫墦，塚也。東郭墦間，郭外塚也。⑬訕，怨詈也。⑭施施，喜悦自得之貌。

趙岐曰：「世之求富貴者，皆以枉曲之道，昏夜乞哀以求之，而以驕人於白日，與斯人何以異？」蓋人之喪其廉恥而不知羞者，其先皆由貪求富貴之一念來也。

孟子曰：「飢者甘食，渴者甘飲，是未得飲食之正也，飢渴害之也。豈惟口腹有飢渴之害？人心亦皆有害。人能無以飢渴之害爲心害，則不及人不爲憂矣。」（盡心上）

朱子云：「口腹爲飢渴所害，故於飲食不暇擇而失其正味；人心爲貧賤所害，故於富貴不暇擇而失其正理。人能不以貧賤之故而動其心，則過人遠矣。」是亦「志道者勿恥惡衣惡食」之說也。

孟子曰：「古之賢王，好善而忘勢；古之賢士，何獨不然？樂其道而忘人之勢。故王公不致敬盡禮，則不得亟見之。見且猶不得亟，而況得而臣之乎？」（盡心上）

此即「飽乎仁義所以不願膏粱」之義也。故凡不忘勢利而喪其恥心者，皆不能志道樂道之徒也。

孟子曰：「說大人⑮，則藐之，勿視其巍巍然。堂高數仞，榱題⑯數尺，我得志，弗爲也。食前方丈，侍妾數百人，我得志，弗爲也。般樂飲酒，驅騁田獵，後車千乘，我得志，弗為也。在彼者，皆我所不爲也。在我者，皆古之制也。吾何畏彼哉！」（盡心下）

⑮大人，謂當時之尊貴者。⑯榱，桷也。題，頭也。

此言人能以道自守，無希慕富貴之心，乃得舒展無畏，自盡其意也。諸葛武侯云「澹泊明志」，即此意矣。

孟子謂宋句踐曰：「子好遊乎？吾語子遊！人知之，亦囂囂⑰；人不知，亦囂囂。」曰：「何如斯可以囂囂矣？」曰：「尊德樂義，則可以囂囂矣。故士窮不失義，達不離道。窮不失義，故士得己⑱焉；達不離道，故民不失望焉。古之人，得志，澤加於民；不得志，修身見於世。窮則獨善其身，達則兼善天下。」（盡心上）

⑰囂囂，無欲自得之貌。⑱言不失己也。

此言尊德樂義，則有以自守，而不慕乎外榮；然後能不以貧賤而移，不以富貴而淫，而後可以善其身而行其道也。

孟子曰：「養心莫善於寡欲。其爲人也寡欲，雖有不存焉者寡矣；其爲人也多欲，雖有存焉者寡矣。」（盡心下）

朱子云：「欲，如耳目口鼻四肢之欲，雖人之所不能無，然多而不節，未有不失其本心者。學者所當深戒也。」

孟子曰：「人有不爲也，而後可以有爲。」（離婁下）有不爲者，以知所恥也。不知所恥，則不足以有爲矣。

孟子曰：「無爲其所不爲，無欲其所不欲，如此而已矣。」（盡心上）無爲其所不爲，知恥也；無欲其所不欲，不貪也。人能知恥不貪，庶乎可以得其本心，而無叛於道矣。充其羞惡之心，而義不可勝用，故曰「如此而已」也。

以上論知恥寡欲。

王子墊問曰：「士何事？」孟子曰：「尚志。」曰：「何謂尚志？」曰：「仁義而已矣。殺一無罪，非仁也；非其有而取之，非義也。居惡在？仁是也。路惡在？義是也。居仁由義，大人之事備矣。」（盡心上）此志道之極則也。孟子又曰：「伯夷、伊尹、孔子，行一不義，殺一不辜，而得天下，不爲也。」是即尚志之最高模範也。夫使行一不義，殺一無辜，而可以得天下，猶且不爲；則其無往而不居仁由義可知也。

孟子曰：「人之所不學而能者，其良能也；所不慮而知者，其良知也。孩提之童，無不知愛其親也；及其長也，無不知敬其兄也。親親，仁也；敬長，義也。無他，達之天下也。」（盡心上）

孟子曰：「道在邇而求諸遠，事在易而求諸難：人人親其親，長其長，而天下平。」（離婁上）

趙岐曰：「道在近而患人求之遠也，事在易而苦人求之難也；謂不親其親，不長其長，故其事遠而難也。」

孟子曰：「仁之實，事親是也；義之實，從兄是也。智之實，知斯二者弗去是也。禮之實，節文斯二者是也。樂之實，樂斯二者。樂則生矣，生則惡可已也。惡可已，則不知足之蹈之，手之舞之。」（離婁上）

朱子云：「此章言事親從兄良心眞切，天下之道皆原於此也。」

孟子曰：「矢人，豈不仁於函⑲人哉？矢人惟恐不傷人，函人惟恐傷人。巫匠亦然。故術不可不愼也。孔子曰：『里仁爲美，擇不處仁，焉得智？』夫仁，天之尊爵也，人之安宅也。莫之禦而不仁，是不智也。不仁不智，無禮無義，人役也。人役而恥爲役，由⑳弓人而恥爲弓，矢人而恥爲矢也。如恥之，莫如爲仁。仁者如射，射者正己而後發，發而不中，不怨勝己者，反求諸己而已矣。」（公孫丑上）

⑲函，甲也。⑳由，同猶。

此章戒人愼所擇。

孟子曰：「君子所以異於人者，以其存心也。君子以仁存心，以禮存心。仁者愛人，有禮者敬人。愛人者，人恒愛之；敬人者，人恒敬之。有人於此，其待我以横逆，則君子必自反也：我必不仁也，必無禮也。此物奚宜至哉？其自反而仁矣，自反而有禮矣，其横逆由是也，君子必自反也：我必不忠。自反而忠矣，其横逆由是也，君子曰：『此亦妄人也已矣！如此，則與禽獸奚擇哉？於禽獸又何難焉？』是故君子有終身之憂，無一朝之患也。乃若所憂，則有之。舜人也，我亦人也。舜爲法於天下，可傳於後世，我由未免爲鄉人也；是則可憂也。憂之如何？如舜而已矣。若夫君子所患則亡矣。非仁，無爲也；非禮，無行也。如有一朝之患，則君子不患矣。」（離婁下）

此章教人擇善而固執也。

孟子曰：『愛人不親反其仁，治人不治反其智，禮人不答反其敬。行有不得者，皆反求諸己。其身正，而天下歸之。詩云：『永言配命，自求多福。』』（離婁上）

此章教人自反，非自反則不能固執乎其善矣。

荀子法行篇：曾子曰：「同遊而不見愛者，吾必不仁也；交而不見敬者，吾必不長也；臨財而不見信者，吾必不信也。三者在身，曷怨人？怨人者窮，怨天者無識。失之己而反諸人，豈不亦迂哉？」

亦卽孟子此章之意也。

孟子曰：「居下位，而不獲於上，民不可得而治也。獲於上有道，不信於友，弗獲於上矣。信於友有道，事親弗悅，弗信於友矣。悅親有道，反身不誠，不悅於親矣。誠身有道，不明乎善，不誠其身矣。是故誠者，天之道也；思誠者，人之道也。至誠而不動者，未之有也。不誠，未有能動者也。」（離婁上）

禮記中庸云：「誠者，天之道也；誠之者，人之道也。誠者，不勉而中，不思而得，從容中道，聖人也。誠之者，擇善而固執之者也。博學之，審問之，愼思之，明辨之，篤行之。有弗學，學之弗能弗措也；有弗問，問之弗知弗措也；有弗思，思之弗得弗措也；有弗辨，辨之弗明弗措也；有弗行，行之弗篤弗措也。人一能之，己百之；人十能之，己千之。果能此道矣，雖愚必明，雖柔必強。」今按：此論「誠之」之道，最爲詳盡。而孟子專言思者，趙佑云：「統所知所行而歸重言之，明示人反求諸身爲誠身之要。惟思故能擇善，惟思故能固執。君子無往而不致其思，無思而不要於誠。孟子嘗警人之勿思，而教以思則得之，先立乎其大也。」誠者，實有之也。人實有此性，性實有此善，故曰「誠者天之道」。人能擇善固執，使之實有諸己，故曰「人之道」。焦循云：「惟天實授我以善，而我乃能明；亦惟我實有此善，而物乃可動。誠則明，明生於天道之誠；明則誠，誠又生於人道之思誠也。」此章發明性善之旨，學者所當深玩也。

孟子曰：「萬物皆備於我矣。反身而誠，樂莫大焉。強恕而行，求仁莫近焉。」（盡心上）

此章與前章相發明。萬物皆備於我，如仁義禮智之發於四端也。強恕而行，卽明善求仁之道，卽「誠之」之要道也。

以上論明善誠身。

孟子曰：「盡其心者，知其性也。知其性，則知天矣。存其心，養其性，所以事天也。殀壽不貳，修身以俟之，所以立命也。」（盡心上）

心者，身之主也。非極吾心之善端，則不知性之善也；故曰：「盡其心者，知其性也。」性爲天之所賦於我者，非知我之性，則不足以知天；故曰：「知其性，則知天矣。」心不存則放，性不養則戕，我之心性賦於天，故存心、養性所以事天也。失極乎我心之量，而達乎性之至善，任則至重也，道則至遠也，死而後已者也；故殀壽不貳，修身以俟之矣。此雖天之所以命我者，而尤貴乎我之能自立其命，此之謂「立命」也。此章可謂孟子論修養之大綱極則也。

孟子曰：「莫非命也，順受其正。是故知命者，不立乎巖牆之下。盡其道而死者，正命也；桎梏死者，非正命也。」（盡心上）

此章承上章所以立命而詳言之。孟子又曰：「生我所欲也，義亦我所欲也；二者不可得兼，舍生而取義者也。」今有義不可以生，而背義以求全者，此之謂失其本性。謂不知性，卽爲不知命也。然使義可以生，而自致於死不能全生者，是未盡吾道而死；死於桎梏，死於巖牆之下，亦非知命也。故非盡其心盡其道者，皆非順受，皆非正命也。焦循云：「君子以行道安天下爲心，天下之命，立於君子。百姓之飢寒囿於命，君子立命，則盡其心使之不飢不寒；百姓之愚不肖囿於命，君子立命，則盡心使之不愚不肖。口體耳目之命，已溺己飢者操之也；仁義禮智之命，勞來匡直者操之也。皆盡其心也，所謂立命也。俗以任運之自然爲知命，將視天下之飢寒愚不肖而不必盡其心，且自死於桎梏，自死於巖牆之下，而莫知避也。」顧亭林云：「天下興亡，匹夫有責。」亦此意也。

孟子曰：「求則得之，舍則失之，是求有益於得也，求在我者也。求之有道，得之有命，是求無益於得也，求在外者也。」（盡心上）

孟子云：「有道，不可妄求也；有命，不可必得也。」今按：此亦申述前兩章之義也。

孟子曰：「君子有三樂，而王天下不與存焉。父母俱存，兄弟無故，一樂也。仰不愧於天，俯不怍於人，二樂也。得天下英才而教育之，三樂也。君子有三樂，而王天下不與存焉。」（盡心上）

林氏曰：「此三樂者，一係於天，一係於人，其可以自致者，惟不愧不怍而已。學者可不勉哉！」

孟子曰：「廣土眾民，君子欲之，所樂不存焉。中天下而立，定四海之民，君子樂之，所性不存焉。君子所性，雖大行不加焉，雖窮居不損焉，分定故也。君子所性，仁義禮智根於心。其生色也，睟然見於面，盎於背，施於四體，四體不言而喻。」（盡心上）

朱子曰：「此章言君子固欲其道之大行，然其所得於天者，則不以是而有所加損也。」

以上論盡性知命。

上述孟子論修養，凡分四事：一曰志道自得，二曰知恥寡欲，三曰明善誠身，四曰盡性知命，皆與其性善之論相關。學者所當熟誦深思，身體而力行之，乃可以得其精意之所在也。

第七章　孟子尚論古先聖哲及自道爲學要領

孟子論性善，既主建樹一最高之標準，而即擴充吾心之所固有以爲證合。則其自身爲學之所嚮往者，固何在乎？此即就其書對於古先聖哲之所評騭高下趨舍從違，而可以得之。蓋其書中凡所抗論古人，稱述先民，娓娓乎言之，屢道而不厭者，皆足以徵其平日精神志趣之所歸，而可以見其爲學用力之大端也。學者求識孟子學說之淵源，則於此亦不可不潛心焉。茲再類記其說如次：

孟子謂萬章曰：「一鄉之善士，斯友一鄉之善士；一國之善士，斯友一國之善士；天下之善士，斯友天下之善士。以友天下之善士爲未足，又尚①論古之人。頌②其詩，讀其書，不知其人可乎？是以論其世也，是尚友也。」（萬章下）

①尚，上也，②頌、誦通，諷誦也。

焦循云：「古人各生一時，則其言各有所當。惟論其世，乃能不執泥其言，亦不鄙棄其言。斯爲能上友古人。孟子學孔子之時，得堯舜通變神化之用，故示人以論古之法也。」今按：孟子所以友古人者，乃在於友善也。非盡友天下之善，斯不足以竭吾心之善，故猶以當世爲未足，而進取於古之人。其所以友之者，則亦不外乎吾心固有之善端。此所謂心性之共鳴，自與執泥而學步者不同也。

孟子曰：「堯舜，性者也。湯武，反之也。動容周旋中禮，盛德之至也。哭死而哀，非爲生者也。經③德不回④，非以干祿也；言語必信，非以正行也。君子行法以俟命而已矣。」（盡心下）

③經，行也。④回，曲也。

無循云：「人性本善。堯舜生知，率性而行，自己爲善者也；湯武以善自反其身，己身已安於善，然後加善於人。堯舜率性，固無所爲而爲；湯武反身而後及人，亦非爲以善加人而始爲善。此非尚論堯舜湯武也，爲托於堯舜湯武者示之也。」今按：堯舜，上古之聖人也。湯武，中古之聖人，已有上古之聖人者立之標準，反其身而誠焉，故曰「反之」也。至於上古之聖人，其先更無爲之立至善之標準者，則其修爲以達於至善之境，胥出於其性分之所流露擴充而不能自已，爲其良知良能之表現而自臻於圓滿之地，而非有在外之標準以爲之模範，故曰「性之」也。孟子特舉上古、中古之兩時代，而以堯舜湯武爲之代表，以發明性善之旨。非謂堯舜之聖，必過於湯武。又非謂堯舜之性，可以不假修爲，而自然至善；湯武則先亡其至善之性，乃假修爲以復之也。今再舉例以明之。孟子曰：「上世有不葬其親者，其親死，舉而委之於壑。他日過之，狐狸食之，蠅蚋咕嘬之。其顙有泚，睨而不視，歸反虆梩而掩之。」此卽所謂「性之」也。又曰：「古者棺槨無度，中古棺七寸，槨稱之。

自天子達於庶人，非直爲觀美，然後盡於人心。」此卽所謂「反之」也。又如孩提之童，生而知愛其親，敬其兄，則「性之」也；長而知親親之爲仁，敬長之爲義，則「反之」矣。故性之於反，乃人類善性開展自有之順序，乃在於内外交互之間。「自誠明」則性也，「自明誠」則反也。一往一復，而吾心之善，乃益滋長發皇不可已。是皆出於吾人之修爲，不得以不假修爲爲率性也。以堯舜爲性之，湯武爲反之者，此卽孟子知人論世之所在也。

孟子曰：「堯舜，性之也。湯武，身之也。五霸，假之也。久假而不歸，惡知其非有也。」（盡心上）

此章「身之」與前章「反之」同義，卽所謂「反身而誠，樂莫大焉」者也。「假之」者，假借其名，而非能反身而誠者也。堯舜代表上世，湯武代表中世，五霸則入近世矣。上世之大人，本其性情而發爲仁義；中世之大人，見上世之仁義而反悟其本身之性情，於是仁義遂爲天下美。晚世之小人，乃借天下之所美以欺世。彼不知天下之所美者，卽我之所有也，而何事於外借乎？然仁義，性情也。彼雖借之於外，苟能久而不歸，則履行之久，内外交發，亦未嘗不足以得其性情之眞，而實見於仁義之美；則借而不歸者，亦未始不可以爲其有也。此孟子勉人之恕辭也。

孟子曰：「舜之居深山之中，與木石居，與鹿豕遊，其所以異於深山之野人者幾希？及其聞一善言，見一善行，若決江河，沛然莫之能禦也。」（盡心上）

舜爲上古之聖人，當其時，無教育、無禮義，無聖法，而舜能自脫於野人，自啟發其善心，以爲後世至善之標準者，此孟子所謂「性之」也。然在舜之時，雖非先有聖人成法，以爲至善之標準，而並時非無善也；深山之野人，亦自有其善言焉、善行焉，然而「行之而不著，習焉而不察，終身由之而不知其道者，衆也」。（盡心上）舜則一有感觸，卽能激發其善心，而無所不通，而遂至於至善焉，而因以爲後世爲善者之標準焉。則舜之「性之」者，其實亦未嘗不可謂非「反之」也。故自堯舜湯武言之，則堯舜爲性之，湯武爲反之；自堯舜與深山之野人言之，則堯舜爲反之，而深山之野人則性之也。上世不葬其親，有虆梩而掩之者，此卽野人之善行也；至於聖人聞之，而後有棺槨之製焉，而後愛親之善心，遂沛然如泉源之達而爲江河，莫之能禦矣。此孟子寓諸舜而發明其性善之理也。

孟子曰：「子路，人告之以有過則喜；禹聞善言則拜。大舜有大焉，善與人同，舍己從人，樂取於人以爲善；自耕稼陶漁以至爲帝，無非取於人者。取諸人以爲善，是與人爲善也。故君子莫大乎與人爲善。」（公孫丑上）

朱子曰：「善與人同，公天下之善而不爲私也。己未善，則無所繫吝而舍以從人；人有善，則不待勉彊而取之於己；此善與人同之目也。與，助也。取彼之善而爲之於我，則彼益勸於爲善矣，是我助其爲善也。能使天下之人皆勸於爲善，君子之善，孰大於此？」今按：此章所謂舜之取於人以爲善者，卽前引「聞一善言，見一善行，若決江河，沛然莫之能禦」之說也。原舜之所以能如此者，在見人之善，反身而誠，因以明我之善而已。中庸云：「舜其大知也歟！舜好問而好察邇言，隱惡而揚善，執其兩端，用其中於民。」此云兩端者，一端爲夫婦之愚，可以與知能行者也；其又一端，則雖聖人有所不知不能者也。卽所謂善也。如愛親敬長，不慮而知，不學而能，此卽善之一端也；孝弟之道，極乎其至，可以盡性命，通鬼神，此又其一端也。今舜之「好問好察邇言」，卽孟子所謂「取於人以爲善」，取其夫婦知能之一端也；及其若決江河，沛然莫之能禦，而因以爲大知、爲大孝，則達之於彼端矣。而舜之教人，仍自其夫婦之所與知能行者以爲教焉；仍自其愛親敬長之不慮不學者以爲教焉。使天下之人，循此以入乎孝弟之境，而因以明夫吾心之善。此卽舜之「用其中於民」，亦卽其「與人爲善」也。孟子曰：「惻隱之心，人皆有之。」此言其此一端也；又曰：「人皆可以爲堯舜。」此言其彼一端也。孟子特取堯舜以爲至善標準之代詞耳，非謂堯舜已躋乎善之極端，而不容更有超乎其上者。蓋自心地而言，則上古野人虆梩而掩其親，亦至善也；自事業而言，則後世聖人之棺槨七寸，猶未可以爲至善；此兩端之説也。明乎兩端，則可以識其中；識其中，則可以取諸人以爲善，而與人爲善矣。孟子亦寓諸舜以明其理也。

孟子曰：「人之所以異於禽獸者，幾希？庶民去之，君子存之。舜明於庶物，察於人倫，由仁義行，非行仁義也。」（離婁下）

飲食男女，人有此性，禽獸亦有之，未嘗異也；而今謂人之性善，異於禽獸者，正以有惻隱、羞惡、是非、辭讓之心耳。庶民不知惻隱之心爲善，因去之而爲不仁；君子知之，故存其惻隱之心而遂爲仁矣。是君子之於庶人，非善與惡之別，乃明與昧之分也。舜爲大知，故明於庶物，察於人倫，既知仁義之爲美，又識吾心之固善；因而存之，率由以行；故曰「由仁義行」也。庶民不知，聖人教之以仁義，尚不能反身而誠，知仁義之備於我，而因從聖人以爲行，則是「行仁義」耳，非「由仁義行」也。故仁義雖出乎吾性，而由仁義行者，先貴乎明之也。反之而明，則知存之矣。

孟子曰：「鷄鳴而起，孳孳爲善者，舜之徒也。鷄鳴而起，孳孳爲利者，蹠之徒也。欲知舜與蹠之分，無他，利與善之間也。」（盡心上）

程子曰：「善與利，公私而已矣。」今按：即以孟子之言釋之，則口之於味，目之於色，耳之於聲，鼻之於臭，四肢之於安逸，皆利也；仁之於父子，義之於君臣，禮之於賓主，智之於賢者，聖人之於天道，皆善也。利者，發乎吾之欲，其營謀極乎我之身，其道將奪之人以益之己者也；善者，發乎吾之情，其事越乎我之體，其道將竭之己以獻之人者也。故程子以公、私爲判也。

孟子曰：「天下大悅而將歸己，視天下悅而歸己猶草芥也，惟舜爲然。不得乎親，不可以爲人；不順乎親，不可以爲子。舜盡事親之道而瞽瞍底豫⑤，瞽瞍底豫而天下化；瞽瞍底豫而天下之爲父子者定，此之謂大孝。」（離婁上）

⑤底，致也；豫，樂也。瞽瞍，舜父名。

朱子云：「瞽瞍至頑，嘗欲殺舜，至是而底豫，蓋舜至此而有以順乎親矣。是以天下之爲子者，知天下無不可事之親，莫不勉而爲孝，至於其親亦底豫焉，則天下之父亦莫不慈，所謂化也。子孝父慈，各止其所，而無不安其位之意，所謂定也。爲法於天下，可傳於後世，非止一身一家之孝而已，此所以爲大孝也。」今按：孟子言性善，徵諸惻隱之心，又曰：「惻隱之心，仁之端也。」「仁之實，事親是也。」夫豈有不爲孝子，而能爲善人者？故孟子稱論古人美德，尤重於孝，而以舜爲大孝之標準也。

萬章問曰：「舜往于田，號泣于旻天，何爲其號泣也？」孟子曰：「怨慕也。」萬章曰：「父母愛之，喜而不忘；父母惡之，勞而不怨。然則舜怨乎？」曰：「長息⑥問於公明高⑦曰：『舜往于田，則吾既得聞命矣；號泣于旻天，于父母，則吾不知也。』公明高曰：『是非爾所知也。』夫公明高以孝子之心，爲不若是恝⑧。我竭力耕田，共爲子職而已矣。父母之不我愛，於我何哉？帝使其子九男二女，百官牛羊倉廩備，以事舜於畎畝之中。天下之士，多就之者，帝將胥⑨天下而遷之焉。爲不順於父母，如窮人無所歸。天下之士悅之，人之所欲也，而不足以解憂。好色，人之所欲，妻帝之二女，而不足以解憂。富，人之所欲，富有天下，而不足以解憂。貴，人之所欲，貴爲天子，而不足以解憂。人悅之、好色、富、貴，無足以解憂者。惟順於父母，可以解憂。人少則慕父母，知好色則慕少艾⑩，有妻子則慕妻子，仕則慕君，不得於君則熱中。大孝，終身慕父母。五十而慕者，予於大舜見之矣。」（萬章上）

⑥公明高弟子。⑦曾子弟子。⑧恝，無愁之貌。此下「我竭力耕田」云云，即申上無愁之貌也。⑨胥，盡也。⑩艾，美好也。

此章發明舜之一片孝心，甚爲眞摯，讀者卽以反求諸心可也。萬章與孟子論舜之孝行者尚多，以其事或未必盡有，而其理則盡於前引，故不復及。

孟子曰：「禹惡旨酒，而好善言。湯執中，立賢無方⑪。文王視民如傷⑫，望道而⑬未之見。武王不泄邇⑭，不忘遠。周公思兼三王，以施四事⑮。其有不合者⑯，仰而思之，夜以繼日；幸而得之，坐以待旦。」（離婁下）

⑪方，常也。⑫不忍動擾也。⑬而讀爲如。⑭泄，狎也。邇，近臣。⑮三代之王，禹湯文武四聖之事。⑯時異勢殊，故其事或有不合，非思無以通變而神化之。

此孟子承舜而歷敍羣聖之美德也。其所舉雖不同，然其憂勤惕厲之意，孜孜爲善之心，則一也。

孟子曰：「舜生於諸馮，遷於負夏，卒於鳴條，東夷之人也。文王生於岐周，卒於畢郢，西夷之人也。地之相去也，千有餘里；世之相後也，千有餘歲。得志行乎中國，若合符節。先聖後聖，其揆一也。」（離婁下）

舜與文王，同爲邊夷之人，無文化可言；其爲至善行大道，可謂同出於性之也。宋儒陸象山云：「東海有聖人出焉，此心同也，此理同也。千百世之上，至千百世之下，有聖人出焉，此心此理，亦莫不同也。」卽此章之義。前章所謂「其有不合」者，指時勢之推移而言；此章之所謂「若合符節」者，指心性之圓成而言。學者合以觀之，可以得論古友善之旨也。

萬章問曰：「人有言：『伊尹以割烹要湯。』有諸？」孟子曰：「否！不然！伊尹耕於有莘之野，而樂堯舜之道焉。非其義也，非其道也，祿之以天下，弗顧也；繫馬千駟，弗視也。非其義也，非其道也，一介⑰不以與人，一介不以取諸人。湯使人以幣聘之，囂囂然曰：『我何以湯之聘幣爲哉？我豈若處畎畝之中，由是以樂堯舜之道哉？』湯三使往聘之，既而幡然改曰：『與我處畎畝之中，由是以樂堯舜之道，吾豈若使是君爲堯舜之君哉？吾豈若使是民爲堯舜之民哉？吾豈若於吾身親見之哉？天之生此民也，使先知覺後知，使先覺覺後覺也。予，天民之先覺者也，予將以斯道覺斯民也。非予覺之而誰也？』思天下之民，匹夫匹婦，有不被堯舜之澤者，若己推而内之溝中。其自任以天下之重如此。故就湯而說之以伐夏救民。吾未聞枉己而正人者也，況辱己以正天下者乎？聖人之行不同也，或遠或近⑱，或去或不去，歸潔其身而已矣。吾聞其以堯舜之道要湯，未聞以割烹也。伊訓⑲曰：『天誅造攻自牧宮，朕載自亳⑳。』」（萬章上）

⑰同芥。⑱遠，隱遁也；近，仕宦也。⑲商書逸篇名。⑳牧宮，桀宮也。造、載，皆始也。朕，我也。亳，殷都。言桀自有可討之罪，而由我始其事於亳也。

此章以下，皆孟子反覆稱道伊尹、伯夷、柳下惠之事，誦述數四。蓋其精神留意之所在，學者當詳翫焉者也。

孟子曰：「聖人，百世之師也，伯夷、柳下惠是也。故聞伯夷之風者，頑夫廉㉑，懦夫有立志；聞柳下惠之風者，薄夫敦，鄙夫寬。奮乎百世之上，百世之下，聞者莫不興起也，非聖人而能若是乎！而況於親炙㉒之者乎！」（盡心下）

㉑頑鈍，貪也。廉，棱潔也。㉒親近，如親炙之也。

孟子曰：「伯夷非其君不事，非其友不友。不立於惡人之朝，不與惡人言；立於惡人之朝，與惡人言，如以朝衣朝冠坐於塗炭。推惡惡之心，思與鄉人立，其冠不正，望望然去之，若將浼㉓焉。是故諸侯雖有善其辭命而至者，不受也。不受也者，是亦不屑就㉔已。柳下惠不羞污君，不卑小官；進不隱賢㉕，必以其道；遺佚而不怨，阨窮而不憫。故曰：『爾爲爾，我爲我，雖袒裼裸裎㉖於我側，爾焉能浼我哉？』故由由然㉗與之偕，而不自失焉。援而止之而止。援而止之而止者，是亦不屑去已。」孟子曰：「伯夷隘，柳下惠不恭。隘與不恭，君子不由也。」（公孫丑上）

㉓浼，污也。㉔屑，趙岐曰：「潔也。」說文：「動作切切也。」不屑就，言不以就之爲潔而切切於是也。不屑，今云不值得。㉕必竭其能也。㉖袒裼，露臂也；裸裎，露體也。㉗由由，自得之貌。

伯夷、柳下惠，孟子稱之爲聖人，可以爲百世之師者也。何以又謂「伯夷隘，柳下惠不恭，君子不由」乎？曰：夷、惠，聖人也；聖人之地位高，力量大，故以夷之清，不屑屑爲不隘；以惠之和，不屑屑爲必恭。君子無聖人之地位與力量，因之不敢由於隘與不恭焉。此孟子所謂「有伊尹之志則可，無伊尹之志則篡」者也。

孟子曰：「伯夷目不視惡色，耳不聽惡聲。非其君不事，非其民不使；治則進，亂則退。橫政之所出，橫民之所止，不忍居也。思與鄉人處，如以朝衣朝冠坐於塗炭也。當紂之時，居北海之濱以待天下之清也。故聞伯夷之風者，頑夫廉，懦夫有立志。伊尹曰：『何事非君？何使非民？』治亦進，亂亦進。曰：『天之生斯民也，使先知覺後知，使先覺覺後覺。予，天民之先覺者也，予將以此道覺此民也。』思天下之民，匹夫匹婦，有不與被堯舜之澤者，若己推而內之溝中。其自任以天下之重也。柳下惠不羞污君，不辭小官；進不隱賢，必以其道；遺佚而不怨，阨窮而不憫。與鄉人處，由由然不忍去也。『爾爲爾，我爲我，雖袒裼裸裎於我側，爾焉能浼我哉？』故聞柳下惠之風者，鄙夫寬，薄夫敦。孔子之去齊，接淅而行。去魯，曰：『遲遲吾行也。』去父母國之道也。可以速而速，可以久而久，可以處而處，可以仕而仕，孔子也。」孟子曰：「伯夷，聖之清者也；伊尹，聖之任者也；柳下惠，聖之和者也；孔子，聖之時者也。孔子之謂集大成㉘。集大成也者，金聲而玉振之㉙也。金聲也者，始條理也；玉振之也者，終條理㉚也。始條理者，智之事也；終條理者，聖之事也。智，譬則巧也；聖，譬則力也。由射於百步之外也，其至，爾力也；其中，非爾力也。」（萬章下）

㉘成者，樂之一終。書：「簫韶九成。」㉙金，鐘屬；聲，宣也。玉，磬也；振，收也。㉚條理，猶言脈絡，指衆音而言也。樂有八音，金、石、絲、竹、匏、土、革、木，而金、石爲重；故並奏八音，則於其未作而先擊鎛鐘，以宣其聲；及其既闋而後擊特磬，以收其韻也。

朱子曰：「此言孔子集三聖之事，而爲一大聖之事；猶作樂者，集衆音之小成，而爲一大成也。蓋孔子巧力俱全，聖智兼備，三子則力有餘而巧不足；故三子之行，各極其一偏，而孔子兼全於衆理。所以偏者，由其蔽於始，是以缺於終；所以全者，由其知之至，是以行之盡。三子，猶春夏秋冬之各一其時，孔子則大和元氣之流行於四時也。」今按：孟子尚論古人，於先莫如舜，於後莫如孔子。其稱舜也常以善，而稱孔子則以時。蓋能推竭我心之善，使其發而時中焉，此聖之極則也。

萬章問曰：「孔子在陳，曰：『盍歸乎來！吾黨之士狂簡㉛，進取不忘其初。』孔子在陳，何思魯之狂士？」孟子曰：「孔子不得中道而與之，必也狂獧乎？狂者進取，獧者有所不爲也。孔子豈不欲中道哉！不可必得，故思其次也。」「敢問何如斯可謂狂矣？」曰：「如琴張、曾晳、牧皮者，孔子之所謂狂矣。」「何以謂之狂也？」曰：「其志嘐嘐然。曰：『古之人，古之人。』夷考其行，而不掩焉者也。狂者又不可得，欲得不屑不潔之士而與之，是獧也，是又其次也。孔子曰：『過我門而不入我室，我不憾焉者，其惟鄉原㉜乎！鄉原，德之賊也。』」曰：「何如斯可謂之鄉原矣？」曰：「何以是嘐嘐也？言不顧行，行不顧言，則曰：『古之人，古之人㉝。』行何爲踽踽涼涼？生斯世也，爲斯世也善，斯可矣㉞。閹然㉟媚於世也者，是鄉原也。」萬章曰：「一鄉皆稱原人焉，無所往而不爲原人，孔子以爲德之賊，何哉？」曰：「非之，無舉也；刺之，無刺也。同乎流俗，合乎汙世。居之似忠信，行之似廉潔；衆皆悅之，自以爲是，而不可與入堯舜之道。故曰德之賊也。孔子曰：『惡似而非者。惡莠，恐其亂苗也；惡佞，恐其亂義也；惡利口，恐其亂信也；惡鄭聲，恐其亂樂也；惡紫，恐其亂朱也；惡鄉原，恐其亂德也。』君子反經而已矣。經正則庶民興；庶民興，斯無邪慝矣。」（盡心下）

㉛狂簡，謂志大而略於事。㉜原與愿同，謂謹愿之人也。㉝自「何以是嘐嘐也」至此，孟子摹述鄉愿譏狂者之言。㉞自「行何爲踽踽涼涼」至此，孟子摹述鄉愿譏獧者之言。㉟閹然，深自閉藏之貌。

此章論中行與鄉愿之辨，卽猶如前論清之與隘、和之與不恭之辨也。蓋清者有似於隘，和者有似於不恭，任者有似於熱中，時者有似於鄉愿。隘與不恭，君子不由；而鄉愿尤爲聖人所深斥。似是而非之間，學者所當深辨也。前章稱孔子「可以仕而仕，可以處而處」，卽得乎進取與不爲之時中也。故伊尹之自任以天下之重，卽狂也；伯夷之不屑就，柳下惠之不屑去，皆獧也；孔子之時，則中行也。觀於此，知狂獧之卽可以爲聖人，而中行之卽爲集狂獧之大成，明矣。後人不明狂獧之眞義，故終不能爲中行，而卒底於鄉愿之歸也。此其意，余曾詳之於論語要略，當參看。

禹稷當平世，三過其門而不入；孔子賢之。顏子當亂世，居於陋巷，一簞食，一瓢飲，人不堪其憂，顏子不改其樂；孔子賢之。孟子曰：「禹稷顏回同道。禹思天下有溺者，由㊱己溺之也；稷思天下有飢者，由己飢之也；是以如是其急也。禹稷顏回，易地則皆然。今有同室之人鬭者，救之，雖被髮纓冠而救之，可也。鄉鄰有鬭者，被髮纓冠而往救之，則惑也，雖閉戶可也。」（離婁下）

㊱由，同猶。下同。

此孟子引禹稷顏子，以發明時中之義也。禹稷進取，偏於狂；顏子不爲，偏於狷；皆聖人也。隨所遭而處得其當，則皆中道也。

曾子居武城㊲，有越寇。或曰：「寇至，盍去諸？」曰：「無寓人於我室，毀傷其薪木！」寇退，則曰：「修我牆屋，我將反！」寇退，曾子反。左右曰：「待先生如此其忠且敬也，寇至則先去以爲民望，寇退則反，殆於不可？」沈猶行㊳曰：「是非汝所知也。昔沈猶有負芻㊴之禍，從先生者七十人，未有與焉。」子思居於衛，有齊寇。或曰：「寇至，盍去諸？」子思曰：「如伋去，君誰與守？」孟子曰：「曾子、子思同道。曾子，師也，父兄也；子思，臣也，微也。曾子、子思，易地則皆然。」（離婁下）

㊲武城，魯地。㊳沈猶行，曾子弟子。㊴負芻，作亂者。

此與前論禹稷顏子章同義。蓋地位不同，時代有異，必明乎此而後可以適於中道也。

浩生不害問曰：「樂正子，何人也？」孟子曰：「善人也，信人也。」「何謂善？何謂信？」曰：「可欲之謂善，有諸己之謂信。充實之謂美，充實而有光輝之謂大，大而化之之謂聖，聖而不可知之之謂神。樂正子，二之中，四之下也。」（盡心下）

此孟子因論樂正子之爲人，而及於人格之品級也。人必爲人之所可欲，而勿爲人之所可惡，所謂善也。凡所謂善，皆實有之，如好好色，如惡惡臭；反身而誠，所謂信也。士能好乎善而有諸己，則居安資深，而美大聖神可以馴致。上下一理，惟在充擴。爲聖爲神，非別有他謬巧也。

魯欲使樂正子爲政。孟子曰：「吾聞之，喜而不寐。」公孫丑曰：「樂正子強乎？」曰：「否。」「有知慮乎？」曰：「否。」「多聞識乎？」曰：「否。」「然則奚爲喜而不寐？」曰：「其爲人也好善。」「好善足乎？」曰：「好善優於天下，而況魯國乎？夫苟好善，則四海之内，皆將輕千里而來告之以善。夫苟不好善，則人將曰：『訑訑㊵，予既已知之矣。』訑訑之聲音顔色，距人於千里之外。士止於千里之外，則讒諂面諛之人至矣。與讒諂面諛之人居，國欲治，可得乎？」（告子下）

㊵訑，音移。訑訑，自足之貌。

此章論樂正子之爲人，而歸其本於好善也。好善之極，卽如大舜之與人爲善，樂取於人以爲善矣。此卽孟子友善之旨也。

公孫丑問曰：「夫子加齊之卿相，得行道焉，雖由此霸王不異矣。如此，則動心否乎？」孟子曰：「否，我四十不動心。」曰：「若是，則夫子過孟賁遠矣。」曰：「是不難，告子先我不動心。」曰：「不動心有道乎？」曰：「有。北宮黝之養勇也，不膚橈，不目逃㊶，思以一豪挫於人，若撻之於市朝。不受於褐寬博，亦不受於萬乘之君。視刺萬乘之君，若刺褐夫。無嚴㊷諸侯，惡聲至，必反之。孟施舍之所養勇也，曰：『視不勝猶勝也。量敵而後進，慮勝而後會，是畏三軍者也。舍豈能爲必勝哉？能無懼而已矣。』孟施舍似曾子，北宮黝似子夏。夫二子之勇，未知其孰賢？然而孟施舍守約也。昔者曾子謂子襄曰：『子好勇乎？吾嘗聞大勇於夫子矣。自反而不縮㊸，雖褐寬博，吾不惴㊹焉；自反而縮，雖千萬人，吾往矣。』孟施舍之守氣，又不如曾子之守約也。」曰：「敢問夫子之不動心，與告子之不動心，可得聞與？」「告子曰：『不得於言，勿求於心；不得於心，勿求於氣㊺。』不得於心，勿求於氣，可；不得於言，勿求於心，不可㊻。夫志，氣之帥也；氣，體之充也。夫志至焉，氣次焉。故曰：持其志，無暴其氣㊼。」「既曰『志至焉，氣次焉』；又曰『持其志，無暴其氣』者，何也！」曰：「志壹㊽則動氣，氣壹則動志也。今夫蹶者趨者，是氣也，而反動其心。」「敢問夫子惡乎長？」曰：「我知言㊾，我善養吾浩然之氣。」「敢問何謂浩然之氣？」曰：「難言也。其爲氣也，至大至剛以直，養而無害，則塞于天地之間。其爲氣也，配義與道。無是，餒也。是集義所生者，非義襲而取之也㊿。行有不慊於心，則餒矣(51)。我故曰：告子未嘗知義，以其外之也。必有事焉而勿正(52)，心勿忘，勿助長也。無若宋人然。宋人有憫其苗之不長而揠之者，芒芒然歸，謂其人曰：『今日病矣，予助苗長矣。』其子趨而往視之，苗則槁矣。天下之不助苗長者寡矣。以爲無益而舍之者，不耘苗者也；助之長者，揠苗者也；非徒無益，而又害之。」「何謂知言？」曰：「詖辭知其所蔽，淫辭知其所陷，邪辭知其所離，遁辭知其所窮(53)。生於其心，害於其政；發於其政，害於其事。聖人復起，必從吾言矣。」「宰我、子貢，善爲說辭；冉牛、閔子、顏淵，善言德行。孔子兼之，曰：『我於辭命，則不能也。』然則夫子(54)既聖矣乎？」曰：

「惡！是何言也！昔者子貢問於孔子曰：『夫子聖矣乎？』孔子曰：『聖則吾不能，我學不厭而教不倦也。』子貢曰：『學不厭，智也；教不倦，仁也。仁且智，夫子既聖矣。』夫聖，孔子不居。是何言也！」「昔者竊聞之，子夏、子游、子張，皆有聖人之一體；冉牛、閔子、顏淵，則具體而微。敢問所安[55]？」曰：「姑舍是！」曰：「伯夷、伊尹何如？」曰：「不同道。非其君不事，非其民不使，治則進，亂則退，伯夷也。何事非君，何使非民，治亦進，亂亦進，伊尹也。可以仕則仕，可以止則止，可以久則久，可以速則速，孔子也。皆古聖人也。吾未能有行焉。乃所願，則學孔子也。」「伯夷、伊尹於孔子，若是班[56]乎？」曰：「否。自有生民以來，未有孔子也。」曰：「然則有同與？」曰：「有。得百里之地而君之，皆能以朝諸侯，有天下；行一不義，殺一不辜，而得天下，皆不爲也。是則同。」曰：「敢問其所以異？」曰：「宰我、子貢、有若，智足以知聖人，汙[57]不至阿其所好。宰我曰：『以予觀於夫子，賢於堯舜遠矣。』子貢曰：『見其禮而知其政，聞其樂而知其德，由百世之後，等百世之王，莫之能違也。自生民以來，未有夫子[58]也。』有若曰：『豈惟民哉！麒麟之於走獸，鳳凰之於飛鳥，泰山之於坵垤，河海之於行潦，類也；聖人之於民，亦類也。出於其類，拔乎其萃，自生民以來，未有盛於孔子也。』」（公孫丑上）

㊶韓非作「不色橈，不目逃」，謂不肯以面色目光示弱於人也。㊷嚴，畏憚也。㊸縮，直也。㊹不惴，不加以惴懼也。㊺告子謂於言有所不達，則當舍置其言，而不必反求其理於心。於心有所不安，則當力制其心，而

不必更求其助於氣。此所以固守其心而不動之道也。㊻孟子既誦其言而斷之也。㊼人固當敬守其志，亦不可不致養其氣。蓋内外本末，交相培養，此則孟子之心，所以未嘗必其不動而自然不動之大略也。㊽壹，專一也。㊾知言，凡天下之言，皆識其是非得失之所以然也。㊿養氣之始，乃由事皆合義，自反常直，是以無所愧怍，而此氣自然發生於中；非由只行一事偶合於義，便可掩襲於外而得之也。51慊，快也，足也。言所行有一不合於義，而自反不直，則不足於心，而其體有所不充矣。52正，預期也。53詖，偏陂；淫，放蕩；邪，邪僻；遁，逃避。54此夫子指孟子。此一節又公孫丑之問也。55此一節亦丑之問。56班，齊等也。57汙，汙世也。言當汙世，是非不公，獨此三人，不至阿其所好也。58言大凡見人之禮，則可以知其政；聞人之樂，則可以知其德。是以我從百世之後，差等百世之王，無有遁其情，而見其皆莫若夫子之盛也。

此章孟子自道生平嚮慕，願學孔子，而自述工夫得力在知言與養氣也。

孟子曰：「由堯舜至於湯，五百有餘歲，若禹、臯陶則見而知之，若湯則聞而知之。由湯至於文王，五百有餘歲，若伊尹、萊朱59則見而知之，若文王則聞而知之。由文王至於孔子，五百有餘歲，若太公望、散宜生則見而知之，若孔子則聞而知之。由孔子而來至於今，百有餘歲。去聖人之世，若此其未遠也；近聖人之居，若此其甚也。然而無有乎爾，則亦無有乎爾！」（盡心下）

59萊朱，湯賢臣，或曰卽仲虺。

此章歷敘羣聖之統，編之七章之末，蓋孟子所以自識其爲學之淵源也。

大學中庸釋義

大學中庸釋義　目次

例言

一、大學、中庸二篇，本收小戴禮記中，宋儒始表章之。程顥作中庸解。至朱子定大學爲曾子作，著學、庸章句，取與論、孟集注相配，稱爲四書。元明兩代，咸宗朱子。清代亦相沿不變。朱子論孟集注、學庸章句，定爲科舉取士之標準。於是學者家弦戶誦。朱子所定四書，遂取漢人五經之地位而代之。故欲治學、庸，必取宋明儒者之說而兼治之。學者首當分別學、庸之本義，與夫宋明儒者所表章之新義，其間或同或異，而不害於本義與新義之各有其價值，未可輕重而偏廢也。

二、朱子分大學爲一經十傳，謂經一章，蓋孔子之言，而曾子述之。傳十章，則曾子之意，而門人記之。清儒戴震幼時，從塾師讀大學章句，即問：「朱子何時人？」師答：「南宋。」又問：「南宋隔孔子幾何時？」師曰：「幾二千年矣。」又問：「然則朱子在二千年後，何知二千年前之事？」其師無以答。大學固爲曾子與其門人之言與否，今實無可考定。惟其書實似成於晚周戰國之末，或秦人一天下之後。近復有疑其爲漢武時人作者。今皆無證可資詳說。惟古人著書，往往有不得其主名之人者。如老子非老聃作，在近世已成定論。論語不知記於誰何諸人之手，孟子殆亦非孟軻親手一一所撰定。則大學雖不出於曾子，亦無害大學本身之價值。

三、朱子大學章句，分大學爲一經十傳。又於原文多所分析改移，復以己意爲之增補，即所謂大學補傳是也。朱子引程子之説，謂：「大學乃孔氏之遺書，而初學入德之門。於今可見古人爲學次第者，獨賴此篇之存，而論、孟次之。學者必由是而學焉，則庶乎其不差。」然大學第一步入門工夫，所謂「致知在格物」者，據朱子意，其原文之傳已逸，乃取程子之意而補之。故朱子格物補傳，實爲尊信程朱學者之圭臬。今縱謂朱子補傳無當於大學原本之眞相，然自朱子以來七百年，此格物補傳固已與舊本大學凝成一體，已爲一盡人必讀之經典矣，固不應忽昧而不知。故本書備錄朱子章句，使學者知宋以來相傳之大學新本，與夫宋以來學者所以尊信闡述大學之用意。

四、顧朱子大學章句雖行世已久，然學者間固不絕反對，主復大學之舊本者。自明初方孝孺以下，最著者爲王守仁。下及清代，主尊古本，殆成學者間之定論。然坊間世俗則惟有朱子章句。承學之士，亦有僅知所謂大學古本之名，而竟不知大學古本之實者。本書爰特仍載大學古本，與朱子章句本竝列，以備學者之對比參究。

五、本子之異同，章節之紛歧，其主要者在於釋義之因而相違。宋明儒學界朱、王之對壘，其主要論鋒，乃集中於大學一書。循致此下對「格物」一語之訓釋，明清兩代，毋慮有數十家之多。故本書既列大學古本，並取陽明大學問一篇，又附錄陽明大學古本旁釋，藉以見陽明所以闡述大學要旨之梗概。學者可以由是以窺朱、王兩家之異見。至於詳説而深究之，則兩家全書具在，固非本篇所獲逮也。

六、朱子定大學爲曾子作，其説固無據。至謂中庸作於子思，此語遠有本末。然夷考其實，中庸爲晚出書之證甚顯，其决非出於子思，亦無疑問。然其書爲歷代所重，别出單行而專爲之作注者，其事亦不始於宋。相傳此書分三十三篇，早見於漢書藝文志。至程子始改定爲三十七節。及朱子爲章句，仍定爲三十三章，然亦頗多以己意新定。至舊傳分篇之可考者，惟鄭玄小戴禮記注一種而已。鄭氏分篇，既多可議；朱子所定章節，亦非無可非難。故後儒又多爲之重定章節者。今仍一本朱子章句，而分别注明鄭氏舊分篇次，庶學者有所比觀，而自見其是非得失之所以然。

七、中庸雖晚出書，然陳義甚高，其爲歷代學者推重，固非偶然。然朱子句句而解，字字而説，必求其無一不與語、孟要旨相脗合，則亦不免時有失者。要之，宋明儒學所陳精義，往往追溯中庸。今無論其爲本書原義與否，而自經宋明儒學之揭示，則確有别開生面，爲承學之士所不可忽者。本書爰仍一本朱注，偶删其枝節，而全録其大體。學者既可藉此以進窺中庸之原旨，亦可由此而旁及宋學之淵微。苟善爲體究，未嘗不可一舉而兩得之。至於朱注之果得中庸原書本旨與否，則轉成餘事，可勿深辨。篇中除朱注外，並雜引鄭玄舊注，亦欲使學者相互比觀，藉此以識漢、宋學術之分途。殊非爲古人翹異同、爭短長也。至於古今諸家，衆説紛紜，則有待於學者之繼此而深涉之，此概不及。

八、朱子定四書，論其時序先後，則孔、曾、思、孟；當以論語爲首，大學次之，中庸又次之，而孟子爲殿。顧朱子之意，大學既爲開示學者爲學次第，故首當先誦。次論語，次孟子，最後始及中庸。以其陳義深遠，天人性命之淵微，非初學所能驟解也。然坊本傳刻，則以學、庸篇幅單薄，合爲一册，幼童初入學塾，即先誦讀；然後以次再及於語、孟。故不期以學、庸兩篇連類並及焉。自今論之，語、孟爲考究孔孟思想之必要參考書，固無異論。至學、庸兩篇，其作者與成書年代，既在不可考知之列。又其書簡短，語義或難確指，不若論、孟之可即就本書，比類引申而求。故治古學、究儒術者，最先必當重論、孟，然後再旁及於學、庸。本書亦會合學、庸自爲一編，其用意則與從來坊刻僅就篇幅厚薄、字數多寡而聯合刊之者不同，特此附識。

大學中庸釋義

一　宋朱熹大學章句

子程子曰：「大學，孔氏之遺書，而初學入德之門也。」於今可見古人爲學次第者，獨賴此篇之存，而論、孟次之。學者必由是而學焉，則庶乎其不差矣。

大學之道，在明明德，在親①民，在止於至善②。

①程子曰：「親，當作新。」

②大學者，大人之學也。明，明之也。明德者，人之所得乎天，而虚靈不昧，以具衆理而應萬事者也。但爲氣稟所拘，人欲所蔽，則有時而昏。然其本體之明，則有未嘗息者。故學者當因其所發而遂明之，以復其

初也。新者，革其舊之謂也。言既自明其明德，又當推以及人，使之亦有以去其舊染之汚也。止者，必至於是而不遷之意。至善，則事理當然之極也。言明明德、新民，皆當止於至善之地而不遷。蓋必其有以盡夫天理之極，而無一毫人欲之私也。此三者，大學之綱領也。

知止而后③有定，定而后能靜，靜而后能安，安而后能慮，慮而后能得④。

③后，與後同。後放此。

④止者，所當止之地，即至善之所在也。知之，則志有定向。靜，謂心不妄動。安，謂所處而安。慮，謂處事精詳。得，謂得其所止。

物有本末，事有終始。知所先後，則近道矣⑤。

⑤明德爲本，新民爲末。知止爲始，能得爲終。本始所先，末終所後。此結上文兩節之意。

古之欲明明德於天下者，先治其國。欲治其國者，先齊其家。欲齊其家者，先脩其身。欲脩其身者，先正其心。欲正其心者，先誠其意。欲誠其意者，先致其知。致知在格物⑥。

⑥明明德於天下者，使天下之人皆有以明其明德也。心者，身之所主也。誠，實也。意者，心之所發也。實其心之所發，欲其一於善，而無自欺也。致，推極也。知，猶識也。推極吾之知識，欲其所知無不盡也。格，至也。物，猶事也。窮至事物之理，欲其極處無不到也。此八者，大學之條目也。

物格而后知至。知至而后意誠。意誠而后心正。心正而后身脩。身脩而后家齊。家齊而后國治。國治而后天下平⑦。

⑦物格者，物理之極處無不到也。知至者，吾心之所知無不盡也。知既盡，則意可得而實矣。意既實，則心可得而正矣。脩身以上，明明德之事也。齊家以下，新民之事也。物格知至，則知所止矣。意誠以下，則皆得所止之序也。

自天子以至於庶人，壹是皆以脩身爲本⑧。

⑧壹是，一切也。正心以上，皆所以脩身也；齊家以下，則舉此而措之耳。

其本亂而末治者，否矣。其所厚者薄，而其所薄者厚，未之有也⑨。

⑨本，謂身也。所厚，謂家也。此兩節，結上文兩節之意。

右經一章，蓋孔子之言，而曾子述之。其傳十章，則曾子之意，而門人記之也。舊本頗有錯簡，今因程子所定，而更考經文，別爲序次如左⑩。

⑩凡傳文雜引經傳，若無統紀。然文理接續，血脈貫通，深淺始終，至爲精密。熟讀詳味，久當見之，今不盡釋也。

康誥曰：「克明德⑪。」大甲曰：「顧諟天之明命⑫。」帝典曰：「克明峻德⑬。」皆自明也⑭。

⑪康誥，周書。克，能也。
⑫大，讀作太。諟，古是字。大甲，商書。顧，謂常目在之也。諟，猶此也，或曰審也。天之明命，卽天之所以與我，而我之所以爲德者也。常目在之，則無時不明矣。
⑬帝典，堯典，虞書。峻，大也。
⑭結所引書，皆言自明己德之意。

右傳之首章，釋明明德⑮。

⑮此通下三章，至「止於信」，舊本誤在「沒世不忘」之下。

湯之盤銘曰：「苟日新，日日新，又日新⑯。」康誥曰：「作新民⑰。」詩曰：「周雖舊邦，其命惟新⑱。」是故君子無所不用其極⑲。

⑯盤，沐浴之盤也。銘，名其器以自警之辭也。苟，誠也。湯以人之洗滌其心以去惡，如沐浴其身以去垢，故銘其盤。言誠能一日有以滌其舊染之汚而自新，則當因其已新者而日日新之、又日新之，不可略有間斷也。
⑰鼓之舞之之謂作。言振起其自新之民也。
⑱詩，大雅文王之篇。言周國雖舊，至於文王，能新其德以及於民，而始受天命也。
⑲自新、新民，皆欲止於至善也。

右傳之二章，釋新民㉕。

詩云：「邦畿千里，惟民所止⑳。」詩云：「緡蠻黃鳥，止於丘隅。」子曰：「於止，知其所止，可以人而不如鳥乎㉑？」詩云：「穆穆文王，於緝熙敬止。」爲人君，止於仁。爲人臣，止於敬。爲人子，止於孝。爲人父，止於慈。與國人交，止於信㉒。詩云：「瞻彼淇澳，菉竹猗猗。有斐君子，如切如磋，如琢如磨。瑟兮僩兮！赫兮喧兮！有斐君子，終不可諠兮！」如切如磋者，道學也。如琢如磨者，自脩也。瑟兮僩兮者，恂慄也。赫兮喧兮者，威儀也。有斐君子，終不可諠兮者，道盛德至善，民之不能忘也㉓。詩云：「於戲！前王不忘。」君子賢其賢而親其親，小人樂其樂而利其利，此以沒世不忘也㉔。

⑳詩，商頌玄鳥之篇。邦畿，王者之都也。止，居也。言物各有所當止之處也。

㉑緡，詩作緜。詩，小雅緜蠻之篇。緡蠻，鳥聲。丘隅，岑蔚之處。「子曰」以下，孔子說詩之辭，言人當知所當止之處也。

㉒「於緝」之於，音烏。詩，文王之篇。穆穆，深遠之意。於，歎美辭。緝，繼續也。熙，光明也。敬止，言其無不敬而安所止也。引此而言聖人之止，無非至善，五者乃其目之大者也。學者於此，究其精微之蘊，而又推類以盡其餘，則於天下之事，皆有以知其所止而無疑矣。

㉓澳，詩作奥。菉，詩作綠。猗，叶韻音阿。喧，詩作咺。諠，詩作諼。恂，鄭氏讀作峻。詩，衞風淇澳之篇。淇，水名。澳，隈也。猗猗，美盛貌。興也。斐，文貌。切以刀鋸，琢以椎鑿，皆裁物使成形質也。

瑳以鑢鍚，磨以沙石，皆治物使其滑澤也。治骨角者，既切而復瑳之。治玉石者，既琢而復磨之。皆言其治之有緒，而益致其精也。瑟，嚴密之貌。僩，武毅之貌。赫喧，宣著盛大之貌。諠，忘也。道，言也。學，謂講習討論之事。自脩者，省察克治之功。恂慄，戰懼也。威，可畏也。儀，可象也。引詩而釋之，以明明明德者之止於至善。道學、自脩，言其所以得之之由。恂慄、威儀，言其德容表裏之盛。卒乃指其實而歎美之也。

㉔於戲，音嗚呼。詩，周頌烈文之篇。於戲，歎辭。前王，謂文武也。君子，謂其後賢後王。小人，謂後民也。此言前王所以新民者，止於至善，能使天下後世無一物不得其所。所以既沒世而民思慕之，愈久而不忘也。此兩節咏歎淫泆，其味深長，當熟玩之。

右傳之三章，釋止於至善㉕。

㉕此章內自引淇澳詩以下，舊本誤在「誠意」章下。

子曰：「聽訟，吾猶人也。必也使無訟乎？」無情者不得盡其辭，大畏民志。此謂知本㉖。

㉖猶人，不異於人也。情，實也。引夫子之言，而言聖人能使無實之人不敢盡其虛誕之辭。蓋我之明德既明，自然有以畏服民之心志，故訟不待聽而自無也。觀於此言，可以知本末之先後矣。

右傳之四章，釋本末㉗。

㉗此章舊本誤在「止於信」下。

此謂知本。㉘

㉘程子曰：「衍文也。」

此謂知之至也㉙。

㉙此句之上，別有闕文，此特其結語耳。

右傳之五章，蓋釋格物致知之義，而今亡矣㉚。閒嘗竊取程子之意以補之，曰：「所謂致知在格物者，言欲致吾之知，在卽物而窮其理也。蓋人心之靈，莫不有知；而天下之物，莫不有理。惟於理有未窮，故其知有不盡也。是以大學始教，必使學者卽凡天下之物，莫不因其已知之理而益窮之，以求至乎其極。至於用力之久而一旦豁然貫通焉，則衆物之表裏精粗無不到，而吾心之全體大用無不明矣。此謂物格，此謂知之至也。」

㉚此章舊本通下章，誤在經文之下。

所謂誠其意者，毋自欺也。如惡惡臭，如好好色，此之謂自謙，故君子必愼其獨也㉛。小人閒居爲不善，無所不至，見君子而后厭然，揜其不善而著其善。人之視己，如見其肺肝然，則何益矣。此謂誠於中，形於外，故君子必愼其獨也㉜。曾子曰：「十目所視，十手所指，其嚴乎㉝！」富潤屋，德潤身，心廣體胖，故君子必誠其意㉞。

㉛謙，讀爲慊。誠其意者，自脩之首也。毋者，禁止之辭。自欺云者，知爲善以去惡，而心之所發有未實也。慊，快也，足也。獨者，人之所不知，而己所獨知之地也。言欲自脩者，知爲善以去其惡，則當實用其力，而禁止其自欺。使其惡惡則如惡惡臭，好善則如好好色，皆務決去而求必得之，以自快足於己，不可徒苟且以徇外而爲人也。然其實與不實，蓋有他人所不及知，而己獨知之者，故必謹之於此，以審其幾焉。

㉜閒居，獨處也。厭然，消沮閉藏之貌。此言小人陰爲不善而陽欲揜之，則是非不知善之當爲與惡之當去也，但不能實用其力以至此耳。然欲揜其惡而卒不可揜，欲詐爲善而卒不可詐，則亦何益之有哉！此君子所以重以爲戒，而必謹其獨也。

㉝引此以明上文之意，言雖幽獨之中，而其善惡之不可揜如此。可畏之甚也。

㉞胖，安舒也。言富則能潤屋矣，德則能潤身矣。故心無愧怍，則廣大寬平而體常舒泰，德之潤身者然也。蓋善之實於中而形於外者如此，故又言此以結之。

右傳之六章，釋誠意㉟。

㉟經曰：「欲誠其意，先致其知。」又曰：「知至而后意誠。」蓋心體之明有所未盡，則其所發必有不能實用其力，而苟焉以自欺者。然或已明而不謹乎此，則其所明又非己有，而無以爲進德之基。故此章之指，必承上章而通考之，然後有以見其用力之始終，其序不可亂，而功不可闕如此云。

所謂脩身在正其心者，身有所忿懥，則不得其正。有所恐懼，則不得其正。有所好樂，則不得其正。有所憂患，則不得其正㊱。心不在焉，視而不見，聽而不聞，食而不知其味㊲。此謂脩身在正其心。

㊱程子曰：「身有之身當作心。」忿懥，怒也。蓋是四者，皆心之用，而人所不能無者。然一有之而不能察，則欲動情勝，而其用之所行，或不能不失其正矣。

㊲心有不存，則無以檢其身。是以君子必察乎此，而敬以直之，然後此心當存，而身無不脩也。

右傳之七章，釋正心脩身㊳。

㊳此亦承上章以起下章。蓋意誠則眞無惡而實有善矣，所以能存是心以檢其身。然或但知誠意，而不能密察此心之存否，則又無以直内而脩身也。自此以下，並以舊文爲正。

所謂齊其家在脩其身者，人之其所親愛而辟焉，之其所賤惡而辟焉，之其所畏敬而辟焉，之其所哀矜而辟焉，之其所敖惰而辟焉。故好而知其惡，惡而知其美者，天下鮮矣㊴。故諺有之曰：「人莫知其子之惡，莫知其苗之碩㊵。」此謂身不脩，不可以齊其家。

㊴辟，讀爲僻。人，謂衆人。之，猶於也。辟，猶偏也。五者在人，本有當然之則，然常人之情，惟其所向而不加審焉，則必陷於一偏而身不脩矣。

㊵諺，俗語也。溺愛者不明，貪得者無厭，是則偏之爲害，而家之所以不齊也。

右傳之八章，釋脩身齊家。

所謂治國必先齊其家者，其家不可教，而能教人者，無之。故君子不出家而成教於國。孝者，所以事君也。弟者，所以事長也。慈者，所以使衆也㊶。康誥曰：「如保赤子。」心誠求之，雖不中，不遠矣。未有學養子而后嫁者也㊷。一家仁，一國興仁。一家讓，一國興讓。一人貪戾，一國作亂。其機如此。此謂一言僨事，一人定國㊸。堯舜帥天下以仁，而民從之。桀紂帥天下以暴，而民從之。其所令反其所好，而民不從。是故君子有諸己，而后求諸人；無諸己，而后非諸人。所藏乎身不恕，而能喻諸人者，未之有也㊹。故治國在齊其家㊺。詩云：「桃之夭夭，其葉蓁蓁。之子于歸，宜其家人。」宜其家人，而后可以教國人㊻。詩云：「宜兄宜弟。」宜兄宜弟，而后可以教國人㊼。詩云：「其儀不忒，正是四國。」其爲父子兄弟足法，而后民法之也㊽。此謂治國在齊其家㊾。

㊶身脩，則家可教矣。孝、弟、慈，所以脩身而教於家者也。然而國之所以事君、事長、使衆之道，不外乎此。此所以家齊於上，而教成於下也。

㊷此引書而釋之。又明立教之本不假強爲，在識其端而推廣之耳。

㊸一人，謂君也。機，發動所由也。僨，覆敗也。此言教成於國之效。

㊹此又承上文「一人定國」而言。有善於己，然後可以責人之善；無惡於己，然後可以正人之惡。皆推己以及人，所謂恕也。不如是，則所令反其所好，而民不從矣。喻，曉也。

㊺通結上文。

㊻詩，周南桃夭之篇。夭夭，少好貌。蓁蓁，美盛貌。興也。之子，猶言是子，此指女子之嫁者而言也。婦人謂嫁曰歸。宜，猶善也。

㊼詩，小雅蓼蕭之篇。

㊽詩，曹風鳲鳩之篇。忒，差也。

㊾此三引詩，皆以咏歎上文之事，而又結之如此。其味深長，最宜潛玩。

右傳之九章，釋齊家治國。

所謂平天下在治其國者，上老老而民興孝，上長長而民興弟，上恤孤而民不倍，是以君子有絜矩之道也㊿。所惡於上，毋以使下。所惡於下，毋以事上。所惡於前，毋以先後。所惡於後，毋以從前。所惡於右，毋以交於左。所惡於左，毋於交於右。此之謂絜矩之道(51)。詩云：「樂只君子，民之父母。」民之所好好之，民之所惡惡之，此之謂民之父母(52)。詩云：「節彼南山，維石巖巖。赫赫師尹，民具爾瞻。」有國者不可以不愼，辟則爲天下僇矣(53)。詩云：「殷之未喪師，克配上帝。儀監于殷，峻命不易。」道得衆則得國，失衆則失國(54)。是故君子先愼乎德。有德此有人，有人此有土，有土此有財，有財此有用(55)。德者本也，財者末也(56)。外本内末，爭民施奪(57)。是故財聚則民散，財散則民聚(58)。是故言悖而出者，亦悖而入；貨悖而入者，亦悖而出(59)。康誥曰：「惟命不于常。」道善則得之，不善則失之矣(60)。楚書曰：「楚國無以爲寶，惟善以爲寶(61)。」舅犯曰：「亡人無以爲寶，仁親以爲寶(62)。」秦誓曰：「若有一个臣，斷斷兮無他技，其心休休焉，其如有容焉。人之有技，若己有之。人之彦聖，其心好之，不啻若自其口出。實能容之，以能保我子孫，黎民尚亦有利哉！人之有技，媢嫉以惡之。人之彦聖，而違之俾不通。實不能容，以不能保我子孫，黎民亦曰殆哉(63)！」唯仁人放流之，迸諸四夷，不與同中國。此謂唯仁人爲能愛人，能惡人(64)。見賢而不能舉，舉而不能先，命也。見不善而不能退，退而不能遠，過也(65)。好人之所惡，惡人之所好，是謂拂人之性，菑必逮夫身(66)。是故君子有大道，必忠信以得之，驕泰以失之(67)。生財有大道，生之者衆，食之者寡，爲之者疾，用之者舒，則財恒足矣(68)。仁者以財發身，不仁者以身發財(69)。未有上好仁，而下不好義者也。未有好義，其事不終者也。未有府庫財，非其財者也(70)。孟獻子曰：「畜馬乘，不察於雞豚。伐冰之家，不畜牛羊。百乘之家，不畜聚斂之臣。與其有聚斂之臣，寧有盜臣。」此謂國不以利爲利，以義爲利也(71)。長國家而務財用者，必自小人矣。彼爲善之。小人之使爲國家，菑害竝至。雖有善者，亦無如之何矣。此謂國不以利爲利，以義爲利也(72)。

(50)倍，與背同。老老，所謂老吾老也。興，謂有所感發而興起也。孤者，幼而無父之稱。絜，度也。矩，所以爲方也。言此三者，上行下效，捷於影響，所謂家齊而國治也。亦可以見人心之所同，而不可使有一夫之不獲矣。是以君子必當因其所同，推以度物，使彼我之間各得分願。則上下四旁，均齊方正，而天下平矣。

(51)此覆解上文「絜矩」二字之義。如不欲上之無禮於我，則必以此度下之心，而亦不敢以此無禮使之。不欲下之不忠於我，則必以此度上之心，而亦不敢以此不忠事之。至於前後左右，無不皆然。則身之所處，上下四旁，長短廣狹，彼此如一，而無不方矣。彼同有是心而興起焉者，又豈有一夫之不獲哉！所操者約，而所及者廣，此平天下之要道也。故章内之意，皆自此而推之。

(52)詩，小雅南山有臺之篇。只，語助辭。言能絜矩而以民心爲己心，則是愛民如子，而民愛之如父母矣。

(53)節，讀爲截。辟，讀爲僻。僇，與戮同。詩，小雅節南山之篇。節，截然高大貌。師尹，周太師尹氏也。

具，俱也。辟，偏也。言在上者人所瞻仰，不可不謹。若不能絜矩，而好惡徇於一己之偏，則身弒國亡，爲天下之大戮矣。

54 儀，詩作宜。峻，詩作駿。詩，文王篇。師，眾也。配，對也。配上帝，言其爲天下君，而對乎上帝也。監，視也。峻，大也。不易，言難保也。道，言也。引詩而言此，以結上文兩節之意。有天下者，能存此心而不失，則所以絜矩而與民同欲者，自不能已矣。

55 先慎乎德，承上文「不可不謹」而言。德，即所謂明德。有人，謂得眾。有土，謂得國。有國則不患無財用矣。

56 本上文而言。

57 人君以德爲外，以財爲內，則是爭鬭其民，而施之以劫奪之教也。蓋財者，人之所同欲，不能絜矩而欲專之，則民亦起而爭奪矣。

58 外本內末故財聚，爭民施奪故民散。反是，則有德而有人矣。

59 悖，逆也。此以言之出入，明貨之出入也。自「先慎乎德」以下至此，又因財貨以明能絜矩與不能者之得失也。

60 道，言也。因上文引文王詩之意而申言之，其丁寧反覆之意，益深切矣。

61 楚書，楚語。言不寶金玉，而寶善人也。

62 舅犯，晉文公舅狐偃，字子犯。亡人，文公時爲公子，出亡在外也。仁，愛也。事見檀弓。此兩節又明不外本而內末之意。

63 个，書作介。秦誓，周書。斷斷，誠一之貌。彥，美士也。聖，通明也。尚，庶幾也。媢，忌也。違，拂戾也。殆，危也。

(64)迸，讀爲屏，古字通用。迸，猶逐也。言有此媢嫉之人，妨賢而病國，則仁人必深惡而痛絕之。以其至公無私，故能得好惡之正如此也。

(65)命，鄭氏云：「當作慢。」程子云：「當作怠。」未詳孰是。若此者，知所愛惡矣，而未能盡愛惡之道，蓋君子而未仁者也。

(66)菑，古災字。拂，逆也。好善而惡惡，人之性也。至於拂人之性，則不仁之甚者也。自秦誓至此，又皆以申言好惡公私之極，以明上文所引南山有臺、節南山之意。

(67)君子，以位言之。道，謂居其位而脩己治人之術。發己自盡爲忠，循物無違爲信。驕者矜高，泰者侈肆。此因上所引文王、康誥之意而言。章內三言得失，而語益加切，蓋至此而天理存亡之幾決矣。

(68)吕氏大臨曰：「國無遊民，則生者眾矣。朝無幸位，則食者寡矣。不奪農時，則爲之疾矣。量入爲出，則用之舒矣。」愚按：此因「有土有財」而言，以明足國之道，在乎務本而節用，非必外本內末，而後財可聚也。自此以至終篇，皆一意也。

(69)發，猶起也。仁者散財以得民，不仁者亡身以殖貨。

(70)上好仁以愛其下，則下好義以忠其上。所以事必有終，而府庫之財無悖出之患也。

(71)孟獻子，魯之賢大夫仲孫蔑也。畜馬乘，士初試爲大夫者也。伐冰之家，卿大夫以上，喪祭用冰者也。百乘之家，有采地者也。君子寧亡己之財，而不忍傷民之力，故寧有盜臣，而不畜聚斂之臣。「此謂」以下，釋獻子之言也。

(72)「彼爲善之」，此句上下，疑有闕文誤字。自，由也。言由小人導之也。此一節深明以利爲利之害，而重言以結之，其丁寧之意切矣。

右傳之十章，釋治國平天下[73]。

[73] 此章之義，務在與民同好惡，而不專其利，皆推廣絜矩之意也。能如是，則親賢樂利，各得其所，而天下平矣。

凡傳十章。前四章，統論綱領指趣；後六章，細論條目工夫。其第五章，乃明善之要；第六章，乃誠身之本。在初學尤爲當務之急，讀者不可以其近而忽之也。

按：朱子曰：「伊川舊日教人先看大學，那時未解說，而今有注解，覺大段分曉了，只在子細去看。」

又曰：「我（朱子自謂）平生精力，盡在此書。（指大學章句）先須通此，方可讀他書。」

其門人黄榦曰：「朱子大學，修改甚多，三四十年，日夜用功，不肯輕下；皆有深意寓乎其間。」

其門人陳淳曰：「朱子一生精力在是，至屬纊而後絶筆，爲義極精。」

據此，見朱子對大學一書用力之勤。故今欲通大學，仍當自朱子章句入手。今備列朱子章句原文，不別增注釋。見仁見智，由學者之自得焉。

〔附〕朱熹大學章句序

大學之書，古之大學所以教人之法也。蓋自天降生民，則既莫不與之以仁義禮智之性矣；然其氣質之稟，或不能齊，是以不能皆有以知其性之所有而全之也。一有聰明睿智能盡其性者出於其間，則天必命之以爲億兆之君師，使之治而教之，以復其性。此伏羲、神農、黄帝、堯、舜，所以繼天立極；而司徒之職、典樂之官所由設也。三代之隆，其法寖備；然後王宫國都，以及閭巷，莫不有學。人生八歲，則自王公以下，至於庶人之子弟，皆入小學，而教以灑掃應對進退之節，禮樂射御書數之文。及其十有五年，則自天子之元子衆子，以至公卿大夫元士之適子，與凡民之俊秀，皆入大學，而教之以窮理正心、修己治人之道。此又學校之教，大小之節，所以分也。夫以學校之設，其廣如此；教之之術，其次第節目之詳又如此；而其所以爲教，則又皆本之人君躬行心得之餘，不待求之民生日用彝倫之外。是以當世之人無不學，其學焉者，無不有以知其性分之所固有，職分之所當爲，而各俛焉以盡其力。此古昔盛時，所以治隆於上，俗美於下，而非後世之所能及也。及周之衰，賢聖之君不作，學校之政不修，教化陵夷，風俗頽敗。時則有若孔子之聖，而不得君師之位以行其政教，於是獨取先王之法，誦而傳之，以詔後世。若曲禮、少儀、内則、弟子職諸篇，固小學之支流餘裔；而此篇者，則因小學之成功，以著大學之明法，外有以極其規模之大，而內有以盡其節目之詳者也。三千之徒，蓋莫不聞其說，而曾氏之傳獨得其宗，於是作爲傳義，以發其意。及孟子沒，而其傳泯焉。則其書雖存，而知者鮮矣。自是以來，俗儒記誦詞章之習，其功倍於小學而無用；異端虛無寂滅之教，其高過於大學而無實。其他權謀術數，一切以就功名之說，與夫百家衆技之流，所以惑世誣民、充塞仁義者，又紛然雜出乎其間。使其君子不幸而不得聞大道之要，其小人不幸而不得蒙至治之澤。晦盲否塞，反覆沈痼，以及五季之衰，而壞亂極矣。天運循環，無往不復。宋德隆盛，治教休明。於是河南程氏兩夫子出，而有以接乎孟氏之傳。實始尊信此篇而表章之，既又爲之次其簡編，發其歸趣；然後古者大學教人之法，聖經賢傳之指，粲然復明於世。雖以熹之不敏，亦幸私淑而與有聞焉。顧其爲書，猶頗於失。是以忘其固陋，采而輯之，間亦竊附己意，補其闕略，以俟後之君子。極知僭踰，無所逃罪，然於國家化民成俗之意，學者修己治人之方，則未必無小補云。淳熙己酉二月甲子新安朱熹序。

按：朱子此序，謂大學一篇，乃春秋以前大學所以教人之成法，其言固非古史之眞相。然其根據大學篇文，而揭示一種教育理想，以示別於其所謂「記誦詞章之習，虛無寂滅之教」，以及一切權謀術數、百家衆技之所以就功名而惑世誣民者；則朱子此序所陳，實已包舉宋明兩代理學新儒之最高標的而無餘矣。明代王陽明先生，雖於朱子大學格物補傳未能首肯，而主張古本大學；然其發揮孔孟以來儒家理想中之教學規模，暢見於其答顧東橋書之末幅，所謂「拔本塞源」之論者，其言愷切深明，爲陽明晚年絕大文字；而求其大體宗旨，亦無以甚異於朱子此序之所言也。惟朱子四書，明清兩代懸爲科舉功令，家弦戶誦。幼童初識字，即首讀大學章句。因此司空見慣，習焉不察，或轉覺其陳腐；而於其義蘊之高，影響之深，有昧失於不自知者。茲特附錄於此，以便學者再事推闡，實不僅爲研治宋明理學思想者所必讀也。

二　大學古本①

大學之道，在明明德②，在親民③，在止於至善④。知止而后有定⑤，定而后能靜，靜而后能安，安而后能慮，慮而后能得。物有本末，事有終始。知所先後，則近道矣。古之欲明明德於天下者，先治其國。欲治其國者，先齊其家。欲齊其家者，先脩其身。欲脩其身者，先正其心。欲正其心者，先誠其意。欲誠其意者，先致其知。致知在格物⑥。物格而后知至。知至而后意誠。意誠而后心正。心正而后身脩。身脩而后家齊。家齊而后國治。國治而后天下平。自天子以至於庶人，壹是皆以脩身爲本。其本亂而末治者，否矣。其所厚者薄，而其所薄者厚，未之有也。此謂知本，此謂知之至也。

①按：大學原列小戴禮記第四十二。此稱古本，以示別於朱子新定之章句本而名也。

②鄭玄曰：「明明德，謂顯明其至德也。」陳澧（東塾讀書記）曰：「朱子語類：光明正大者，謂之明德。此勝於虛靈不昧之說矣。」

③王守仁曰：「親，愛也。明明德親民，猶言脩己安百姓。」此據陽明大學古本旁釋。下引各條，不標主名者皆是。

④至善者，心之本體。盡其心之本體，謂之止至善。

⑤知至善惟在吾心，則求之有定向。

⑥鄭玄曰：「格，來也。物，猶事也。其知於善深，則來善物；其知於惡深，則來惡物。言事緣人所好來也。」

按：此則說成「格物在致知」矣。可證「格物」一解，漢儒已失其義。陽明以「致良知」說大學「致知」，其誤亦在此。

心者身之主，意者心之發，知者意之體，物者意之用。如意用於事親，即事親之孝而格之，必盡夫天理，則吾心事親之良知，無私欲之間，而得以致其知矣。知至，則意無所欺而誠矣。意誠，則心無所辟而正矣。

又按：「格物」一義，自明儒以下，紛紛無定論。孟子曰：「萬物皆備於我。」古書如此物字甚多，如曰：「言有物而行有則。」又曰：「孝子不過乎物。」不過於物，即格物也。格物，即止於至善也。爲人君止於仁，爲人臣止於敬，此即君與臣之至善。在未能致知以前，尚未能眞知其爲至善之義，則變其辭曰格物。必待知之既至，然後知萬物之皆備於我，然後知親民即我固有之明德，而止於至善之意始誠。故曰：知止而後能定、能靜、能安、能慮、能得也。

所謂誠其意者，毋自欺也⑦。如惡惡臭，如好好色，此之謂自謙，故君子必慎其獨也。小人閒居爲不善，無所不至，見君子而後厭然，揜其不善而著其善。人之視己，如見其肺肝然，則何益矣⑧。此謂誠於中，形於外，故君子必慎其獨也。曾子曰：「十目所視，十手所指，其嚴乎⑨！」富潤屋，德潤身⑩，心廣體胖，故君子必誠其意。詩云⑪：「瞻彼淇澳，菉竹猗猗。有斐君子，如切如磋，如琢如磨。瑟兮僩兮！赫兮喧兮！有斐君子，終不可諠兮！」如切如磋者，道學也。如琢如磨者，自脩也。瑟兮僩兮者，恂慄也。赫兮喧兮者，威儀也。有斐君子，終不可諠兮者，道盛德至善，民之不能忘也。詩云：「於戲！前王不忘。」君子賢其賢而親其親，小人樂其樂而利其利，此以沒世不忘也⑫。康誥曰：「克明德。」太甲曰：「顧諟天之明命。」帝典曰：「克明峻德。」皆自明也⑬。湯之盤銘曰：「苟日新，日日新，又日新。」康誥曰：「作新民。」詩曰：「周雖舊邦，其命惟新。」是故君子無所不用其極⑭。詩云：「邦畿千里，惟民所止。」詩云：「緡蠻黃鳥，止于丘隅。」子曰：「於止，知其所止，可以人而不如鳥乎？」詩云：「穆穆文王，於緝熙敬止。」爲人君，止於仁⑮。爲人臣，止於敬。爲人子，止於孝。爲人父，止於慈。與國人交，止於信。子曰：「聽訟，吾猶人也。必也使無訟乎？」無情者不得盡其辭，大畏民志。此謂知本⑯。

⑦脩身惟在於誠意，故特揭誠意，以示人脩身之要。誠意只是愼獨，工夫只在格物上用，猶中庸之「戒懼」也。

⑧一揜一著，不容自昧，反之心而自知，此即是誠意源頭。

⑨猶中庸之「莫見莫顯」也。

⑩德潤身，即是誠中形外。

⑪誠意工夫實下手處，只在格物，引詩言格物之事。

⑫親民之功至於如此，亦不過自明其明德而已。

⑬自明不已，卽所以親民。

⑭鄭玄曰：「極，猶盡也。君子日新其德，當盡心力，不有餘也。」君子之明明德親民，豈有他哉？亦不過止於至善而已。

按：皇極、民極，均有至善之義。陽明釋此「極」字與朱子同。

⑮止於至善，豈有他哉？惟求之吾身而已。

⑯又卽親民中聽訟一事，要其極亦必本於明德，則信乎以脩身爲本矣。

所謂脩身在正其心者⑰，身有所忿懥，則不得其正。有所恐懼，則不得其正。有所好樂，則不得其正。有所憂患，則不得其正。心不在焉，視而不見，聽而不聞，食而不知其味。此謂脩身在正其心。

⑰脩身工夫只是誠意，就誠意中體當自己心體，常令廓然大公，便是正心。正心之功，既不可滯於有，亦不可墮於無，猶中庸「未發之中」。

所謂齊其家在脩其身者⑱，人之其所親愛而辟焉，之其所賤惡而辟焉，之其所畏敬而辟焉，之其所哀矜而辟焉，之其所敖惰而辟焉。故好而知其惡，惡而知其美者，天下鮮矣。故諺有之曰：「人莫知其子之惡，莫知其苗之碩。」此謂身不脩，不可以齊其家。

⑱人之心體，惟不能廓然大公，是以隨其情之所向而辟。親愛五者無辟，猶中庸「已發之和」。

所謂治國必先齊其家者⑲，其家不可教，而能教人者，無之。故君子不出家而成教於國。孝者，所以事君也。弟者，所以事長也。慈者，所以使眾也⑳。康誥曰：「如保赤子。」心誠求之，雖不中，不遠矣。未有學養子而後嫁者也㉑。一家仁，一國興仁。一家讓，一國興讓。一人貪戾，一國作亂。其機如此。此謂一言僨事，一人定國。堯舜率天下以仁，而民從之。桀紂率天下以暴，而民從之。其所令反其所好，而民不從。是故君子有諸己，而后求諸人；無諸己，而后非諸人。所藏乎身不恕，而能喻諸人者，未之有也㉒。故治國在齊其家。詩云：「桃之夭夭，其葉蓁蓁。之子于歸，宜其家人。」宜其家人，而后可以教國人。詩云：「宜兄宜弟。」宜兄宜弟，而后可以教國人。詩云：「其儀不忒，正是四國。」其爲父子兄弟足法，而后民法之也。此謂治國在齊其家。

⑲只是脩身，只是誠意。

⑳孝弟慈發於天性，所謂「不慮而知」者。推而達諸君長眾，均是誠意作用。齊家治國，豈果外於誠意哉！

㉑鄭玄曰：「養子者，推心爲之，而中於赤子之嗜欲也。」

㉒明德之推處卽恕，恕之及處卽親民。挑出「恕」字，以示明親合一。

所謂平天下在治其國者㉓，上老老而民興孝，上長長而民興弟，上恤孤而民不倍，是以君子有絜矩之道也。所惡於上，毋以使下㉔。所惡於下，毋以事上。所惡於前，毋以先後。所惡於後，毋以從前。所惡於右，毋以交於左。所惡於左，毋以交於右。此之謂絜矩之道㉕。詩云：「樂只君子，民之父母。」民之所好好之，民之所惡惡之，此之謂民之父母。詩云：「節彼南山，維石巖巖。赫赫師尹，民具爾瞻。」有國者不可以不愼，辟則爲天下僇矣。詩云：「殷之未喪師，克配上帝。儀監于殷，峻命不易㉖。」道得衆則得國，失衆則失國。是故君子先愼乎德。有德此有人，有人此有土，有土此有財，有財此有用。德者本也，財者末也。外本內末，爭民施奪㉗。是故財聚則民散，財散則民聚。是故言悖而出者，亦悖而入；貨悖而入者，亦悖而出㉘。康誥曰：「惟命不于常㉙。」道善則得之，不善則失之矣。楚書曰：「楚國無以爲寶，惟善以爲寶。」舅犯曰：「亡人無以爲寶，仁親以爲寶。」秦誓㉚曰：「若有一个臣㉛，斷斷兮無他技，其心休休焉，其如有容焉。人之有技，若己有之。人之彥聖，其心好之，不啻若自其口出。實能容之，以能保我子孫，黎民尚亦有利哉！人之有技，媢嫉以惡之。人之彥聖，而違之俾不通。實不能容，以不能保我子孫，黎民亦曰殆哉！」唯仁人於流之，迸諸四夷，不與同中國。此謂唯仁人爲能愛人，能惡人。見賢而不能舉，舉而不能先，命也㉜。見不善而不能退，退而不能遠，過也。好人之所惡，惡人之所好，是謂拂人之性，菑必逮夫身。是故君子有大道，必忠信以得之，驕泰以失之。生財有大道，生之者衆，食之者寡，爲之者疾，用之者舒，則財恆足矣。仁者以財發身，不仁者以身發財㉝。未有上好仁，而下不好義者也。未有好義，其事不終者也。未有府庫財，非其財者也。孟獻子曰：「畜馬乘，不察於雞豚。伐冰之家，不畜牛羊。百乘之家，不畜聚斂之臣。與其有聚斂之臣，寧有盜臣。」此謂國不以利爲利，以義為利也。長國家而務財用者，必自小人矣㉞。彼爲善之。小人之使爲國家，菑害竝至。雖有善者，亦無如之何矣。此謂國不以利爲利，以義爲利也。

㉓又說到脩身上，工夫只是誠意。

㉔「所惡於上」是知，「毋以使下」是致知。

㉕鄭玄曰：「絜矩之道，善持其所有以恕於人耳。治國之要盡於此。」絜矩之道，卽是明明德於天下。父教母養，達願去疾，無非親民之事。

㉖鄭玄曰：「峻，大也。監視殷時之事，天之大命，得之誠不易也。」

㉗鄭玄曰：「施奪，施其劫奪之情也。」

㉘鄭玄曰：「老子曰：『多藏必厚亡。』」

㉙鄭玄曰：「言不專祐一家也。」

㉚鄭玄曰：「秦誓，尚書篇名也。秦穆公伐鄭，爲晉所敗於殽，還誓其羣臣，而作此篇也。」

按：後傳今文尚書二十八篇，如堯典、禹貢，皆明出戰國晚世，則其編纂之不出於孔子可知。尚書終秦誓，或出秦一六國，東方學者以此貢諛媚勢，如中庸之言華嶽。則大學引秦誓，其成書亦當甚晚矣。

㉛按：「若有一个臣」云云，顯屬宰相之體。此亦出戰國晚世。若在春秋秦穆公時，封建未崩潰，何來此好賢嫉賢之一人，以居於國君之下，而列於羣臣之首，以一心之能容不能容，關係國家之安危哉！則秦誓成篇，亦是戰國晚世人之僞撰矣。

㉜鄭玄曰：「命，讀爲慢，聲之誤也。舉賢而不能使以先己，是輕慢於舉人也。」

㉝鄭玄曰：「發，起也。言仁人有財，則務於施與以起身，成其令名。不仁之人有身，貪於聚斂以起財，務成富。」

㉞按：長國家而務財用，此等情形，其起亦遲。此等皆大學晚出之證。惟近人有疑大學當爲漢武帝時人作，則又似太晚。今殊無以定其說。

〔附一〕明王守仁大學古本序

大學之要，誠意而已矣。誠意之功，格物而已矣。誠意之極，止至善而已矣。止至善之則，致知而已矣。正心，復其體也。修身，著其用也。以言乎己，謂之明德。以言乎人，謂之親民。以言乎天地之間，則備矣。是故至善也者，心之本體也。動而後有不善。而本體之知，未嘗不知也。意者，其動也。物者，其事也。致其本體之知而動無不善，然非卽其事而格之，則亦無以致其知。故致知者，誠意之本也。格物者，致知之實也。物格則知致意誠，而有以復其本體，是之謂止至善。聖人懼人之求之於外也，而反覆其辭。舊本析而聖人之意亡矣。是故不務於誠意而徒以格物者，謂之支。不事於格物而徒以誠意者，謂之虛。不本於致知而徒以格物誠意者，謂之妄。支與虛與妄，其於至善也遠矣。合之以經而益綴，補之以傳而益離。吾懼學之日遠於至善也，去分章而復舊本，傍爲之什，以引其義，庶幾復見聖人之心，而求之者有其要。噫！乃若致知，則存乎心悟，致知焉盡矣！

按：朱子大學章句，其主要實在格物補傳。陽明既疑之，乃主復古本。朱子之意，重在「格物窮理」，而陽明則易之以「致知誠意」。晦菴、陽明之異同，卽成爲大學本子異同之爭。今之學者，固當就大學本文而闡究大學之原義；然朱、王兩家之說，爲治宋明理學者所必究，亦卽爲治中國近代思想史者所必知。故既列朱子大學章句序，復列陽明大學古本序，以資對比焉。

〔附二〕王守仁大學問

錢德洪曰：「吾師接初見之士，必備學、庸首章，以指示聖學之全功，使知從入之路。師征思田，將發，先授大學問，德洪受而錄之。」又曰：「大學問者，師門之教典也。學者初及門，必先以此意授，使人聞言之下，卽得此心之知，無出於民彝物則之中；致知之功，不外乎修齊治平之内。學者果能實地用功，一番聽受，一番親切。師常曰：『吾此意思，有能直下承當，只此修爲，直造聖域。參之經典，無不脗合。不必求之多聞多識之中也。』門人有請錄成書者，曰：『此須諸君口口相傳，若筆之於書，使人作一文字看過，無益矣。』嘉靖丁亥八月，師起征思田，將發，門人復請，師許之。錄既就，以書貽洪曰：『大學或問數條，非不願共學之士盡聞斯義，顧恐藉寇兵而齎盜糧，是以未欲輕出。』蓋當時尚有持異說以混正學者，師故云然。師既沒，音容日遠，吾黨各以己見立說。學者稍見本體，卽好爲徑超頓悟之說，無復有省身克己之功；謂一見本體，超聖可以跂足；視師門誠意格物、爲善去惡之旨，皆相鄙以爲第二義。簡略事爲，言行無顧，甚者蕩滅禮教，猶自以爲得聖門之最上乘。噫！亦已過矣。自便徑約，而不知已淪入佛氏寂滅之教，莫之覺也。古人立言，不過爲學者示下學之功，而上達之機，待人自悟而有得；言語知解，非所及也。大學之教，自孟氏而後，不得其傳者幾千年矣；賴良知之明，千載一日，復大明於今日。茲未及一傳而紛錯若此，又何望於後世耶？是篇，鄒子謙之嘗附刻於大學古本。學者開卷讀之，吾師之教，平易切實，而聖智神化之機，固已躍然；不必更爲別說，匪徒惑人，祇以自誤，無益也。」

「大學者，昔儒以爲大人之學矣。敢問大人之學，何以在於明明德乎？」陽明子曰：「大人者，以天地萬物爲一體者也。其視天下猶一家，中國猶一人焉。若夫間形骸而分爾我者，小人矣。大人之能以天地萬物爲一體也，非意之也；其心之仁，本若是其與天地萬物而爲一也。豈惟大人，雖小人之心，亦莫不然；彼顧自小之耳！是故見孺子之入井，而必有怵惕惻隱之心焉，是其仁之與孺子而爲一體也。孺子猶同類者也。見鳥獸之哀鳴觳觫，而必有不忍之心焉，是其仁之與鳥獸而爲一體也。鳥獸猶有知覺者也。見草木之摧折，而必有憫恤之心焉，是其仁之與草木而爲一體也。草木猶有生意者也。見瓦石之毀壞，而必有顧惜之心焉，是其仁之與瓦石而爲一體也。是其一體之仁也，雖小人之心亦必有之。是乃根於天命之性，而自然靈昭不昧者也。是故謂之明德。小人之心，現已分隔隘陋矣，而其一體之仁，猶能不昧若此者，是其未動於欲而未蔽於私之時也。及其動於欲，蔽於私，而利害相攻，忿怒相激；則將戕物圮類，無所不爲，其甚至有骨肉相殘者，而一體之仁亡矣。是故苟無私欲之蔽，則雖小人之心，而其一體之仁，猶大人也。一有私欲之蔽，則雖大人之心，而其分隔隘陋，猶小人矣。故夫爲大人之學者，亦惟去其私欲之蔽，以自明其明德，復其天地萬物一體之本然而已耳！非能於本體之外，而有所增益之也。」

曰：「然則何以在親民乎？」曰：「明明德者，立其天地萬物一體之體也。親民者，達其天地萬物一體之用也。故明明德必在於親民，而親民乃所以明其明德也。是故親吾之父以及人之父，以及天下人之父，而後吾之仁實與吾之父、人之父與天下人之父而爲一體矣。實與之爲一體，而後孝之明德始明矣。親吾之兄以及人之兄，以及天下人之兄，而後吾之仁實與吾之兄、人之兄與天下人之兄而爲一體矣。實與之爲一體，而後弟之明德始明矣。君臣也，夫婦也，朋友也，以至於山川、鬼神、鳥獸、草木也，莫不實有以親之，以達吾一體之仁；然後吾之明德始無不明，而眞能以天地萬物爲一體矣。夫是之謂明明德於天下，是之謂家齊國治而天下平，是之謂盡性。」

曰：「然則又烏在其爲止至善乎？」曰：「至善者，明德、親民之極則也。天命之性，粹然至善；其靈昭不昧者，此其至善之發見，是乃明德之本體，而即所謂良知者也。至善之發見，是而是焉，非而非焉，輕重厚薄，隨感隨應，變動不居，而亦莫不自有天然之中。是乃民彝物則之極，而不容少有擬議增損於其間也。少有擬議增損於其間，則是私意小智，而非至善之謂矣。自非愼獨之至，惟精惟一者，其孰能與於此乎？後之人惟其不知至善之在吾心，而用其私智以揣摸測度於其外，以爲事事物物各有定理也；是以昧其是非之則，支離決裂，人欲肆而天理亡。明德親民之學，遂大亂於天下。蓋昔之人固有欲明其明德者矣，然惟不知止於至善，而鶩其私心於過高，是以失之虛罔空寂，而無有乎家國天下之施；則二氏之流是矣。固有欲親其民者矣，然惟不知止於至善，而溺其私心於卑瑣，是以失之權謀智術，而無有乎仁愛惻怛之誠；則五伯功利之徒是矣。是皆不知止於至善之過也。故止至善之於明德、親民也，猶之規矩之於方圓也，尺度之於長短也，權衡之於輕重也。故方圓而不止於規矩，爽其則矣。長短而不止於尺度，乖其劑矣。輕重而不止於權衡，失其準矣。明明德、親民而不止於至善，亡其本矣。故止於至善以親民而明其明德，是之謂大人之學。」

曰：「知止而后有定，定而后能靜，靜而后能安，安而后能慮，慮而后能得。其說何也？」曰：「人惟不知至善之在吾心，而求之於其外，以爲事事物物皆有定理也，而求至善於事事物物之中；是以支離決裂，錯雜紛紜，而莫知有一定之向。今焉，既知至善之在吾心，而不假於外求，則志有定向，而無支離決裂錯雜紛紜之患矣。無支離決裂錯雜紛紜之患，則心不妄動而能靜矣。心不妄動而能靜，則其日用之間，從容閒暇而能安矣。能安，則凡一念之發，一事之感，其爲至善乎？其非至善乎？吾心之良知，自有以詳審精察之，而能慮矣。能慮，則擇之無不精，處之無不當，而至善於是乎可得矣。」

曰：「物有本末，先儒以明德爲本，新民爲末，兩物而內外相對也。事有終始，先儒以知止爲始，能得爲終，一事而首尾相因也。如子之說，以新民爲親民，則本末之說，亦有所未然歟？」曰：「終始之說，大略是矣。卽以新民爲親民，而曰明德爲本，親民爲末，其說亦未爲不可。但不當分本末爲兩物耳。夫木之榦謂之本，木之梢謂之末；惟其一物也，是以謂之本末。若曰兩物，則既爲兩物矣，又何可以言本末乎？新民之意，既與親民不同，則明德之功，自與新民爲二。若知明明德以親其民，而親民以明其明德，則明德、親民，焉可析而爲兩乎？先儒之説，是蓋不知明德、親民之本爲一事，而認以爲兩事；是以雖知本末之當爲一物，而亦不得不分爲兩物也。」

曰：「古之欲明明德於天下者，以至於先修其身，以吾子明德、親民之説通之，亦既可得而知矣。敢問欲修其身，以至於致知在格物，其工夫次第，又何如其用力歟？」曰：「此正詳言明德、親民、止至善之功也。蓋身心意知物者，是其工夫所用之條理。雖亦各有其所，而其實只是一物。格致誠正修者，是其條理所用之工夫。雖亦皆有其名，而其實只是一事。何謂身？心之形體，運用之謂也。何謂心？身之靈明，主宰之謂也。何謂修身？爲善而去惡之謂也。吾身自能爲善而去惡乎？必其靈明主宰者，欲爲善而去惡，然後其形體運用者，始能爲善而去惡也。故欲修其身者，必在於先正其心也。然心之本體，則性也。性無不善，則心之本體本無不正也，何從而用其正之之功乎？蓋心之本體本無不正，自其意念發動而後有不正；故欲正其心者，必就其意念之所發而正之。凡其發一念而善也，好之眞如好好色；發一念而惡也，惡之眞如惡惡臭；則意無不誠，而心可正矣。然意之所發，有善有惡。不有以明其善惡之分，亦將眞妄錯雜，雖欲誠之，不可得而誠矣。故欲誠其意者，必在於致知焉。致者，至也，如云『喪致乎哀』之致。易言『知至至之』，知至者，知也；至之者，致也。致知云者，非若後儒所謂充廣其知識之謂也，致吾心之良知焉耳！良知者，孟子所謂『是非之心，人皆有之』者也。是非之心，不待慮而知，不待學而能，是故謂之良知。是乃天命之性，吾心之本體，自然靈昭明覺者也。凡意念之發，吾心之良知，無有不自知者。其善歟，惟吾心之良知自知之；其不善歟，亦惟吾心之良知自知之。是皆無所與於他人者也。故雖小人之爲不善，既已無所不至，然其見君子，則必厭然揜其不善而著其善者，是亦可以見其良知之有不容於自昧者也。今欲別善惡以誠其意，惟在致其良知之所知焉爾！何則？意念之發，吾心之良知既知其爲善矣，使其不能誠有以好之，而復背而去之，則是以善爲惡，而自昧其知善之良知矣。意念之所發，吾心之良知既知其爲不善矣，使其不能誠有以惡之，而復蹈而爲之，則是以惡爲善，而自昧其知惡之良知矣。若是，則雖曰知之，猶不知也。意其可得而誠乎？今於良知所知之善惡者，無不誠好而誠惡之，則不自欺其良知，而意可誠也已。然欲致其良知，亦豈影響髣髴而懸空無實之謂乎？是必實有其事矣。故致知必在於格物。物者，事也。凡意之所發，必有其事。意所在之事，謂之物。格者，正也，正其不正以歸於正之謂也。正其不正者，去惡之謂也；歸於正者，爲善之謂也。夫是之謂格。書言『格於上下』、『格於文祖』、『格其非心』，格物之格，實兼其義也。良知所知之善，雖誠欲好之矣，苟不卽其意之所在之物而實有以爲之，則是物有未格，而好之之意猶爲未誠也。良知所知之惡，雖誠欲惡之矣，苟不卽其意之所在之物而實有以去之，則是物有未格，而惡之之意猶爲未誠也。今焉，於其良知所知之善者，卽其意之所在之物而實爲之，無有乎不盡。於其良知所知之惡者，卽其意之所在之物而實去之，無有乎不盡。然後物無不格，而吾良知之所知者，無有虧缺障蔽，而得以極其至矣。夫然後吾心快然無復餘憾而自慊矣。夫然後意之所發者，始無自欺，而可以謂之誠矣。故曰：物格而后知至，知至而后意誠，意誠而后心正，心正而後身修。蓋其功夫條理，雖有先後次序之可言；而其體之惟一，實無先後次序之可分。其條理工夫，雖無先後次序之可分，而其用之惟精，固有纖毫不可得而缺焉者。此格致誠正之説，所以闡堯舜之正傳，而爲孔氏之心印也。」

按：朱子大學章句，改定於易簀之前。陽明大學問，亦成於出征思田之年，是亦陽明之晚年定論也。陽明龍場驛「良知」一悟，本由朱子大學格物補傳轉來。大學問之作，蓋欲以易朱子之格物補傳，而懸爲一時之新教典。學者取其説，與朱子格物補傳竝讀，既可以究朱、王兩家之異同，亦可以由是而窺大學之本義與眞相。至於是非得失，則在乎學者之好學深思而自得之。

三　朱熹中庸章句①

子程子曰：「不偏之謂中，不易之謂庸。中者，天下之正道。庸者，天下之定理。」此篇乃孔門傳授心法，子思恐其久而差也，故筆之於書，以授孟子。其書始言一理，中散爲萬事，末復合爲一理。放之則彌六合，卷之則退藏於密，其味無窮，皆實學也。善讀者玩索而有得焉，則終身用之，有不能盡者矣。

天命之謂性，率性之謂道，脩道之謂教②。

①朱熹曰：「中者，不偏不倚、無過不及之名。庸，平常也。」
②鄭玄曰：「率，循也。循性行之是謂道。脩，治也。治而廣之，人倣傚之是曰教。」

朱熹曰：「人物各循其性之自然，則其日用事物之間，莫不各有當行之路，是則所謂道也。脩，品節之也。性道雖同，而氣稟或異，故不能無過不及之差。聖人因人物之所當行者而品節之，以爲法於天下，則謂之教。若禮樂刑政之屬是也。蓋人知己之有性，而不知其出於天；知事之有道，而不知其由於性；知聖人之有教，而不知其因吾之所固有者裁之也。故子思於此首發明之，而董子（仲舒，語見天人對策）所謂道之大原出於天，亦此意也。」

道也者，不可須臾離也。可離，非道也。是故君子戒愼乎其所不睹，恐懼乎其所不聞③。

③鄭玄曰：「小人閒居爲不善，無所不至也。君子則不然，雖視之無人，聽之無聲，猶戒愼恐懼自脩正，是其不須臾離道。」

朱熹曰：「道者，日用事物當行之理，皆性之德而具於心，無物不有，無時不然，所以不可須臾離也。若其可離，則豈率性之謂哉！是以君子之心，常存敬畏，雖不見聞，亦不敢忽，所以存天理之本然，而不使離於須臾之頃也。」

莫見乎隱，莫顯乎微，故君子愼其獨也④。

④朱熹曰：「隱，暗處也。微，細事也。獨者，人所不知而己所獨知之地也。言幽暗之中，細微之事，跡雖未形，而幾則已動；人雖不知，而己獨知之。則是天下之事，無有著見明顯而過於此者。是以君子既常戒懼，而於此尤加謹焉。所以遏人欲於將萌，而不使其潛滋暗長於隱微之中，以至離道之遠也。」

喜怒哀樂之未發，謂之中。發而皆中節，謂之和。中也者，天下之大本也。和也者，天下之達道也⑤。

⑤鄭玄曰：「中爲大本者，以其含喜怒哀樂，禮之所由生，政教自此出也。」

朱熹曰：「大本者，天命之性，天下之理皆由此出，道之體也。達道者，循性之謂，天下古今之所共由，道之用也。」

致中和，天地位焉，萬物育焉⑥。

⑥鄭玄曰：「致，行之至也。位，猶正也。育，生也，長也。」朱熹曰：「致，推而極之也。位者，安其所，育者，遂其生。自戒懼而約之，以至於至靜之中，無少偏倚，而其守不失，則極其中而天地位矣。自謹獨而精之，以至於應物之處，無少差謬，而無適不然，則極其和而萬物育矣。蓋天地萬物本吾一體，吾之心正，則天地之心亦正矣；吾之氣順，則天地之氣亦順矣。故其效驗，至於如此。此學問之極功，聖人之能事，初非有待於外；而修道之教，亦在其中矣。是其一體一用，雖有動靜之殊，然必其體立而後用有以行，則其實亦非有兩事也。故於此合而言之，以結上文之意。」

右第一章⑦。子思述所傳之意以立言。首明道之本原出於天，而不可易；其實體備於己，而不可離。次言存養省察之要，終言聖神功化之極。蓋欲學者於此，反求諸身而自得之，以去夫外誘之私，而充其本然之善。楊氏（時）所謂一篇之體要是也。其下十章，蓋子思引夫子之言，以終此章之義。

⑦按：鄭玄分章同，此以上爲第一章。

按：左傳劉康公曰：「人受天地之中以生。」老子曰：「萬物抱陰而負陽，冲氣以爲和。」列子曰：「冲和氣者爲人。」道家以中和之氣言天命，儒家則轉以中和言德性。老子乃戰國晚出書，中庸此章殆出尤晚，謂子思著者誤也。抑此章言中和，亦與此下諸章言中庸者不類。或曰：「子思以中庸爲聖人之道，未嘗以爲聖人之德，故篇首論君子之德，以中和言之。」或曰：「子思實著中庸，而此篇後半，則多後人增羼。其首章則又增羼之總冒也。」

又按：儒家性善之義，首發於孟子。若子思先已言天命爲性，率性爲道，孟子受業子思之門人，不應沒而不加稱述也。

仲尼曰：「君子中庸，小人反中庸⑧。

⑧鄭玄曰：「庸，常也。用中，爲常道也。」

朱熹曰：「中庸者，不偏不倚，無過不及，而平常之理；乃天命所當然，精微之極致也。唯君子爲能體之，小人反是。」

君子之中庸也，君子而時中。小人之反中庸也⑨，小人而無忌憚也⑩。」

⑨朱熹曰：「王肅本（見經典釋文）作『小人之反中庸也』，程子亦以爲然。今從之。」

按：小戴記鄭玄注，作「小人之中庸」。

⑩朱熹曰：「君子之所以爲中庸者，以其有君子之德，而又能隨時以處中也。小人之所以反中庸者，以其有小人之心，而又無所忌憚也。蓋中無定體，隨時而在，是乃平常之理也。君子知其在我，故能戒謹不睹，恐懼不聞，而無時不中。小人不知有此，則肆欲妄行，而無所忌憚矣。」

右第二章⑪。

⑪朱熹曰：「此下十章，皆論中庸以釋首章之義。文雖不屬，而意實相承也。變和言庸者，游氏（酢）曰：『以性情言之，則曰中和；以德行言之，則曰中庸是也。』然中庸之中，實兼中和之義。」

按：鄭玄連下爲一章。

子曰：「中庸其至矣乎！民鮮能久矣⑫。」

⑫鄭玄曰：「鮮，罕也。言中庸爲道至美，顧人罕能久行。」

朱熹曰：「過則失中，不及則未至，故惟中庸之德爲至。然亦人所同得，初無難事，但世教衰，民不興行，故鮮能之，今已久矣。論語（雍也篇）無『能』字。」

按：此稱「子曰」，而上節稱「仲尼曰」，文理駁雜不純。此亦中庸晚出之證。又「鮮能久」即「不能期月守也」，當依鄭注。

右第三章⑬。

⑬按：鄭玄連下爲一章。

子曰：「道之不行也，我知之矣，知者過之，愚者不及也。道之不明也，我知之矣，賢者過之，不肖者不及也。人莫不飲食也，鮮能知味也⑭。」

⑭朱熹曰：「知者知之過，既以道爲不足行；愚者不及知，又不知所以行；此道之所以常不行也。賢者行之過，既以道爲不足知；不肖者不及行，又不求所以知；此道之所以常不明也。」

按：賢知者過之，離於飲食而求味。衆人不及，則忽於飲食而不知味。

右第四章⑮。

⑮按：鄭玄連下爲一章。

子曰：「道其不行矣夫！」

右第五章⑯。

⑯朱熹曰：「此章承上章，而舉其不行之端，以起下章之意。」

按：朱子第二、三、四、五四章，鄭玄不分，合爲第二章。

子曰：「舜其大知也與！舜好問而好察邇言，隱惡而揚善，執其兩端，用其中於民，其斯以爲舜乎⑰！」

⑰鄭玄曰：「兩端，過與不及也。用其中於民，賢與不肖皆能行之也。」

朱熹曰：「舜之所以爲大知者，以其不自用而取諸人也。邇言者，淺近之言，猶必察焉，其無遺善可知。兩端，謂衆論不同之極致。蓋凡物皆有兩端，如小大厚薄之類。於善之中，又執其兩端，而量度以取中，然後用之，則其擇之審而行之至矣。然非在我之權度精切不差，何以與此。此知之所以無過不及，而道之所以行也。」

按：舜之所以爲大知，由其不離於衆人之道而求道，由其能於衆人之道而加審察別擇之以爲道；此即所謂中庸之道也。兩端者，一全體之兩極端；「執其兩端」，即把握其整全體，而隨時隨地隨宜以用之而求其中也。則兩端卽包善惡，「用其中」卽用其善矣。朱注似未全允。

右第六章⑱。

⑱按：鄭玄爲第三章。

子曰：「人皆曰予知，驅而納諸罟擭陷阱之中，而莫之知辟也。人皆曰予知，擇乎中庸而不能期月守也⑲。」

⑲朱熹曰：「辟、避同。罟，網也。擭，機檻也。陷阱，坑坎也。皆所以揜取禽獸者也。擇乎中庸，辨別衆理，以求所謂中庸，卽上章『好問用中』之事也。期月，匝一月也。」

按：中庸之道，夫婦之愚，可以與知；夫婦之不肖，可以能行。中庸不離乎衆人之道以爲道，故衆人之庸言庸行，莫不有合於中庸之道焉。然而不知其爲道，乃至於不能久守也。然則「擇乎中庸」，固已人盡能之之事矣。

右第七章⑳。

⑳朱熹曰：「承上章大知而言，又舉不明之端，以起下章也。」

按：鄭玄爲第四章。

子曰：「回之爲人也，擇乎中庸，得一善，則拳拳服膺而弗失之矣㉑。」

㉑鄭玄曰：「拳拳，奉持之貌。」朱熹曰：「回，孔子弟子顏淵名。服，猶著也。膺，胸也。奉持而著之心胸之間，言能守也。顏子蓋眞知之，故能擇能守如此。」

按：顏淵之不可及，在其拳拳服膺而弗失也。

右第八章㉒。

㉒按：鄭玄連下爲一章。

子曰：「天下國家可均也，爵祿可辭也，白刃可蹈也，中庸不可能也㉓。」

㉓朱熹曰：「均，平治也。三者難而易，中庸易而難。」

按：中庸者，卽在乎擇取衆人之道以爲道，非在乎超絕衆人，而以難爲能之道也。

右第九章㉔。

㉔朱熹曰：「亦承上章以起下章。」

按：鄭玄連上爲第五章。

子路問強。子曰：「南方之強與？北方之強與？抑而強與？寬柔以教，不報無道，南方之強也，君子居之。衽金革，死而不厭，北方之强也，而强者居之。故君子和而不流，强哉矯！中立而不倚，强哉矯！國有道，不變塞焉，强哉矯！國無道，至死不變，强哉矯㉕！」

㉕鄭玄曰：「南方以舒緩爲强。不報無道，謂犯而不校也。衽，猶席也。北方以剛猛爲强。抑而强與，而之言汝也，謂中國也。」朱熹曰：「和而不流以下四者，汝之所當强也。矯，强貌。詩曰『矯矯虎臣』是也。（魯頌泮水篇）倚，偏著也。塞，未達也。國有道，不變未達之所守；國無道，不變平生之所守也。此則所謂中庸之不可能者，非有以自勝其人欲之私，不能擇而守也。君子之强，孰大於是？夫子以是告子路者，所以抑其血氣之剛，而進之以德義之勇也。」

右第十章㉖。

㉖按：鄭玄爲第六章。

子曰：「素隱行怪，後世有述焉，吾弗爲之矣㉗。君子遵道而行，半塗而廢，吾弗能已矣㉘。君子依乎中庸，遯世不見知而不悔，唯聖者能之㉙。」

㉗朱熹曰：「素，按漢書（藝文志）當作索，蓋字之誤也。索隱行怪，言深求隱僻之理，而過爲詭異之行也。然以其足以欺世而盜名，故後世或有稱述之者。此知之過而不擇乎善，行之過而不用其中者也。」

㉘鄭玄曰：「廢，猶罷止也。」

㉙朱熹曰：「不爲索隱行怪，則依乎中庸而已。不能半途而廢，是以遯世不見知而不悔也。此中庸之成德，知之盡，仁之至，不賴勇而裕如者。」

按：此諸所言，其意境對象似皆出戰國晚世，非孔子時所有也。

右第十一章㉚。

㉚朱熹曰：「子思所引夫子之言，以明首章之義者止此。蓋此篇大旨，以知、仁、勇三達德爲入道之門，故於篇首卽以大舜、顏淵、子路之事明之。舜，知也。顏淵，仁也。子路，勇也。三者廢其一，則無以造道而成德矣。餘見第二十章。」

按：鄭玄連下爲一章。

君子之道費而隱，夫婦之愚，可以與知焉。及其至也，雖聖人亦有所不知焉。夫婦之不肖，可以能行焉。及其至也，雖聖人亦有所不能焉。天地之大也，人猶有所憾。故君子語大，天下莫能載焉。語小，天下莫能破焉。詩云：「鳶飛戾天，魚躍于淵。」言其上下察也。君子之道，造端乎夫婦。及其至也，察乎天地㉛。

㉛朱熹曰：「費，用之廣也。隱，體之微也。君子之道，近自夫婦居室之間，遠而至於聖人天地之所不能盡，其大無外，其小無內，可謂費矣。然其理之所以然，則隱而莫之見也。蓋可知可能者，道中之一事。及其至而聖人不知不能。則擧全體而言，聖人固有所不能盡也。人所憾於天地，如覆載生成之偏，及寒暑災祥之不得其正者。詩，大雅旱麓之篇。戾，至也。察，著也。子思引此詩，以明化育流行，上下昭著，莫非

此理之用，所謂費也。然其所以然者，則非見聞所及，所謂隱也。故程子曰：『此一節，子思喫緊爲人處，活潑潑地。讀者其致思焉。』」

右第十二章㉜。子思之言，蓋以申明首章「道不可離」之意也。其下八章，雜引孔子之言以明之。

㉜按：鄭玄連上合爲第七章。

子曰：「道不遠人。人之爲道而遠人，不可以爲道。詩云：『伐柯伐柯，其則不遠。』執柯以伐柯，睨而視之，猶以爲遠。故君子以人治人，改而止。忠恕違道不遠，施諸己而不願，亦勿施於人。君子之道四，丘未能一焉。所求乎子以事父，未能也。所求乎臣以事君，未能也。所求乎弟以事兄，未能也。所求乎朋友先施之，未能也。庸德之行，庸言之謹。有所不足，不敢不勉。有餘，不敢盡。言顧行，行顧言，君子胡不慥慥爾㉝。」

㉝朱熹曰：「道者，率性而已，固衆人之所能知能行者也，故常不遠於人。若爲道者厭其卑近，以爲不足爲，而反務爲高遠難行之事，則非所以爲道矣。詩，豳風伐柯之篇。柯，斧柄。言人執柯伐木以爲柯，彼柯長短之法在此柯耳，然猶有彼此之別。若以人治人，則所以爲人之道，各在當人之身，初無彼此之別。故君子之治人，即以其人之道，還治其人之身，其人能改即止。蓋責之以其所能知能行，非欲其遠人以爲道也。張子（横渠）所謂『以衆人望人則易從』是也。盡己之心爲忠，推己及人爲恕。違，去也。言相去不遠，

非背而去之之謂也。施諸己而不願，亦勿施於人，忠恕之事也。以己之心，度人之心，未嘗不同，則道之不遠於人者可見。故己之所不欲，則勿以施於人，亦不遠人以爲道之事。張子所謂『以愛己之心愛人則盡仁』是也。求，猶責也。道不遠人，凡己之所以責人者，皆道之所當然也，故反之以自責而自修焉。庸，平常也。行者踐其實，謹者擇其可。德不足而勉，則行益力；言有餘而訒，則謹益至。謹之至，則言顧行矣；行之力，則行顧言矣。慥慥，篤實貌。言君子之言行如此，豈不慥慥乎？贊美之也。凡此皆不遠人以爲道之事。張子所謂『以責人之心責己則盡道』是也。」

按：荀子曰：「莊子知有天而不知有人。」老子曰：「道可道，非常道。」凡莊老道家之所謂道，是皆遠乎人以爲道者。中庸蓋承道家之後，而倡爲中庸之道。天命爲性，率性爲道，道之大原雖本於天，而道之表顯察著則不離乎人。故孟子之言，直承論語，而中庸立論，則針對莊老。若以爲出於子思，則思想義理之線索條貫亂矣。

右第十三章㉞。

㉞朱熹曰：「道不遠人者，夫婦所能。丘未能一者，聖人所不能。皆費也。而其所以然者，則至隱存焉。下章放此。」

按：鄭玄連下爲一章。

君子素其位而行，不願乎其外。素富貴，行乎富貴。素貧賤，行乎貧賤。素夷狄，行乎夷狄。素患難，行乎患難。君子無入而不自得焉㉟。在上位，不陵下。在下位，不援上。正己而不求於人，則無怨。上不怨天，下不尤人。故君子居易以俟命，小人行險以徼幸㊱。子曰：「射有似乎君子，失諸正鵠，反求諸其身㊲。」

㉟鄭玄曰：「素，讀爲傃。傃，猶鄉也。不願乎其外，謂思不出其位也。自得，謂所鄉不失其道。」

朱熹曰：「素，猶見在也。言君子但因見在所居之位，而爲其所當爲，無慕乎其外之心也。」

㊱鄭玄曰：「援，謂牽持之也。易，猶平安也。」

朱熹曰：「易，平地也。居易，素位而行也。俟命，不願乎外也。徼，求也。幸，謂所不當得而得者。」

㊲鄭玄曰：「畫布曰正，棲皮曰鵠。」

朱熹曰：「皆侯之中，射之的也。子思引此孔子之言，以結上文之意。」

右第十四章㊳。

㊳朱熹曰：「子思之言也。凡章首無『子曰』字者放此。」

按：鄭玄自「子曰道不遠人」起，至「小人行險以徼幸」，爲第八章。「子曰射有似乎君子」連下，另爲一章。

君子之道，辟如行遠，必自邇。辟如登高，必自卑。詩曰：「妻子好合，如鼓瑟琴。兄弟既翕，和樂且耽。宜爾室家，樂爾妻帑。」子曰：「父母其順矣乎㊴！」

㊴鄭玄曰：「琴瑟，聲相應和者也。翕，合也。耽，亦樂也。古者謂子孫曰帑。此詩言和室家之道，自近

者始。」

朱熹曰：「辟、譬同。詩，小雅常棣之篇。夫子誦此詩而贊之曰：『人能和於妻子、宜於兄弟如此，則父母其安樂之矣。』子思引詩及此語，以明行遠自邇、登高自卑之意。」

右第十五章㊵。

㊵朱熹曰：「鄭玄自『子曰射有似乎君子』至此，爲第九章。」

按：或謂說中庸之義者止此，以下或是他書脫簡；或是後人僞羼，而增首章，以足成今傳之中庸。

子曰：「鬼神之爲德，其盛矣乎！視之而弗見，聽之而弗聞，體物而不可遺。使天下之人，齊明盛服，以承祭祀，洋洋乎如在其上，如在其左右㊶。詩曰：『神之格思，不可度思，矧可射思。』夫微之顯，誠之不可揜，如此夫㊷！」

㊶鄭玄曰：「體，猶生也。可，猶所也。不有所遺，言萬物無不以鬼神之氣生。」

朱熹曰：「程子曰：『鬼神，天地之功用，而造化之迹也。』張子曰：『鬼神者，二氣之良能也。』愚謂以二氣言，則鬼者陰之靈，神者陽之靈。以一氣言，則至而伸者爲神，反而歸者爲鬼，其實一物而已。爲德，猶言性情功效。鬼神無形與聲，然物之終始，莫非陰陽合散之所爲。是其爲物之體，而物所不能遺也。其言體物，猶易所謂『幹事』。齊，側皆反。齊之爲言齊也，所以齊不齊而致其齊也。明，猶潔也。洋洋，流動充滿之意。能使人畏敬奉承而發見昭著如此，乃其體物而不可遺之驗也。」

㊷鄭玄曰：「格，來也。矧，況也。射，厭也。思，皆聲之助。言神之來，其形象不可億度而知，事之盡敬

而已，況可厭倦乎？」

朱熹曰：「詩，大雅抑之篇。誠者，眞實無妄之謂。陰陽合散，無非實者。故其發見之不可揜如此。」

右第十六章㊸。

㊸朱熹曰：「不見不聞，隱也。體物如在，則亦費矣。此前三章，以其費之小者而言。此後三章，以其費之大者而言。此一章，兼費隱、包小大而言。」

按：鄭玄第十章。

又按：漢宋諸儒，自鄭玄、朱熹，莫不以陰陽之氣釋鬼神，此儒家傳統正義也。然言中庸之爲德，而必及夫鬼神，此中庸之書所爲異於孔孟，而與易傳爲類也。

子曰：「舜其大考也與！德爲聖人，尊爲天子，富有四海之内，宗廟饗之，子孫保之。故大德必得其位，必得其祿，必得其名，必得其壽。故天之生物，必因其材而篤焉。故栽者培之，傾者覆之㊹。詩曰：『嘉樂君子，憲憲令德。宜民宜人，受祿於天。保佑命之，自天申之。』故大德者必受命㊺。」

㊹鄭玄曰：「材，謂其質性也。篤，厚也。言善者天厚其福，惡者天厚其毒，皆由其本而爲之。栽，猶殖也。培，益也。覆，敗也。」

㊺朱熹曰：「詩，大雅假樂之篇。假，當依此作嘉。憲，當依詩作顯。申，重也。受命者，受天命爲天子也。」

按：大德者必受命，乃晚周陰陽家鄒衍一派，五德終始之論之所倡。中庸此等語，應猶在鄒衍之後。

右第十七章㊻。

㊻朱熹曰：「此由庸行之常，推之以極其至，見道之用廣也。而其所以然者，則爲體微矣。後二章亦此意。」

按：鄭玄第十一章。

子曰：「無憂者，其唯文王乎？以王季爲父，以武王爲子。父作之，子述之。武王纘大王、王季、文王之緒㊼，壹戎衣㊽，而有天下。身不失天下之顯名，尊爲天子，富有四海之内，宗廟饗之，子孫保之。武王末受命，周公成文武之德，追王大王、王季，上祀先公以天子之禮。斯禮也，達乎諸侯大夫及士庶人。父爲大夫，子爲士；葬以大夫，祭以士。父爲士，子爲大夫；葬以士，祭以大夫。期之喪，達乎大夫。三年之喪，達夫天子。父母之喪，無貴賤一也㊾。」

㊼鄭玄曰：「纘，繼也。緒，業也。」

㊽朱熹曰：「戎衣，甲冑之屬。壹戎衣，武成文（周書有武成篇），言一著戎衣以伐紂也。」

㊾鄭玄曰：「末，猶老也。斯禮達於諸侯大夫士庶人者，謂葬之從死者之爵，祭之用生者之祿也。」

朱熹曰：「制爲禮法，以及天下，使葬用死者之爵，祭用生者之祿。喪服自期以下，諸侯絕，大夫降，而父母之喪，上下同之，推己以及人也。」

按：期喪，諸父昆弟之喪也。大夫之貴，猶不得臣其諸父昆弟，故爲之服，但比常人少降。諸侯得臣其諸父昆弟，則不爲之服矣。惟父母不以其子之尊卑變，故子孫爲天子，而追王其先公也。

右第十八章㊿。

㊿按：鄭玄第十二章。

子曰：「武王周公其達孝矣乎51！夫孝者，善繼人之志，善述人之事者也。春秋脩其祖廟，陳其宗器，設其裳衣，薦其時食52。宗廟之禮，所以序昭穆也。序爵，所以辨貴賤也。序事，所以辨賢也。旅酬下爲上，所以逮賤也。燕毛，所以序齒也53。踐其位，行其禮，奏其樂，敬其所尊，愛其所親，事死如事生，事亡如事存，孝之至也54。郊社之禮，所以事上帝也。宗廟之禮，所以祀乎其先也。明乎郊社之禮，禘嘗之義55，治國其如示諸掌乎56！」

51朱熹曰：「達，通也。承上章而言武王周公之孝，乃天下之人通謂之孝。」

按：此言達孝，襲孟子言「達尊」來。孟子語見公孫丑下篇。

52鄭玄曰：「宗器，祭品也。裳衣，先祖之遺衣服。時食，四時祭也。」

53朱熹曰：「宗廟之次，左爲昭，右爲穆，而子孫亦以爲序。有事於太廟，則子姓兄弟，羣昭羣穆，咸在而不失其倫焉。爵，公侯卿大夫也。事，宗祝有司之職事也。旅，眾也。酬，導飲也。旅酬之禮，賓弟子、兄弟之子，各舉觶於其長而眾相酬。蓋宗廟之中，以有事爲榮，故逮及賤者，使亦得以申其敬也。燕毛，祭畢而燕，以毛髮之色，別長幼爲坐次也。」

54鄭玄曰：「踐，猶升也。其者，其先祖也。」

55朱熹曰：「郊，祭天；社，祭地。不言后土者，省文也。禘，天子宗廟之大祭，追祭太祖之所自出於太廟，而以太祖配之也。嘗，秋祭也。四時皆祭，舉其一耳。」

[56]鄭玄曰：「示，讀如寘。寘，置也。物而在掌中，易爲力者也。序爵辨賢，尊尊親親，治國之要。」

朱熹曰：「此與論語（八佾篇）文意大同小異，記有詳略耳。」

右第十九章[57]。

[57]按：鄭玄第十三章。

哀公問政。子曰：「文武之政，布在方策。其人存，則其政舉。其人亡，則其政息。人道敏政，地道敏樹。夫政也者，蒲盧也[58]。

[58]鄭玄曰：「方，版也。策，簡也。息，猶滅也。敏，猶勉也。樹，謂殖草木也。人之無政，若地無草木矣。蒲盧，蜾蠃，謂土蜂也。詩曰：『螟蛉有子，蜾蠃負之。』螟蛉，桑蟲也。蒲盧取桑蟲之子，去而變化之，使成爲己子。政之於百姓，若蒲盧之於桑蟲然。」

朱熹曰：「敏，速也。蒲盧，沈括以爲蒲葦，是也。以人立政，猶以地種樹，其成速矣。而蒲葦又易生之物，其成尤速也。」

按：或說孔子語止此，下則子思推衍之言。

故爲政在人，取人以身，脩身以道，脩道以仁[59]。

[59]鄭玄曰：「爲政在於得賢人也。取人以身，言明君乃能得人。」

仁者，人也，親親爲大。義者，宜也，尊賢爲大。親親之殺，尊賢之等，禮所生也(60)。

(60)鄭玄曰：「人也，讀如相人偶之人，以人意相存問之言。」朱熹曰：「人，指人身而言。具此生理，自然便有惻怛慈愛之意，深體味之可見。」按：仁者，人也。鄭玄以人類社會相處之羣性說之，朱熹以人之自然心理之本具有惻怛慈愛之心說之，皆是也。自孟子孩提之童之「良知良能」言之，則朱說爲允；自中庸「君子之道造端乎夫婦」言之，則鄭說爲當。學者當比觀而兼取之爲是。

在下位不獲乎上，民不可得而治矣(61)。

(61)鄭玄曰：「此句在下，誤重在此。」朱熹依之。

故君子不可以不脩身。思脩身，不可以不事親。思事親，不可以不知人。思知人，不可以不知天(62)。

(62)朱熹曰：「爲政在人，取人以身，故不可以不脩身。脩身以道，脩道以仁，故思脩身，不可以不事親。欲盡親親之仁，必由尊賢之義，故又當知人。親親之殺，尊賢之等，皆天理也，故又當知天。」

天下之達道五，所以行之者三。曰君臣也，父子也，夫婦也，昆弟也，朋友之交也。五者，天下之達道也。知、仁、勇三者，天下之達德也。所以行之者一也(63)。

(63)朱熹曰：「達道者，天下古今所共由之路。即書（舜典）所謂五典；孟子（滕文公上篇）所謂『父子有親，君臣有義，夫婦有別，長幼有序，朋友有信』是也。知，所以知此也。仁，所以體此也。勇，所以強此也。謂之達德者，天下古今所同得之理也。一，則誠而已矣。達道雖人所共由，然無是三德，則無以行之。達德雖人所同得，然一有不誠，則人欲間之，而德非其德矣。程子曰：『所謂誠者，止是誠實此三者。三者之外，更別無誠。』」

按：此處「所以行之者一也」之一，即下文「及其知之一也」、「及其成功一也」之一。謂知、仁、勇三德，皆所以行此五達道，或由知，或由仁，或由勇，要之所以行此五達道則一。朱子以「誠」字釋此處「一」字，於原文文理似有未愜。

或生而知之，或學而知之，或困而知之，及其知之一也。或安而行之，或利而行之，或勉強而行之，及其成功一也⑭。

⑭朱熹曰：「知之者之所知，行之者之所行，謂達道也。以其分而言，則所以知者知也，所以行者仁也，所以至於知之成功而一者勇也。以其等而言，則生知安行者知也，學知利行者仁也，困知勉行者勇也。呂氏（東萊）曰：『所入之塗雖異，而所至之域則同，此所以爲中庸。』若乃企生知安行之資爲不可幾及，輕困知勉行謂不能有成，此道之所以不明不行也。」

按：論語：「仁者安仁，知者利仁。」此處當以生知安行屬仁，學知利行屬知，困知勉行屬勇。上文舜之大知，即生知安行也。回之擇善，即學知利行也。子路之問強，所謂「遵道而行，依乎中庸」，即困知勉行也。

又按：鄭玄「哀公問政」至此爲一章，第十四。

子曰：「好學近乎知，力行近乎仁，知恥近乎勇⑥⑤。知斯三者，則知所以脩身。知所以脩身，則知所以治人。知所以治人，則知所以治天下國家矣⑥⑥。」

⑥⑤朱熹曰：「『子曰』二字衍文。此言未及乎達德，而求以入德之事。通上文，三知爲知，三行爲仁，則此三近者，勇之次也。呂氏（東萊）曰：『好學非知，然足以破愚。力行非仁，然足以忘私。知恥非勇，然足以起懦。』」

⑥⑥朱熹曰：「此結上文脩身之意，起下文九經之端。」

按：鄭玄自「子曰」以下，別起爲一章。

凡爲天下國家有九經，曰：脩身也，尊賢也，親親也，敬大臣也，體羣臣也，子庶民也，來百工也，柔遠人也，懷諸侯也⑥⑦。

⑥⑦朱熹曰：「經，常也。體，謂設以身處其地，而察其心也。子，如父母之愛其子也。柔遠人，所謂無忘賓旅（見孟子告子下篇）者也。」

脩身，則道立。尊賢，則不惑。親親，則諸父昆弟不怨。敬大臣，則不眩。體羣臣，則士之報禮重。子庶民，則百姓勸。來百工，則財用足。柔遠人，則四方歸之。懷諸侯，則天下畏之⑥⑧。

⑥⑧朱熹曰：「此言九經之效也。不眩，謂不迷於事。來百工，則通功易事，農末相資，故財用足。柔遠人，則天下之旅皆悅，而願出於其塗，故四方歸。」

按：鄭玄自「子曰好學近乎知」至此爲一章，第十五。

齊明盛服，非禮不動，所以脩身也。去讒遠色，賤貨而貴德，所以勸賢也。尊其位，重其祿，同其好惡，所以勸親親也。官盛任使，所以勸大臣也。忠信重祿，所以勸士也。時使薄斂，所以勸百姓也。日省月試，既廩稱事，所以勸百工也。送往迎來，嘉善而矜不能，所以柔遠人也。繼絕世，舉廢國，治亂持危，朝聘以時，厚往而薄來，所以懷諸侯也(69)。

(69)鄭玄曰：「尊重其祿位，所以貴之，不必授以官守。官盛任使，大臣皆有屬官，所以任使，不親小事也。既，讀爲餼。餼廩，稍食也。」

朱熹曰：「稱事，如周禮稾人職曰：『考其弓弩，以上下其食』是也。厚往薄來，謂燕賜厚而納貢薄。」

按：鄭玄此爲一章，第十六。

凡爲天下國家有九經，所以行之者一也。凡事豫則立，不豫則廢。言前定則不跲，事前定則不困，行前定則不疚，道前定則不窮(70)。

(70)鄭玄曰：「一，謂當豫也。跲，躓也。疚，病也。」

朱熹曰：「一者，誠也。一有不誠，則是九者皆爲虛文矣。此承上文言，凡事皆欲先立乎誠，如下文所推是也。」

按：鄭玄此爲一章，第十七。朱熹連上下共爲一章，故兩人釋「一」字有歧。竊謂朱子釋本章前後一字均爲誠，恐有未諦。此處似以鄭注爲當。

在下位不獲乎上，民不可得而治矣。獲乎上有道，不信乎朋友，不獲乎上矣。信乎朋友有道，不順乎親，不信乎朋友矣。順乎親有道，反諸身不誠，不順乎親矣。誠身有道，不明乎善，不誠乎身矣[71]。

[71]鄭玄曰：「言知善之爲善，乃能行誠。」

朱熹曰：「此又以在下位者，推言素定（豫）之意。反諸身不誠，謂反求諸身，而所存所發，未能眞實而無妄也。不明乎善，謂未能察於人心天命之本然，而眞知至善之所在也。」

按：鄭玄此爲一章，第十八。

誠者，天之道也。誠之者，人之道也。誠者，不勉而中，不思而得，從容中道，聖人也。誠之者，擇善而固執之者也[72]。

[72]鄭玄曰：「言誠者，天性。誠之者，學而誠之者也。」

朱熹曰：「此承上文誠身而言。誠者，實眞無妄之謂，天理之本然也。誠之者，未能眞實無妄，而欲其眞實無妄之謂，人事之當然也。聖人之德，渾然天理，眞實無妄，不待思勉而從容中道，則亦天之道也。未至於聖，則不能無人欲之私，而其爲德不能皆實。故未能不思而得，則必擇善，然後可以明善；未能不勉而中，則必固執，然後可以誠身。此則所謂人之道也。不思而得，生知也。不勉而中，安行也。擇善，學知以下之事。固執，利行以下之事也。」

按：鄭玄以上爲一章，第十九。

博學之，審問之，愼思之，明辨之，篤行之。有弗學，學之弗能弗措也。有弗問，問之弗知弗措也。

有弗思，思之弗得弗措也。有弗辨，辨之弗明弗措也。有弗行，行之弗篤弗措也。人一能之，己百之。人十能之，己千之。果能此道矣，雖愚必明，雖柔必強㊼。

㊼鄭玄曰：「此勸人學誠其身也。」

朱熹曰：「此『誠之』之目也。學問思辨，所以擇善而爲知，學而知也。篤行，所以固執而爲仁，利而行也。君子之學，不爲則已，爲則必要其成，故常百倍其功。此困而知、勉而行者也，勇之事也。明者，擇善之功。強者，固執之效。」

右第二十章㊽。

㊽朱熹曰：「此引孔子之言，以繼大舜文武周公之緒，明其所傳之一致。舉而措之，亦猶是耳。蓋包費隱，兼小大，以終十二章之意。章内語誠始詳，而所謂誠者，實此篇之樞紐也。又按：孔子家語，亦載此章，而其文尤詳。「成功一也」之下，有：「公曰子之言美矣至矣，寡人實固，不足以成之也。」故其下復以「子曰」起答辭。今無此問辭，而猶有「子曰」二字，蓋子思删其繁文以附于篇，而所删有不盡者。今當爲衍文也。「博學之」以下，家語無之。意彼有闕文，抑此或子思所補也歟？」

按：家語僞書，彼或自引中庸，不足證中庸以前孔子果有此問答也。

又按：鄭玄「博學之」以下，自爲一章，第二十。

自誠明，謂之性。自明誠，謂之教。誠則明矣，明則誠矣㊾。

⑦⑤鄭玄曰：「自，由也。由至誠而有明德，是聖人之性者也。由明德而有至誠，是賢人學以成之者也。有至誠則必有明德，有明德則必有至誠。」
朱熹曰：「德無不實，而明無不照者，聖人之德。所性而有者也，天道也。先明乎善，而後能實其善者，賢人之學。由教而入者也，人道也。誠則無不明矣，明則可以至於誠矣。」

右第二十一章⑦⑥。子思承上章夫子天道人道之意而立言也。自此以下十二章，皆子思之言，以反覆推明此章之意。

⑦⑥按：鄭玄此爲一章，第二十一。

唯天下至誠，爲能盡其性。能盡其性，則能盡人之性。能盡人之性，則能盡物之性。能盡物之性，則可以贊天地之化育。可以贊天地之化育，則可以與天地參矣⑦⑦。

⑦⑦鄭玄曰：「盡性者，謂順理之使不失其所也。贊，助也。育，生也。助天地之化生，謂聖人受命，在王位，致太平者。」
朱熹曰：「天下至誠，謂聖人之德之實，天下莫能加也。盡其性者，德無不實，故無人欲之私，而天命之在我者，察之由之，巨細精粗，無毫髮之不盡也。人物之性，亦我之性，但以所賦形氣不同而有異耳！能盡之者，謂知之無不明，而處之無不當也。與天地參，謂與天、地竝立爲三也。此自誠而明者之事也。」
按：中庸此章，漢儒以「聖人受命在王位」者說之；宋儒以「聖人之德無不實，而無人欲之私」者說之。即據鄭、朱兩家解義之不同，可以推見漢、宋儒學想像意境之相異。讀古書者，遇所注相違，可以分别而觀，不必拘拘於一家之說，而必有所從違也。

右第二十二章[78]。

按：鄭玄亦爲一章，第二十二。

[78]朱熹曰：「言天道也。」

其次致曲。曲能有誠，誠則形，形則著，著則明，明則動，動則變，變則化。唯天下至誠爲能化[79]。

[79]鄭玄曰：「其次，謂自明誠者也。致，至也。曲，猶小小之事也。形，謂人見其功也。著，形之大者也。明，著之顯者也。動，動人心也。變，改惡爲善也。變之久，則化而性善也。」

朱熹曰：「其次，通大賢以下，凡誠有未至者而言也。致，推致也。曲，一偏也。形者，積中而發外。著，則又加顯矣。明，則又有光輝發越之盛也。動者，誠能動物。變者，物從而變。化，則有不知其所以然者。蓋人之性無不同，而氣則有異。故惟聖人能舉其性之全體而盡之。其次則必自其善端發見之偏，而悉推致之，以各造其極也。曲無不致，則德無不實，而形著動變之功，自不能已。積而至於能化，則其至誠之妙，亦不異於聖人矣。」

按：盡性之說，孟子已發之。至於致曲之義，則中庸所創，殆亦可謂擴孟子之所未備也。故闡究乎致曲之義，而後「人皆可以爲堯舜」之說乃益精。學者於此，宜細參焉。

右第二十三章[80]。

⑧⁰朱熹曰：「言人道也。」

按：鄭玄亦爲一章，第二十三。

至誠之道，可以前知。國家將興，必有禎祥。國家將亡，必有妖孽。見乎蓍龜，動乎四體。禍福將至，善，必先知之。不善，必先知之。故至誠如神⑧¹。

⑧¹朱熹曰：「禎祥者，福之兆。妖孽者，禍之萌。蓍，所以筮；龜，所以卜。四體，謂動作威儀之閒，如執玉高卑，其容俯仰之類。凡此皆理之先見者也。然唯誠之至極，而無一毫私僞留於心目之間者，乃能有以察其幾焉。神，謂鬼神。」

按：至誠之道，卽天道也。天道之動以久，故可據其先至者，而前知其後起者也。

右第二十四章⑧²。

⑧²朱熹曰：「言天道也。」

按：鄭玄同爲一章，第二十四。

誠者，自成也；而道，自道也。誠者，物之終始，不誠無物。是故君子誠之爲貴。誠者，非自成己而已也，所以成物也。成己，仁也。成物，知也。性之德也。合外内之道也。故時措之宜也⑧³。

⑧³朱熹曰：「言誠者，物之所以自成；而道者，人之所當自行也。天下之物，皆實理之所爲。故必得是理，然後有是物。故人之心一有不實，則雖有所爲，亦如無有，而君子必以誠爲貴也。」

按：莊老言自然而主虛無，中庸言誠者自成而道自道，自成自道，即自然也。然已爲「自然」安上一「誠」字，安上一「道」字，則誠與道即是自然，而非虛無之謂矣。故莊老以虛無言天道與自然，而中庸易之以誠字，此爲中庸在思想上之大貢獻。老子乃戰國晚出書，中庸當尤出其後，然無害於中庸在學術思想史之地位。不必定以中庸出於子思，始爲尊中庸也。

右第二十五章[84]。

[84]朱熹曰：「言人道也。」

按：朱子於此章，專以人道說之，似淺之乎其視此章矣。

又按：鄭玄連下爲一章。

故至誠無息[85]，不息則久，久則徵[86]，徵則悠遠，悠遠則博厚，博厚則高明。

[85]朱子曰：「既無虛假，自無間斷。」

[86]鄭玄曰：「徵，猶效驗也。徵，或爲徹。」

博厚所以載物也，高明所以覆物也，悠久所以成物也[87]。

[87]朱熹曰：「本以悠遠致高厚，而高厚又悠久也。此言聖人與天地同用。」

博厚配地，高明配天，悠久無疆[88]。

⑱朱熹曰：「此言聖人與天地同體。」
按：中庸言天地之道，以見其所以異於莊老言自然之道也。
又按：鄭玄、朱熹，皆以聖人、大人言之，似失中庸本旨。

如此者，不見而章，不動而變，無爲而成⑲。

⑲朱熹曰：「見音現，猶示也。不見而章，以配地言。不動而變，以配天言。無爲而成，以無疆言。」
按：中庸亦言無爲。莊老言無爲而自然，中庸言無爲而誠；莊老言無爲之化，中庸言無爲之久而不息；此其異。

天地之道，可一言而盡也。其爲物不貳，則其生物不測⑳。

⑳朱熹曰：「天地之道，可一言而盡，不過曰誠而已。不貳，所以誠也。誠故不息，而生物之多，有莫知其所以然者。」
按：不測，即言其無窮無疆也。

天地之道，博也，厚也，高也，明也，悠也，久也㉑。

㉑朱熹曰：「言天地之道，誠一不貳，故能各極其盛，而有下文生物之功。」
按：鄭玄自「誠者自成也」至此爲一章，第二十五。

今夫天，斯昭昭之多，及其無窮也，日月星辰繫焉，萬物覆焉。今夫地，一撮土之多，及其廣厚，載華嶽而不重，振河海而不洩，萬物載焉。今夫山，一拳石之多，及其廣大，草木生之，禽獸居之，寶藏興焉。今夫水，一勺之多，及其不測，黿鼉蛟龍魚鼈生焉，貨財殖焉(92)。

(92)鄭玄曰：「昭昭，猶耿耿，小明也。振，猶收也。拳，猶區也。」

朱熹曰：「此指其一處而言之。及其無窮，猶十二章『及其至也』之意，蓋舉全體而言也。此四條，皆以發明由其不貳不息以致盛大而能生物之意。然天地山川，實非由積累而後大，讀者不以辭害意可也。」

按：華嶽近秦地，先秦東方人極少言之。故後儒疑此文出於晚周，秦人已並六國，齊魯儒生或赴秦廷而獻此書，故特舉華嶽言之。或云：陸德明經典釋文云：「華，本作山。」是僅據華嶽一語爲孤證，固不足以證成中庸之晚出。然中庸晚出之疑，既不專在一處，則華嶽一語，亦自在可疑之列也。

詩云：「惟天之命，於穆不已。」蓋曰天之所以爲天也。「於乎不顯，文王之德之純。」蓋曰文王之所以爲文也，純亦不已(93)。

(93)朱熹曰：「於音嗚，乎音呼。詩，周頌維天之命篇。於，歎辭。穆，深遠也。不顯，猶言豈不顯也。純，純一不雜也。引此以明至誠無息之意。程子曰：『天道不已。文王純於天道，亦不已。』純，則無二無雜。不已，則無間斷先後。」

右第二十六章(94)。

(94)朱熹曰：「言天道也。」

按：鄭玄自「今夫天斯昭昭之多」至此爲一章，第二十六。

大哉！聖人之道。洋洋乎！發育萬物，峻極于天。優優大哉！禮儀三百，威儀三千。待其人而後行。故曰：苟不至德，至道不凝焉[95]。

[95]鄭玄曰：「言爲政在人，政由禮也。凝，猶成也。」

朱熹曰：「優優，充足有餘之意。禮儀，經禮也。威儀，曲禮也。峻極于天，言道之極於至大而無外；此言道之入於至小而無間。至德，謂其人。至道，指上兩節而言。」

按：鄭玄以上爲一章，第二十七。

故君子尊德性而道問學，致廣大而盡精微，極高明而道中庸。溫故而知新，敦厚以崇禮[96]。

[96]鄭玄曰：「道，猶由也。溫讀如燖溫之溫。謂故學之熟矣，復時習之，謂之溫。」

朱熹曰：「尊德性，所以存心，而極乎道體之大。道問學，所以致知，而盡乎道體之細。二者，修德凝道之大端也。不以一毫私意自蔽，不以一毫私欲自累，涵泳乎其所已知，敦篤乎其所已能，此皆存心之屬也。析理則不使有毫釐之差，處事則不使有過不及之謬，理義則日知其所未知，節文則日謹其所未謹，此皆致知之屬也。蓋非存心無以致知，而存心者又不可以不致知。故此五句，大小相資，首尾相應，聖賢所示入德之方，莫詳於此，學者宜盡心焉。」

按：鄭玄以上爲一章，第二十八。

是故居上不驕，爲下不倍。國有道，其言足以興。國無道，其默足以容。詩曰：「既明且哲，以保其身。」其此之謂與⑰！

⑰鄭玄曰：「興，謂起在位也。保，安也。」

朱熹曰：「倍，與背同。詩，大雅烝民之篇。」

右第二十七章。

⑱朱熹曰：「言人道也。」

按：鄭玄以上爲一章，第二十九。

子曰：「愚而好自用，賤而好自專，生乎今之世，反古之道。如此者，烖及其身者也⑲。」

⑲鄭玄曰：「反古之道，謂曉一孔之人，不知今王之新政可從。」

朱熹曰：「烖，古災字。以上孔子之言，子思引之。反，復也。」

非天子不議禮，不制度，不考文⑳。

⑳鄭玄曰：「此天下所共行，天子乃能一之也。禮，謂人所服行。度，國家宮室及車輿也。文，書名也。」

朱熹曰：「此以下子思之言。禮，親疏貴賤相接之體也。度，品制。」

今天下車同軌，書同文，行同倫㉑。

⑩鄭玄曰：「今，孔子謂其時。」

朱熹曰：「今，子思自謂當時也。軌，轍迹之度。倫，次序之體。三者，皆同言天下一統也。」

按：「愚而好自用」五語，正與李斯奏秦始皇書中語同意。「今天下」云云，孔子、子思時皆不能有。故後儒疑中庸爲秦書，實非無據。

雖有其位，苟無其德，不敢作禮樂焉。雖有其德，苟無其位，亦不敢作禮樂焉⑩。

⑩鄭玄曰：「言作禮樂者，必聖人在天子之位。」

按：鄭玄以上爲一章，第三十。

子曰：「吾説夏禮，杞不足徵也。吾學殷禮，有宋存焉。吾學周禮，今用之，吾從周⑩。」

⑩鄭玄曰：「徵，猶明也。吾能説夏禮，顧杞之君不足與明之也。吾從周禮，行今之道。」

朱熹曰：「此又引孔子之言（見論語八佾篇）。杞，夏之後。徵，證也。宋，殷之後。三代之禮，孔子皆嘗學之，而能言其意。但夏禮既不可考證，殷禮雖存，又非當世之法。惟周禮乃時王之制，今日所用。孔子既不得位，則從周而已。」

按：此見孔子亦從今王，服新政，不反古自用也。

右第二十八章⑩。

⑩朱熹曰：「承上章『爲下不倍』而言，亦人道也。」

按：鄭玄連下爲一章。

王天下有三重焉，其寡過矣乎⑮！

⑮鄭玄曰：「三重，三王之禮。」

朱熹曰：「呂氏（東萊）曰：『三重，謂議禮、制度、考文。惟天子得以行之，則國不異政，家不殊俗，而人得寡過矣。』」

上焉者，雖善無徵，無徵不信，不信民弗從。下焉者，雖善不尊，不尊不信，不信民弗從⑯。

⑯朱熹曰：「上焉者，謂時王以前，如夏商之禮雖善，而皆不可考。下焉者，謂聖人在下，如孔子雖善於禮，而不在尊位也。」

按：無徵，謂不可與庶民以共驗而大明之，故不信也。

故君子之道，本諸身，徵諸庶民，考諸三王而不繆，建諸天地而不悖，質諸鬼神而無疑，百世以俟聖人而不惑⑰。

⑰朱熹曰：「此君子，指王天下者而言。其道，即議禮、制度、考文之事也。本諸身，有其德也。徵諸庶民，驗其所信從也。建，立也。百世以俟聖人而不惑，所謂『聖人復起，不易吾言』（見孟子滕文公下篇）者也。」

按：徵諸庶民，謂得庶民之共明共信也。

質諸鬼神而無疑，知天也。百世以俟聖人而不惑，知人也⑩⑧。

⑩⑧鄭玄曰：「知天知人，謂知其道也。」

是故君子動而世爲天下道，行而世爲天下法，言而世爲天下則。遠之則有望，近之則不厭⑩⑨。

⑩⑨鄭玄曰：「用其法度，想思若其將來也。」

朱熹曰：「動，兼言行言。道，兼法則言。法，法度。則，準則。」

詩曰：「在彼無惡，在此無射，庶幾夙夜，以永終譽。」君子未有不如此，而蚤有譽於天下者也⑪⓪。

⑪⓪鄭玄曰：「射，厭也。永，長也。」

朱熹曰：「射音妬，詩作斁。詩，周頌振鷺之篇。」

右第二十九章。⑪①

⑪①朱熹曰：「承上章『居上不驕』而言，亦人道也。」

按：鄭玄自「子曰吾說夏禮」至此爲一章，第三十一。

仲尼祖述堯舜，憲章文武，上律天時，下襲水土⑪②。

⑪②朱熹曰：「祖述者，遠宗其道。憲章者，近守其法。律天時者，法其自然之運。襲水土者，因其一定之理。皆兼内外、該本末而言。」

按：律天時，襲水土，似承晚周陰陽五行家言。

辟如天地之無不持載，無不覆幬。辟如四時之錯行，如日月之代明。萬物竝育而不相害，道竝行而不相悖。小德川流，大德敦化。此天地之所以爲大也[113]。

[113]鄭玄曰：「聖人制作，其德配天地如此。唯五帝始可以當焉。幬，亦覆也。小德川流，浸潤萌芽，喻諸侯也。大德敦化，厚生萬物，喻天子也。幬，或作燾。」

朱熹曰：「天覆地載，萬物竝育於其間，而不相害。四時日月，錯行代明，而不相悖。所以不害不悖者，小德之川流。所以竝育竝行者，大德之敦化。小德者，全體之分。大德者，萬殊之本。川流者，如川之流，脈絡分明而往不息也。敦化者，敦厚其化，根本盛大而出無窮也。此言天地之道，以見上文取譬之意也。」

右第三十章[114]。

[114]朱熹曰：「言天道也。」

按：鄭玄連下爲一章。

又按：此章以「仲尼祖述堯舜」開始，似不得指謂言天道。「辟如天地之無不持載」以下，鄭玄以聖人制作言之，似較合中庸本義。

唯天下至聖，爲能聰明睿知，足以有臨也。寬裕溫柔，足以有容也。發強剛毅，足以有執也。齊莊中正，足以有敬也。文理密察，足以有別也[115]。

⑮鄭玄曰：「言德不如此，不可以君天下也。蓋傷孔子有其德，而無其命。」

朱熹曰：「齊，側皆反。聰明睿知，生知之質。臨，謂居上而臨下。其下四者，乃仁義禮知之德。文，文章也。理，條理也。密，詳細也。察，明辨也。」

溥博淵泉，而時出之⑯。

⑯鄭玄曰：「言其臨下普徧，思慮深重，非得其時，不出政教。」

朱熹曰：「溥博，周徧而廣闊也。淵泉，靜深而有本也。出，發見也。言五者之德，充積於中，而以時發見於外也。」

溥博如天，淵泉如淵。見而民莫不敬，言而民莫不信，行而民莫不說⑰。

⑰朱熹曰：「言其充積極其盛，而發見當其可也。」

按：就此條文，似鄭氏之釋，尤允原義。

是以聲名洋溢乎中國，施及蠻貊。舟車所至，人力所通，天之所覆，地之所載，日月所照，霜露所隊，凡有血氣者，莫不尊親。故曰：配天⑱。

⑱朱熹曰：「隊音墜。舟車所至以下，蓋極言之。配天，言其德之所及，廣大如天也。」

按：鄭玄以聖人之君天下者言之，朱子以聖人之私德言之，所見之異，可以徵漢、宋兩代儒風之不同。惟此處言「是以聲名洋溢乎中國」以下，似非如鄭玄所云「傷孔子之有德而無命者。」然則，蓋以歌頌理想中統一之大君。而此一節文字，乃與琅邪臺秦碑文相似，（琅邪碑云：「日月所照，舟輿所載，皆終其命，莫不得意。」）是秦始皇帝固以此理想中之大君自負，或當時固有舉此以媚始皇者矣。要之，「舟車所至」以下諸語，非天下一統時，固不能遽有此想也。

右第三十一章[119]。

[119]朱熹曰：「承上章而言小德之川流，亦天道也。」

按：鄭玄連下爲一章。

唯天下至誠，爲能經綸天下之大經，立天下之大本，知天地之化育。夫焉有所倚[120]！

[120]朱熹曰：「經、綸，皆治絲之事。經者，理其緒而分之；綸者，比其類而合之也。大經之經，常也。大經者，五品之人倫。大本者，所性之全體也。唯聖人之德，極誠無妄，故於人倫，各盡其當然之實，而皆可以爲天下後世法。所謂經綸之也。其於所性之全體，無一毫人欲之僞以雜之，而天下之道，千變萬化皆由此出。所謂立之也。其於天地之化育，則亦其極誠無妄者有默契焉，非但聞見之知而已。此皆至誠無妄，自然之功用，夫豈有所倚著於物而後能哉！」

按：天下之大經，即上所謂「凡爲天下國家有九經」之類是也。天下之大本，即上文「世爲天下道、世爲天下法、世爲天下則」之類是也。知天地之化育，即「贊天地之化育」也。此等處，專指私人道德言，仍不如指内聖外王，受命爲天子者言之爲是。戰國晚世至於秦一六國，其時學者好言此意，而儒者則寄其想望於孔子。漢儒猶承此風。宋代諸儒，則偏重私人德化，即堯舜文武，亦全以庶民居下位者同等說之矣。

肫肫其仁，淵淵其淵，浩浩其天⑫¹。

⑫¹鄭玄曰：「安有所倚，言無所偏倚也。故人人自以被德尤厚，似偏頗者。肫肫，懇誠貌也。」

按：鄭玄以「夫焉有所倚」連下讀之，言人人之視其上，皆若感其上肫肫、淵淵、浩浩，若有所偏德於己也。

朱熹曰：「肫肫，以經綸言。淵淵，以立本言。浩浩，以知化言。其淵其天，則非特如之而已。」

按：朱子以「夫焉有所倚」連上讀之，皆見爲讚歎聖人之德化。

苟不固聰明聖知達天德者，其孰能知之⑫²？

⑫²鄭玄曰：「言唯聖人乃能知聖人也。」

右第三十二章⑫³。

⑫³朱熹曰：「承上章而言大德之敦化，亦天道也。前章言至聖之德，此章言至誠之道。然至誠之道，非至聖不能知。至聖之德，非至誠不能爲。則亦非二物矣。此篇言聖人天道之極致，至此而無以加矣。」

按：鄭玄連下爲一章。

詩曰：「衣錦尚絅。」惡其文之著也。故君子之道，闇然而日章。小人之道，的然而日亡。君子之道，淡而不厭，簡而文，溫而理。知遠之近，知風之自，知微之顯，可與入德矣⑫⁴。

[124]朱熹曰：「前章言聖人之德，極其盛矣。此復自下學立心之始言之，而下文又推之，以至其極也。詩，國風衛碩人、鄭之丰，皆作『衣錦褧衣』。褧、絅同，襌衣也。尚，加也。古之學者爲己，故其立心如此。尚絅故闇然，衣錦故有日章之實。淡簡溫，絅之襲於外也。不厭而文且理焉，錦之美在中也。小人反是，則暴於外，而無實以繼之，是以的然而日亡也。遠之近，見於彼者由於此也。風之自，著乎外者本乎內也。微之顯，有諸內者形諸外也。有爲己之心，而又知此三者，則知所謹而可入德矣。故下文引詩言謹獨之事。」

詩云：「潛雖伏矣，亦孔之昭。」故君子內省不疚，無惡於志。君子之所不可及者，其唯人之所不見乎[125]！

[125]鄭玄曰：「孔，甚也。昭，明也。言聖人雖隱居，其德亦甚明矣。疚，病也。君子自省，身無愆病，雖不遇世，亦無損害於己志。」

朱熹曰：「詩，小雅正月之篇。無惡於志，猶言無愧於心。此君子謹獨之事也。」

詩云：「相在爾室，尚不愧于屋漏。」故君子不動而敬，不言而信[126]。

[126]鄭玄曰：「相，視也。室西北隅，謂之屋漏。視汝在室獨居者，猶不愧於屋漏。屋漏非有人也，況有人乎？」

朱熹曰：「詩，大雅抑之篇。承上文又言君子之戒謹恐懼，無時不然，不待言動而後敬信，則其爲己之功，益加密矣。故下文引詩並言其效。」

詩曰：「奏假無言，時靡有爭。」是故君子不賞而民勸，不怒而民威於鈇鉞[127]。

[127]鄭玄曰：「假，大也。言奏大樂於宗廟之中，人皆肅敬。」

朱熹曰：「詩，商頌烈祖之篇。奏，進也。假、格同。承上文而遂及其效，言進而感格於神明之際，極其誠敬，無有言說，而人自化之也。」

詩曰：「不顯惟德，百辟其刑之。」是故君子篤恭而天下平[128]。

[128]鄭玄曰：「不顯，言顯也。辟，君也。言不顯乎文王之德，百君盡刑之，謂諸侯法之也。」

朱熹曰：「詩，周頌烈文之篇。承上文言，天子有不顯之德，而諸侯法之，則其德愈深而效愈遠矣。篤恭而天下平，乃聖人至德淵微，自然之應，中庸之極功也。」

詩曰：「予懷明德，不大聲以色。」子曰：「聲色之於以化民，末也[129]。」

[129]鄭玄曰：「予，我也。懷，歸也。言我歸有明德者，以其不大聲爲嚴厲之色以威我也。」

朱熹曰：「詩，大雅皇矣之篇。引之以明上文所謂不顯之德者，正以其不大聲與色也。」

按：鄭玄自「仲尼祖述堯舜」，至「不大聲以色」爲一章，第三十二。

詩曰：「德輶如毛。」毛猶有倫，「上天之載，無聲無臭」，至矣[130]。

[130]鄭玄曰：「輶，輕也。言化民當以德，德之易舉而用，其輕如毛耳。倫，猶比也。載，讀曰栽，謂生物也。言毛雖輕，尚有所比。有所比，則有重。上天之造生萬物，人無聞其聲音者，亦無知其臭氣者。化民之德，

清明如神，淵淵浩浩然後善。」

朱熹曰：「又引孔子之言。以爲聲色乃化民之末務，今但言不大之而已，則猶有聲色者存，是未足以形容不顯之妙。不若烝民之詩所言「德輶如毛」，則庶矣可以形容矣。而又自以爲謂之毛，則猶有可比者，是亦未盡其妙。不若文王之詩所言「上天之事，無聲無臭」，然後乃爲不顯之至耳！蓋聲臭有氣無形，在物最爲微妙，而猶曰無之，故惟此可以形容不顯篤恭之妙。非此德之外，又別有是三等，然後爲至也。」

右第三十三章⑬¹。子思因前章極致之言，反求其本；復自下學爲己謹獨之事，推而言之，以馴致乎篤恭而天下平之盛；又贊其妙，至於無聲無臭而後已焉。蓋舉一篇之要而約言之，其反復丁寧，示人之意，至深切矣。學者其可不盡心乎？

⑬¹按：鄭玄自「子曰聲色之於以化民末也」至末爲一章，第三十三。

按：朱子曰：「中庸一篇，某妄以己意分其章句。是書豈可以章句求哉！然學者之於經，未有不得於辭而能通其意者。」

又曰：「某舊讀中庸，以爲子思做，又時復有箇『子曰』字。讀得熟後，方見得是子思參夫子之說，著爲此書。自是沈潛反覆，遂漸得其旨趣，定得今章句，擺布得來直恁麼細密。」

又曰：「中庸看得甚精，章句大概已改定多。」

又曰：「中庸，前輩諸公說得多了，其間儘有差舛處，又不欲盡剝難他底，所以難下手。

不比大學，都未曾有人說。」

按：朱子注說四書，既爲其畢生精力所萃，而中庸章句用心尤精密。今若句句而繩之，字字而糾之，其間豈無違失？然通觀大體，古今諸家，求能超絕朱子章句之右者，尚無其書。故今一仍朱子章句之舊，偶刪一二註語，要已存其全體之大貌。間引鄭注，以便比觀。其他眾說紛綸，姑不備列焉。

〔附〕朱熹中庸章句序

中庸何爲而作也？子思子憂道學之失其傳而作也[132]。蓋自上古聖神，繼天立極，而道統之傳，有自來矣。其見於經，則「允執厥中」者，堯之所以授舜也。「人心惟危，道心惟微，惟精惟一，允執厥中」者，舜之所以授禹也。堯之一言，至矣！盡矣！而舜復益之以三言者，則所以明夫堯之一言，必如是而後可庶幾也。蓋嘗論之，心之虛靈知覺，一而已矣。而以爲有人心、道心之異者，則以其或生於形氣之私，或原於性命之正，而所以爲知覺者不同；是以或危殆而不安，或微妙而難見耳！然人莫不有是形，故雖上智不能無人心；亦莫不有是性，故雖下愚不能無道心。二者雜於方寸之間，而不知所以治之，則危者愈危，微者愈微，而天理之公，卒無以勝夫人欲之私矣。精則察夫二者之間而不雜也，一則守其本心之正而不離也。從事於斯，無少間斷，必使道心常爲一身之主，而人心每聽命焉；則危者安，微者著，而動靜云爲，自無過不及之差矣。夫堯舜禹，天下之大聖也。以天下相傳，天下之大事也。以天下之大聖，行天下之大事，而其授受之際，丁寧告戒，不過如此；則天下之理，豈有以加於此哉[133]！自是以來，聖聖相承，若成湯文武之爲君，皐陶伊傳周召之爲臣，既皆以此而接夫道統之傳。若吾夫子，則雖不得其位，而所以繼往聖，開來學，其功反有賢於堯舜者。然當是時，見而知之者，惟顔氏、曾氏之傳得其宗。及曾氏之再傳，而復得夫子之孫子思，則去聖遠而異端起矣。子思懼夫愈久而愈失其眞也，於是推本堯舜以來相傳之意，質以平日所聞父師之言，更互演繹，作爲此書，以詔後之學者。蓋其憂之也深，故其言之也切；其慮之也遠，故其說之也詳。其曰「天命率性」，則道心之謂也。其曰「擇善固執」，則精一之謂也。其曰「君子時中」，則執中之謂也。世之相後，千有餘年，而其言之不異，如合符節。歷選前聖之書，所以提挈綱維，開示蘊奥，未有若是之明且盡者也。自是而又再傳，以得孟氏，爲能推明是書，以承先聖之統。及其沒，而遂失其傳焉。則吾道之所寄，不越乎言語文字之間。而異端之說，日新月盛，以至於老佛之徒出，則彌近理而大亂眞矣[134]。然而尚幸此書之不泯，故程夫子兄弟者出，得有所考，以續夫千載不傳之緒；得有所據，以斥夫二家似是之非。蓋子思之功，於是爲大，而微程夫子，則亦莫能因其語而得其心也。惜乎其所以為說者不傳，而凡石氏[135]之所輯錄，僅出於其門人之所記。是以大義雖明，而微言未析。至其門人所自爲說，則雖頗詳盡而多所發明，然倍其師說而淫於老佛者，亦有之矣。熹自蚤歲，即嘗受讀而竊疑之。

沈潛反覆，蓋亦有年。一旦恍然似有以得其要領者，然後乃敢會衆說而折其中。既爲定著章句一篇，以俟後之君子；而一二同志，復取石氏書，删其繁亂，名以輯略，且記所嘗論辯取舍之意，別爲或問，以附其後。然後此書之旨，支分節解，脈絡貫通，詳略相因，巨細畢舉。而凡諸說之同異得失，亦得以曲暢旁通，而各極其趣。雖於道統之傳，不敢妄議，然初學之士，或有取焉。則亦庶乎行遠升高之一助云爾[136]。淳熙己酉春三月戊申新安朱熹序。

[132] 史記孔子世家：「孔子生鯉，字伯魚。年五十，先孔子死。伯魚生伋，字子思，年六十二，嘗困於宋。子思作中庸。」此後世相傳以今中庸爲子思所作之根據。

[133] 按：自篇首至此爲一節，推原中庸「中」字，乃堯舜傳授心法。

[134] 至是爲第二節，發明子思中庸，直承列聖之道統。

[135] 石氏名𡼖，字子重，其所輯錄名中庸集解。門人，則程氏之門人也。

[136] 至是爲第三節，特言二程氏得古聖道統之眞傳，而至於自身，隱然以繼往聖開來學自任也。

按：儒家道統之說，始於唐之韓愈。朱子此序，不僅肯定堯舜文武以至孔孟之傳統，又以二程子直接之，以及其本身；又爲此一傳統賦以具體之內容；所謂「人心惟危，道心惟微，惟精惟一，允執厥中」，遂成爲古聖人十六字之薪傳，而又以天理、人欲之分別說明之。於是所謂存天理，去人欲，爲心學之最要工夫，亦卽聖學之惟一法門。此說也，雖象山、陽明，亦莫能違。故朱子中庸章句一序，雖謂之宋明兩代道學一總宣言書，亦無不可也。故特附錄於此，以備學者之細玩焉。

又按：昔儒有言，大學中不出「性」字，故朱子於序言性詳焉。中庸中不出「心」字，故此序言心詳焉。今按：儒家之學固重心性，而自佛學東來，心性之辨，愈涉精微，所謂「彌近理而大亂眞」者是也。程朱融釋歸儒，厥功甚偉。大學不出「性」字，而朱子以性說之。中庸不出「心」字，而朱子以心說之。此正見朱子大氣包舉，細心斡旋。在當時實具苦心，所以能轉移風氣，重昌絕學，決非偶然。吾儕尚論古人，必貴於深知其世運，而默識其用心。若僅據吾人之當生，而輕評古人之得失，此則無異於井魚拘墟，夏蟲篤時，徒自絕於大道，而於古人何預焉？此義亦讀者所當時時警惕也。

《錢穆作品集》（典藏本）

第一輯

孔子傳
論語新解
四書釋義
莊老通辨
宋明理學概述
陽明學述要
學籥
人生十論

第二輯

中國思想史
中國歷代政治得失
中國歷史精神
中國歷史研究法
中國史學名著
秦漢史
國史新論
讀史隨劄

錢穆作品集

【新校本】

四書釋義

九州出版社

圖書在版編目（CIP）數據

四書釋義 / 錢穆著 . -- 北京 : 九州出版社 ,2021.12
ISBN 978-7-5225-0755-2

Ⅰ . ①四… Ⅱ . ①錢… Ⅲ . ①儒家②四書 - 注釋
Ⅳ . ① B222.12

中國版本圖書館 CIP 數據核字 (2021) 第 256039 號

四書釋義

著　　者　錢　穆
責任編輯　安　安　張艷玲　陳春玲
出版發行　九州出版社
裝幀設計　呂彥秋
地　　址　北京市西城區阜外大街甲 35 號
郵　　編　100037
發行電話　（010）68992190/3/5/6
網　　址　www.jiuzhoupress.com
印　　刷　三河市興博印務有限公司
開　　本　880 毫米 ×1230 毫米　32 開
印　　張　11.75
字　　數　260 千字
版　　次　2022 年 6 月第 1 版
印　　次　2022 年 6 月第 1 次印刷
書　　號　ISBN 978-7-5225-0755-2
定　　價　128.00 元

新校本說明

錢穆先生全集，在臺灣經由錢賓四先生全集編輯委員會整理編輯而成，臺灣聯經出版事業公司一九九八年以「錢賓四先生全集」為題出版。作為海峽兩岸出版交流中心籌劃引進的重要項目，這次出版，對原版本進行了重排新校，訂正文中體例、格式、標號、文字等方面存在的疏誤。至於錢穆先生全集的內容以及錢賓四先生全集編輯委員會的注解說明等，新校本保留原貌。

九州出版社

論語要略

論語要略

第一章　序說

一　論語之編輯者及其年代

考論語之編輯者，凡有數說：

甲、鄭玄云：「論語乃仲弓、子夏等所撰定。」（見陸德明經典釋文敍錄引）邢昺疏謂：「仲弓下脫子游二字。」

然其說不足信。何者？

曾子少孔子四十六歲，於高足弟子中最少，而論語載其臨沒之言，則非二子所撰定也。（安井息

[67]曾子之子。

子路於孔門中年最長，孔子亦屢稱之，又爲同學所畏重。雖孔子於子路亦時有貶責，要之升堂入室，爲定論也。

（以上冉有、季路、公西華。）

宰予晝[68]寢。子曰：「朽木不可雕也，糞土之牆不可杇[69]也。於予與何誅？」（公冶長）

[68]或作畫。[69]鏝。

子曰：「始吾於人也，聽其言而信其行。今吾於人也，聽其言而觀其行。於予與改是。」（公冶長）

宰我問：「三年之喪，其[70]已久矣？君子三年不爲禮，禮必壞；三年不爲樂，樂必崩。舊穀既沒，新穀既升，鑽燧改火[71]，期[72]已可矣。」子曰：「食夫稻，衣夫錦，於汝安乎？」曰：「安。」「汝安則爲之。夫君子之居喪，食旨不甘，聞樂不樂，居處不安，故不爲也。今汝安，則爲之。」宰我出。子曰：「予之不仁也！子生三年，然後免於父母之懷。夫三年之喪，天下之通喪也。予也，有三年之愛於其父母乎？」（陽貨）

[70]其本作期，今據或改本。[71]月令：春取榆柳之火，夏季取棗杏之火，季夏取桑柘之火，秋取柞楢之火，冬

者謂之病。若憲，貧也，非病也。』子貢慚，不懌而去。」今按：子貢曰：「貧而無諂，富而無驕，何如？」子曰：「可也。未若貧而樂，富而好禮者也。」子貢長於理財，其富則有之。若貧以爲恥，富以爲榮，則子貢不如是也。此蓋後人之託言耳。

子貢問曰：「賜也何如？」子曰：「女器也。」曰：「何器也？」曰：「瑚璉[78]也。」（公冶長）

[78]宗廟受黍稷之器。

子貢方[79]人。子曰：「賜也賢乎哉！夫我則不暇。」（憲問）

[79]比方，批評也。

子貢問曰：「有一言而可以終身行之者乎？」子曰：「其恕乎！己所不欲，勿施於人！」（衛靈公）

子貢曰：「我不欲人之加[80]諸我也，吾亦欲無加諸人。」子曰：「賜也，非爾所及也[81]。」（公冶長）

[80]陵也。[81]不加非義於人，此我所能。亦欲人不加諸我，則非我所能也。

子貢曰：「紂之不善，不如是之甚也。是以君子惡居下流，天下之惡皆歸焉。」（子張）

子貢曰：「君子之過也，如日月之食焉；過也，人皆見之。更也，人皆仰之。」（子張）

子貢與宰我同列言語之科，孟子亦稱其「善爲說辭」，左傳載其應對之辭令甚備。如：

魯哀公會吳於鄫，太宰嚭㉒召季康子。康子使子貢辭。太宰嚭曰：「國君道長㉓，而大夫不出門，此何禮也？」對曰：「豈以爲禮？畏大國也。大國不以禮命於諸侯，苟不以禮，豈可量也？寡君既共命焉，其老豈敢棄其國？太伯端委㉔以治周禮，仲雍嗣之，斷髮文身，臝㉕以爲飾，豈禮也哉？有由然也。」（左傳哀公七年）

㉒吳大夫。㉓長大於道路。㉔禮衣。㉕裸。

魯哀公會吳子伐齊，將戰，吳子呼叔孫㉖曰：「而事何也？」對曰：「從司馬㉗。」王賜之甲劍鈹，曰：「奉爾君事！敬無廢命！」叔孫未能對。衛賜進，曰：「州仇奉甲，從君而拜。」（左傳哀公十一年）

㉖叔孫武叔州仇。㉗從吳司馬所命。

魯哀公會吳子橐皋，吳子使太宰嚭請尋盟。公不欲，使子貢對曰：「盟所以周㉘信也。故心以制之，玉帛以奉之，言以結之，明神以要之。寡君以爲苟有盟焉，弗可改也已。若猶可改，日盟何益？今吾子曰必尋㉙盟，若可尋也，亦可寒㉚也。」乃不尋盟。（左傳哀公十二年）

㉘固。㉙重溫。㉚歇。

吳徵會於衛，衛侯來，吳人藩㉛衛侯之舍。子服景伯謂子貢曰：「夫諸侯之會，事既畢矣，侯

聞之，曰：「噫！言游過矣！君子之道，孰先傳焉？孰後倦焉？譬諸草木，區以別矣。君子之道，焉可誣也？有始有卒者，其惟聖人乎？」（子張）

子夏曰：「賢賢易[104]色，事父母能竭其力，事君能致其身，與朋友交，言而有信；雖曰未學，吾必謂之學矣。」（學而）

[104]此指夫婦，能敬妻之賢，而更易其好色之心。

子夏曰：「雖小道，必有可觀者焉；致遠恐泥[105]，是以君子不爲也。」（子張）

[105]不通。

子夏曰：「日知其所亡，月無忘其所能，可謂好學也已矣。」（子張）

子夏曰：「博學而篤志，切問而近思，仁在其中矣。」（子張）

子夏曰：「百工居肆以成其事，君子學以致其道。」（子張）

子夏曰：「小人之過也必文[106]。」（子張）

[106]文飾以自解。

子夏曰：「君子有三變：望之儼然，即之也溫，聽其言也厲[107]。」（子張）

[107]嚴正。

漢以濯之，秋陽以暴之，皜皜乎不可尚已。」（孟子滕文公下）論語有子、曾子並稱子，後人以爲蓋曾子、有子之門人游、夏以有子似聖人，則其言行必有過人者。所記，而有子言行獨不甚詳，亦可惜也。

（以上有子。）

此孟子對於當時一般言富強、講外交者之總批評也。

孟子曰：「求[66]也，爲季氏宰，無能改於其德，而賦粟倍他日。孔子曰：『求，非我徒也。小子鳴鼓而攻之可也！』由此觀之，君不行仁政而富之，皆棄於孔子者也，況於爲之強戰？爭地以戰，殺人盈野；爭城以戰，殺人盈城。此所謂率土地而食人肉，罪不容於死。故善戰者服上刑，連諸侯者次之，辟草萊、任土地者次之。」（離婁上）

[66]孔子弟子冉求也。

持論與上同。

白圭曰：「丹[67]之治水也，愈於禹。」孟子曰：「子過矣！禹之治水，水之道也。是故禹以四海爲壑。今吾子以鄰國爲壑。水逆行，謂之洚水；洚水者，洪水也。仁人之所惡也。吾子過矣。」（告子下）

[67]丹，白圭名。

此見孟子持論，皆以全體人民之利害爲本，而不拘拘於一國之得失；故於當時功利之臣，皆抱反對之態度也。

農夫豈爲出疆舍其耒耜哉！」曰：「晉國亦仕國也，未嘗聞仕如此其急。仕如此其急也，君子之難仕，何也？」曰：「丈夫生，而願爲之有室；女子生，而願爲之有家。父母之心，人皆有之。不待父母之命，媒妁之言，鑽穴隙相窺，踰牆相從，則父母國人皆賤之。古之人未嘗不欲仕也，又惡不由其道。不由其道而往者，與鑽穴隙之㊳類也。」（滕文公下）

㉞周霄，魏人。㉟皇皇如，有求而不得之貌。㊱質，同贄。㊲禮云：「諸侯爲籍百畝，躬秉耒以耕，而庶人助終畝，收而藏之，以供宗廟之粢盛。使世婦蠶於公桑蠶室，奉繭獻於夫人，夫人受之，繅三盆手，遂布於世婦使繅爲黼黻，而服以祀先王先公。」注云：「三盆手，三淹也。凡繅，每淹，大總而手振之，以出緒也。」㊳古之、者二字通，此猶云「與鑽穴隙者類也」，避上句者字，故作之。

孟子雖遊梁而不仕，故淳于髡有「嫂溺不援」之譏，而周霄亦有「君子難仕」之問也。周霄非孟子弟子，此條本應入前章；以其言與本章各條可相證發，故附次於此焉。

孟子將朝王，王使人來，曰：「寡人如㊴就見者也。有寒疾，不可以風。朝將視朝，不識可使寡人得見乎？」對曰：「不幸而有疾，不能造朝。」明日，出弔於東郭氏㊵。公孫丑曰：「昔者辭以病，今日弔，或者不可乎？」曰：「昔者疾，今日愈，如之何不弔？」王使人問疾，醫來，孟仲子㊶對曰：「昔者有王命，有采薪㊷之憂，不能造朝。今病小愈，趨造於朝，我不識能至否乎？」使數人要於路，曰：「請必無歸，而造於朝！」不得已㊸而之景丑氏㊹宿焉。景子曰：「內則父子，外則君臣，人之大倫也。父子主恩，君臣主敬。丑見王之敬子也，未見所

子曰：「好學近乎知，力行近乎仁，知恥近乎勇[65]。知斯三者，則知所以脩身。知所以脩身，則知所以治人。知所以治人，則知所以治天下國家矣[66]。」

[65]朱熹曰：「『子曰』二字衍文。此言未及乎達德，而求以入德之事。通上文，三知爲知，三行爲仁，則此三近者，勇之次也。吕氏（東萊）曰：『好學非知，然足以破愚。力行非仁，然足以忘私。知恥非勇，然足以起懦。』」

[66]朱熹曰：「此結上文脩身之意，起下文九經之端。」

按：鄭玄自「子曰」以下，別起爲一章。

凡爲天下國家有九經，曰：脩身也，尊賢也，親親也，敬大臣也，體羣臣也，子庶民也，來百工也，柔遠人也，懷諸侯也[67]。

[67]朱熹曰：「經，常也。體，謂設以身處其地，而察其心也。子，如父母之愛其子也。柔遠人，所謂無忘賓旅（見孟子告子下篇）者也。」

脩身，則道立。尊賢，則不惑。親親，則諸父昆弟不怨。敬大臣，則不眩。體羣臣，則士之報禮重。子庶民，則百姓勸。來百工，則財用足。柔遠人，則四方歸之。懷諸侯，則天下畏之[68]。

[68]朱熹曰：「此言九經之效也。不眩，謂不迷於事。來百工，則通功易事，農末相資，故財用足。柔遠人，則天下之旅皆悦，而願出於其塗，故四方歸。」

[75]鄭玄曰：「自，由也。由至誠而有明德，是聖人之性者也。由明德而有至誠，是賢人學以成之者也。有至誠則必有明德，有明德則必有至誠。」

朱熹曰：「德無不實，而明無不照者，聖人之德。所性而有者也，天道也。先明乎善，而後能實其善者，賢人之學。由教而入者也，人道也。誠則無不明矣，明則可以至於誠矣。」

右第二十一章[76]。子思承上章夫子天道人道之意而立言也。自此以下十二章，皆子思之言，以反覆推明此章之意。

[76]按：鄭玄此爲一章，第二十一。

唯天下至誠，爲能盡其性。能盡其性，則能盡人之性。能盡人之性，則能盡物之性。能盡物之性，則可以贊天地之化育。可以贊天地之化育，則可以與天地參矣[77]。

[77]鄭玄曰：「盡性者，謂順理之使不失其所也。贊，助也。育，生也。助天地之化生，謂聖人受命，在王位，致太平者。」

朱熹曰：「天下至誠，謂聖人之德之實，天下莫能加也。盡其性者，德無不實，故無人欲之私，而天命之在我者，察之由之，巨細精粗，無毫髮之不盡也。人物之性，亦我之性，但以所賦形氣不同而有異耳！能盡之者，謂知之無不明，而處之無不當也。與天地參，謂與天、地竝立爲三也。此自誠而明者之事也。」

按：中庸此章，漢儒以「聖人受命在王位」者說之；宋儒以「聖人之德無不實，而無人欲之私」者說之。即據鄭、朱兩家解義之不同，可以推見漢、宋儒學想像意境之相異。讀古書者，遇所注相違，可以分別而

[80]朱熹曰：「言人道也。」

按：鄭玄亦爲一章，第二十三。

至誠之道，可以前知。國家將興，必有禎祥。國家將亡，必有妖孽。見乎蓍龜，動乎四體。禍福將至，善，必先知之。不善，必先知之。故至誠如神[81]。

[81]朱熹曰：「禎祥者，福之兆。妖孽者，禍之萌。蓍，所以筮；龜，所以卜。四體，謂動作威儀之閒，如執玉高卑，其容俯仰之類。凡此皆理之先見者也。然唯誠之至極，而無一毫私僞留於心目之間者，乃能有以察其幾焉。神，謂鬼神。」

按：至誠之道，卽天道也。天道之動以久，故可據其先至者，而前知其後起者也。

右第二十四章[82]。

[82]朱熹曰：「言天道也。」

按：鄭玄同爲一章，第二十四。

誠者，自成也；而道，自道也。誠者，物之終始，不誠無物。是故君子誠之爲貴。誠者，非自成己而已也，所以成物也。成己，仁也。成物，知也。性之德也。合外内之道也。故時措之宜也[83]。

[83]朱熹曰：「言誠者，物之所以自成；而道者，人之所當自行也。天下之物，皆實理之所爲。故必得是理，然後有是物。故人之心一有不實，則雖有所爲，亦如無有，而君子必以誠爲貴也。」

(115)鄭玄曰：「言德不如此，不可以君天下也。蓋傷孔子有其德，而無其命。」

朱熹曰：「齊，側皆反。聰明睿知，生知之質。臨，謂居上而臨下。其下四者，乃仁義禮知之德。文，文章也。理，條理也。密，詳細也。察，明辨也。」

溥博淵泉，而時出之(116)。

(116)鄭玄曰：「言其臨下普徧，思慮深重，非得其時，不出政教。」

朱熹曰：「溥博，周徧而廣闊也。淵泉，靜深而有本也。出，發見也。言五者之德，充積於中，而以時發見於外也。」

溥博如天，淵泉如淵。見而民莫不敬，言而民莫不信，行而民莫不說(117)。

(117)朱熹曰：「言其充積極其盛，而發見當其可也。」

按：就此條文，似鄭氏之釋，尤允原義。

是以聲名洋溢乎中國，施及蠻貊。舟車所至，人力所通，天之所覆，地之所載，日月所照，霜露所隊，凡有血氣者，莫不尊親。故曰：配天(118)。

(118)朱熹曰：「隊音墜。舟車所至以下，蓋極言之。配天，言其德之所及，廣大如天也。」

按：鄭玄以聖人之君天下者言之，朱子以聖人之私德言之，所見之異，可以徵漢、宋兩代儒風之不同。惟此處言「是以聲名洋溢乎中國」以下，似非如鄭玄所云「傷孔子之有德而無命者。」然則，蓋以歌頌理想

⑫4朱熹曰：「前章言聖人之德，極其盛矣。此復自下學立心之始言之，而下文又推之，以至其極也。詩，國風衞碩人、鄭之丰，皆作『衣錦褧衣』。褧、絅同，襌衣也。尚，加也。古之學者爲己，故其立心如此。尚絅故闇然，衣錦故有日章之實。淡簡溫，絅之襲於外也。不厭而文且理焉，錦之美在中也。小人反是，則暴於外，而無實以繼之，是以的然而日亡也。遠之近，見於彼者由於此也。風之自，著乎外者本乎內也。微之顯，有諸內者形諸外也。有爲己之心，而又知此三者，則知所謹而可入德矣。故下文引詩言謹獨之事。」

詩云：「潛雖伏矣，亦孔之昭。」故君子內省不疚，無惡於志。君子之所不可及者，其唯人之所不見乎⑫5！

⑫5鄭玄曰：「孔，甚也。昭，明也。言聖人雖隱居，其德亦甚明矣。疚，病也。君子自省，身無愆病，雖不遇世，亦無損害於己志。」

朱熹曰：「詩，小雅正月之篇。無惡於志，猶言無愧於心。此君子謹獨之事也。」

詩云：「相在爾室，尚不愧于屋漏。」故君子不動而敬，不言而信⑫6。

⑫6鄭玄曰：「相，視也。室西北隅，謂之屋漏。視汝在室獨居者，猶不愧於屋漏。屋漏非有人也，況有人乎？」

朱熹曰：「詩，大雅抑之篇。承上文又言君子之戒謹恐懼，無時不然，不待言動而後敬信，則其爲己之功，益加密矣。故下文引詩並言其效。」